高等职业教育精品教材·财经基础课类

会计基础（第3版）

主　编　杨　雄　吴颖红
副主编　陈　琳　吴思丹　高银娜
主　审　吴腾烽

北京理工大学出版社
BEIJING INSTITUTE OF TECHNOLOGY PRESS

内 容 简 介

会计基础是阐明会计的基础知识、基本方法和技术的一门应用性学科，它是从会计实践中抽象出来，用以指导实践的基本理论，是进一步学习财务会计、财务管理、税务会计、成本会计、管理会计和审计学等会计分支的基础，是从事会计工作的一种约定俗成的职业门槛。本教材以学习会计系统知识为主线，以《企业会计准则》《中华人民共和国会计法》《会计基础工作规范》及最新的税收法律法规为依据进行编写，并充分考虑了会计类专业素质教育的需要，将理论与实践操作有机结合。

本教材例举了大量的会计实务实例，强调了理论为应用服务的思想。本教材在每章之后编写了思考练习题，并在教材的附录中提供了思考练习题参考答案，目的是让读者对本教材各章节有较好的理解，以及自学参考之用。

本教材主要作为高等院校会计专业的基本教材，也可作为全国初级会计师考试的教参，以及会计专业教师的教学参考书和在岗会计人员的业务参考书。

版权专有　侵权必究

图书在版编目（CIP）数据

会计基础／杨雄，吴颖红主编. —3 版. —北京：北京理工大学出版社，2020.7 （2021.9重印）

ISBN 978 – 7 – 5682 – 8753 – 1

Ⅰ.①会…　Ⅱ.①杨…②吴…　Ⅲ.①会计学 – 高等学校 – 教材　Ⅳ.①F230

中国版本图书馆 CIP 数据核字（2020）第 132484 号

出版发行　／　北京理工大学出版社有限责任公司
社　　址　／　北京市海淀区中关村南大街5号
邮　　编　／　100081
电　　话　／　（010）68914775（总编室）
　　　　　　　（010）82562903（教材售后服务热线）
　　　　　　　（010）68948351（其他图书服务热线）
网　　址　／　http://www.bitpress.com.cn
经　　销　／　全国各地新华书店
印　　刷　／　涿州市新华印刷有限公司
开　　本　／　787 毫米 × 1092 毫米　1/16
印　　张　／　17　　　　　　　　　　　　　　　　　　　责任编辑／王俊洁
字　　数　／　400 千字　　　　　　　　　　　　　　　　文案编辑／王俊洁
版　　次　／　2020 年 7 月第 3 版　2021 年 9 月第 3 次印刷　责任校对／刘亚男
定　　价　／　49.80 元　　　　　　　　　　　　　　　　责任印制／施胜娟

图书出现印装质量问题，请拨打售后服务热线，本社负责调换

前　　言

会计基础是阐明会计的基础知识、基本方法和技术的一门应用性学科，它是从会计实践中抽象出来，用以指导实践的基本理论，是进一步学习财务会计、财务管理、税务会计、成本会计、管理会计和审计学等会计分支的基础，是从事会计工作的一种约定俗成的职业门槛。

对于高职会计类专业的学生而言，掌握会计基础就是掌握开启会计学大门的钥匙。为了让学生更好地掌握会计知识，为学习会计分支的会计类课程打下基础，我们结合高职教育的特点编写了本教材。

本教材具有以下几个方面的特点：

一、以学习会计系统知识为主线，结合高职教学需要而编写

本教材以会计系统知识为主线，以《企业会计准则》《中华人民共和国会计法》《会计基础工作规范》及最新的税收法律法规为依据进行编写，并充分考虑了高职会计类专业素质教育的需要，将高职教育与实践操作有机结合。

二、校企合作编写教材

本教材是由从事会计工作多年的、具有丰富实际会计工作经验和教学经验的会计专业带头人、骨干教师，以及高级会计师、注册会计师等共同研究编写的，是将理论与实践相结合的教材。教材既体现了会计系统知识的学习要求，又体现了高职会计专业素质技能型专门人才的培养要求。

三、教材的编写力求突出实务性和通俗易懂性

本教材列举了大量的会计实务实例，强调了理论为应用服务的思想，编写了大量的练习，突出了理论知识的应用，体现了高职会计教育的规律。本教材主要作为高职会计专业学生的基本教材，也可作为全国初级会计师考试的教参，以及中专、高职会计专业教师的教学参考书和在岗会计人员的业务参考书。

本教材由杨雄教授、吴颖红副教授任主编，由骨干教师陈琳、吴思丹、高银娜任副主编，由福建德润会计师事务所有限责任公司副主任会计师、高级会计师、注册会计师吴腾烽主审，并提出了修改意见，由杨雄对全书进行修改和总纂，并最终定稿。

本教材在编写过程中，参考了大量国家发布的相关法律法规、相关专家的研究成果，以及高职高专教材和相关资料，在此向相关作者表示感谢！

本教材在每章之后编写了思考练习题,并在教材的附录中提供了思考练习题参考答案,目的是让读者对本教材各章节有较好的理解,以及自学参考之用。由于编者水平有限,书中难免出现疏漏和不足之处,敬请读者给予批评和指正。

编　者

目 录

第一章 总论 ··· (1)
  第一节 会计概述 ·· (1)
  第二节 会计基本假设和会计基础 ··· (4)
  第三节 会计信息的使用者及其质量要求 ··· (7)
  第四节 会计准则体系 ·· (8)
  思考练习题 ·· (9)

第二章 会计要素与会计等式 ··· (14)
  第一节 会计要素 ·· (14)
  第二节 会计等式 ·· (20)
  思考练习题 ·· (22)

第三章 会计科目与账户 ·· (28)
  第一节 会计科目 ·· (28)
  第二节 会计账户 ·· (32)
  思考练习题 ·· (35)

第四章 会计记账方法 ·· (40)
  第一节 会计记账方法的种类 ··· (40)
  第二节 借贷记账法 ··· (41)
  第三节 总分类账户与明细分类账户的平行登记 ·· (46)
  思考练习题 ·· (50)

第五章 借贷记账法下主要经济业务的账务处理 ··· (58)
  第一节 企业的主要经济业务 ··· (58)
  第二节 资金筹集业务的账务处理 ·· (59)
  第三节 固定资产业务的账务处理 ·· (65)
  第四节 材料采购业务的账务处理 ·· (71)
  第五节 生产业务的账务处理 ··· (79)

第六节	销售业务的账务处理	（86）
第七节	期间费用的账务处理	（91）
第八节	利润形成与分配业务的账务处理	（93）
思考练习题		（102）

第六章　会计凭证 ……（120）

- 第一节　会计凭证概述 ……（120）
- 第二节　原始凭证 ……（121）
- 第三节　记账凭证 ……（125）
- 第四节　会计凭证的传递与保管 ……（132）
- 思考练习题 ……（133）

第七章　会计账簿 ……（142）

- 第一节　会计账簿概述 ……（142）
- 第二节　会计账簿的内容、启用与登记规则 ……（144）
- 第三节　会计账簿的格式与登记方法 ……（147）
- 第四节　对账与结账 ……（155）
- 第五节　错账查找与更正的方法 ……（157）
- 第六节　会计账簿的更换与保管 ……（159）
- 思考练习题 ……（160）

第八章　账务处理程序 ……（166）

- 第一节　账务处理程序概述 ……（166）
- 第二节　不同种类账务处理程序的内容 ……（167）
- 思考练习题 ……（192）

第九章　财产清查 ……（198）

- 第一节　财产清查概述 ……（198）
- 第二节　财产清查的方法 ……（200）
- 第三节　财产清查结果的处理 ……（204）
- 思考练习题 ……（210）

第十章　财务会计报表 ……（217）

- 第一节　财务报表概述 ……（217）
- 第二节　资产负债表 ……（220）
- 第三节　利润表 ……（230）
- 思考练习题 ……（234）

思考练习题参考答案 ……（242）

参考文献 ……（261）

第一章 总论

知识目标

1. 了解会计的概念、会计对象、会计目标
2. 了解会计准则体系、会计的核算方法、收付实现制
3. 熟悉会计的基本特征、基本职能、基本假设
4. 掌握权责发生制
5. 掌握会计信息质量要求

第一节 会计概述

一、会计的概念及特征

(一) 会计的概念

会计是以货币为主要计量单位,运用专门的方法,核算和监督一个单位经济活动的一种经济管理工作。单位是国家机关、社会团体、公司、企业、事业单位和其他组织的统称。

会计已经成为现代企业一项重要的管理工作。企业的会计工作主要是通过一系列会计程序,对企业的经济活动和财务收支进行核算和监督,反映企业财务状况、经营成果和现金流量,反映企业管理层受托责任履行情况,为会计信息使用者提供决策的有用信息,并积极参与经营管理决策,提高企业经济效益,促进市场经济的健康有序发展。

(二) 会计的基本特征

会计主要有以下5个方面的基本特征。

1. 会计是一种经济管理活动

在商品经济条件下,由于存在商品生产和商品交换,经济活动中的财产物资都是以价值形式表现的,会计就是利用价值形式对财产物资进行的管理。

2. 会计是一个经济信息系统

会计通常被人们称为"企业语言"。会计可将一个公司分散的经营活动转化成一组客观的数据，提供有关公司的财务状况、经营成果、现金流量等信息，为信息使用者提供有关的决策依据。

3. 会计以货币作为主要计量单位

会计所反映的是企业单位经济活动中的资金运动（或价值运动），在经济活动中，各项财产物资的增减，需要用货币度量来综合反映。以货币度量为主，并不排除同时用实物度量、劳动度量来反映。凡是不能用货币计量的经济活动，都不是会计所反映的内容。

4. 会计具有核算和监督的基本职能

以货币作为主要计量单位，通过数量上的记录、计算来反映经济活动情况，为经济管理提供信息资料，这是核算职能；以价值指标对经济活动全过程的真实性、合法性和合理性进行事前、事中和事后的监督，这是监督职能。

5. 会计拥有一系列专门方法

会计拥有一系列科学实用的专门方法，包括设置会计科目、复式记账、填制和审核凭证、登记账簿、成本计算、财产清查、编制会计报表等，这是会计管理区别于其他经济管理的重要特征之一。

(三) 会计的发展历程

会计是随着人类社会生产的发展和经济管理的需要而产生、发展并不断得到完善的。其中，会计的发展可划分为古代会计、近代会计和现代会计三个阶段。

1. 古代会计阶段

15 世纪中叶以前，称为古代会计阶段。在这一漫长的时期里，自然经济占主导地位，并以小生产为主，会计的主要特征是单式簿记，服务对象主要是个体生产。

2. 近代会计阶段

15 世纪中叶到 20 世纪五六十年代，称为近代会计阶段。这一时期资本主义国家商品经济大发展，随之产生了借贷复式记账法。在意大利，随着地中海沿岸银行业的发展，为记录银行的债权债务，产生了借贷复式记账法，后通过英国得到广泛传播，成为迄今通行于全世界的会计方法，主要反映已经发生的经济活动及其影响。为了保证会计信息的真实、客观，英国首先出现了以审查会计报表真实性为目标的独立审计。在美国，开始制定会计准则，规范企业会计核算行为。

3. 现代会计阶段

20 世纪五六十年代以后，称为现代会计阶段。这一时期商品经济得到充分发展，企业规模扩大，竞争激烈，所有权和经营权普遍分离，会计发展以满足所有者、债权人等外部需要的财务会计和服务于内部管理需要的管理会计两个分支。会计不仅要反映经营活动过程和成果，而且要参与内部管理，分析考核经营责任；不仅反映已经发生的经济活动，还要为预测未来、制定经营决策服务。

人类会计方法的演进，经历了由单式簿记向复式簿记转化的过程。15 世纪起源于意大利的复式记账原理是近代会计形成的标志，1494 年，意大利数学家 Luce Paciali（卢卡·巴其阿勒）出版了世界上第一本关于复式簿记的专著《算术、几何、比及比例概要》，对借贷复式记账做了系统的介绍，以后相继传入世界各国。我国在清朝后期，从国外引入借贷记账法。

二、会计的对象与目标

(一) 会计对象

会计对象是指会计核算和监督的内容,具体是指社会再生产过程中能以货币表现的经济活动,即资金运动或价值运动。

由于会计以货币为主要的计量单位,对一定的会计主体进行核算和监督,因此,凡是特定主体能够以货币表现的经济活动,都是会计核算和监督的内容,也就是会计对象。

企业的类型不同,资金运动的形式和内容不同,所表现出的会计核算和监督的对象也有所不同。企业按其在社会再生产过程中的分工不同,可分为工业企业、商品流通企业、农业企业、施工房地产企业、交通运输企业及金融保险企业等行业类型。以下以工业企业和商品流通企业为代表说明其资金运动形式。

1. 工业企业的资金运动

工业企业是从事产品生产和销售的经济组织。工业企业的经济业务活动主要为供应、生产、销售,伴随着这三种经济业务活动,其资金呈现为投入、循环与周转以及从企业退出的运动形式。

资金的投入主要来源于投资者和债权人;资金随业务活动的持续而循环与周转,资金形态依次表现为货币资金→储备资金→生产资金→成品资金→货币资金,资金在每一次循环和周转中得到增值,即盈利;资金的退出形式主要有债务本息的偿还、税费的上缴和利润的分配等。工业企业的资金运动如图1-1所示。

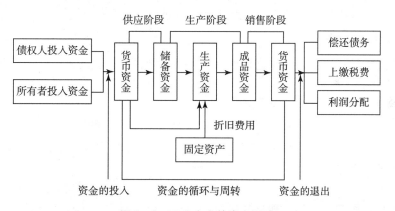

图 1-1 工业企业的资金运动

2. 商品流通企业的资金运动

商品流通企业经营过程分为购进和销售两个过程。购进过程中,按照等价交换的原则从生产企业购进其所经营的商品,在这一过程中,资金由货币形态转为商品资金形态,并与供货单位产生债权债务关系;销售过程中,企业将商品按市场价格销售出去,收回货款,商品资金形态转为货币资金形态,并产生应缴税费,企业与购货方产生债权债务关系。

(二) 会计目标

会计目标也称会计目的,是要求会计工作完成的任务或达到的标准,即向财务会计报告使用者提供与企业财务状况、经营成果和现金流量等有关的会计信息,反映企业管理层受托责任履行情况,有助于财务会计报告使用者作出经济决策。

三、会计的职能与方法

(一) 会计的职能

会计的职能是指会计在经济管理过程中所具有的功能。会计具有会计核算和会计监督两项基本职能和预测经济前景、参与经济决策、评价经营业绩等拓展职能。

1. 会计核算职能

会计核算职能，又称会计反映职能，是指会计以货币为主要计量单位，对特定主体的经济活动进行确认、计量和报告。它通过确认、记录、计量及报告等会计核算环节，实现对会计主体的记账、算账和报账。

2. 会计监督职能

会计监督职能，又称会计控制职能，是指对特定主体经济活动和相关会计核算的真实性、合法性和合理性进行监督检查。会计监督是一个过程，它分为事前监督、事中监督和事后监督。

3. 会计核算与会计监督职能的关系

会计核算与会计监督两者是相辅相成、辩证统一的关系。会计核算是会计监督的基础，没有会计核算资料，会计监督就失去了依据；而会计监督是会计核算的质量保障，没有会计监督，会计核算所提供信息的真实性和可靠性就难以保证。

随着生产力水平的日益提高、社会经济关系的日益复杂和管理理论的不断深化，会计所发挥的作用也日益重要，其职能也将不断拓展，除上述两个基本职能之外，会计还具有预测经济前景、参与经济决策、评价经营业绩等拓展功能。

(二) 会计核算方法

会计核算方法是指对会计对象进行连续、系统、全面、综合的确认、计量和报告所采用的各种方法。

1. 会计核算方法体系

会计核算方法体系由填制和审核会计凭证、设置会计科目和账户、复式记账、登记会计账簿、成本计算、财产清查、编制财务会计报告等专门方法构成。它们相互联系、紧密结合，确保会计工作有序进行。

2. 会计循环

会计循环是指按照一定的步骤反复运行的会计程序。从会计工作流程看，会计循环由确认、计量和报告等环节组成；从会计核算的具体内容看，会计循环由填制和审核会计凭证、设置会计科目和账户、复式记账、登记会计账簿、成本计算、财产清查、编制财务会计报告等组成。填制和审核会计凭证是会计核算的起点。

第二节 会计基本假设和会计基础

一、会计基本假设

会计基本假设也称为会计核算的基本前提，是企业会计确认、计量和报告的前提，是对会计核算所处的时间、空间环境所作的合理假定。会计基本假设包括会计主体、持续经营、会计分期和货币计量四项。

（一）会计主体

会计主体是指企业会计确认、计量和报告的空间范围，即会计核算和监督的特定单位或组织。对于拥有独立的资金、自主经营、独立核算、自负盈亏并编制会计报表的企业或单位，就是一个会计主体。

会计主体与法律主体并非对等的概念。一般来说，法律主体必然是会计主体，但会计主体并不都是法律主体。会计主体可以是独立法人，也可以是非法人；会计主体可以是一个独立企业，也可以是企业内部的某一个单位或企业中的一个特定部分；会计主体可以是一个单一的企业，也可以是由几个企业组成的企业集团。企业集团、企业、企业的分厂、企业的车间或事业部，都可以成为会计主体。

例如，甲公司是一个有限责任公司，拥有独立核算的 A 分公司和非独立核算的 B 分公司（报账单位）。那么，甲公司具有法人资格，是法律主体，也是会计主体。甲公司的 A 分公司和 B 分公司都不具有法人资格，不是法律主体，但是 A 分公司是会计主体，B 分公司则不是会计主体。

这一假设的意义在于：一是将特定主体的经济活动与该主体所有者及职工个人的经济活动区分开来；二是将该主体的经济活动与其他单位的经济活动区分开来，从而界定了从事会计工作和提供会计信息的空间范围，同时说明某会计主体的会计信息仅与该会计主体的整体活动和成果相关。

（二）持续经营

持续经营是指会计主体在可以预见的未来，企业将会按当前的规模和状态继续经营下去，不会停业，也不会大规模削减业务。

例如：某企业购入一台设备，预计使用寿命为 10 年，根据持续经营假设，该项固定资产会在持续生产经营期间发挥作用，直到该设备使用寿命终结。因此，企业应按该项设备购买时的实际成本入账，并按 10 年计提折旧。

这一假设的意义在于：它可使会计原则建立在非清算的基础之上，从而解决了资产计价和收益确认的前提。

（三）会计分期

会计分期是指将一个企业持续经营的经济活动划分为一个个连续的、长短相同的期间，以便分期结算账目和编制财务会计报告。有了会计分期假设，才有本期和非本期的区分，由此产生收付实现制和权责发生制，才有划分收益性支出和资本性支出、收入与费用配比等要求以及应收和应付等会计处理。

这一假设的意义在于：界定了会计信息的时间段落，根据《企业会计准则》的规定，会计期间分为年度、半年度、季度和月度。以一年为单位的会计期间称会计年度，按公历起讫日期确定，即每年 1 月 1 日至 12 月 31 日。

（四）货币计量

货币计量是指会计主体在会计确认、计量和报告时以货币作为计量尺度，反映会计主体的经济活动。

货币计量包括两层含义：一是以货币作为会计的统一计量单位；二是作为会计计量单位

的货币,其币值是稳定不变的。货币计量是指会计主体在会计核算过程中采用货币作为统一的计量单位。单位的会计核算应以人民币作为记账本位币。业务收支以外币为主的单位也可以选择某种外币作为记账本位币,但编制的财务会计报告应当折算为人民币反映。在境外设立的中国企业向国内报送的财务会计报告,应当折算为人民币。

这一假设的意义在于:确定了以货币为主要的、统一的计量单位。

四个基本前提是相互依存、相互补充的。会计主体确立了会计核算的空间范围,持续经营与会计分期确立了会计核算的时间长度,而货币计量则为会计核算提供了必要手段。没有会计主体,就没有持续经营;没有持续经营,就没有会计分期;没有货币计量,就不会有现代会计。

二、会计基础

会计基础是指会计确认、计量和报告的基础,包括权责发生制和收付实现制。

(一)权责发生制

权责发生制,也称应计制或应收应付制,是指收入、费用的确认应当以收入和费用的实际发生作为确认的标准,合理确认当期损益的一种会计基础。在我国,企业会计核算采用权责发生制。

权责发生制的基础要求是,凡是当期已经实现的收入和已经发生或应当负担的费用,无论款项是否收付,都应当作为当期的收入和费用,计入利润表;凡是不属于当期的收入和费用,即使款项已在当期收付,也不应当作为当期的收入和费用。

在实务中,企业交易或者事项的发生时间与相关货币收支时间有时并不完全一致。

例如:款项已经收到,但销售并未实现;或者款项已经支付,但并不是为本期生产经营活动而发生的。

为了更加真实、公允地反映特定会计期间的财务状况和经营成果,基本准则明确规定,企业在会计确认、计量和报告中应当以权责发生制为基础,也就是说,不能将预收或预付的款项作为本期的收入或费用处理。

(二)收付实现制

收付实现制,也称现金制,是以收到或支付现金作为确认收入和费用的标准,是与权责发生制相对应的一种会计基础。

事业单位会计核算一般采用收付实现制;事业单位部分经济业务或者事项,以及部分行业事业单位的会计核算采用权责发生制核算的,由财政部在相关会计制度中具体规定。

【例1-1】 甲企业2019年2月份发生如表1-1所示的经济业务,分别以权责发生制和收付实现制为基础确认本月的收入和费用。

表1-1 权责发生制与收付实现制对比表　　　　　　　　　　　　　　　元

序号	经济业务	权责发生制		收付实现制	
		收入	费用	收入	费用
1	本月预收货款10 000元			10 000	
2	本月预付企业全年的财产保险费60 000元		5 000		60 000

续表

序号	经济业务	权责发生制		收付实现制	
		收入	费用	收入	费用
3	本月销售货物 20 000 元，本月实际收到货款 15 000 元	200 000		150 000	
4	本月购入办公用品 500 元款未付		500		
	合计	200 000	5 500	160 000	60 000

第三节　会计信息的使用者及其质量要求

一、会计信息的使用者

会计信息的使用者主要包括投资者、企业管理者、债权人、政府及其相关部门和社会公众等。企业投资者关注企业的盈利能力和发展能力，他们需要借助会计信息决定是否投资、更换管理层和加强企业内部控制等；企业管理者关注企业的盈利能力，他们需要借助会计信息管理、控制企业，作出经营决策。债权人主要关注企业的偿债能力和财务风险，债权人需要借助会计信息决定是否发放贷款。政府及其相关部门关心的是社会效益及税收，需要借助会计信息监管企业、制定政策和进行国民经济统计等。社会公众主要关注的是企业的生产经营活动和可持续发展的能力、有没有生产伪劣产品、是否对环境造成污染，等等。

二、会计信息的质量要求

会计信息的质量要求是对企业财务会计报告中所提供的高质量会计信息的基本规范，是使财务会计报告中所提供的会计信息对投资者等使用者决策有用应具备的基本特征，主要包括可靠性、相关性、可理解性、可比性、实质重于形式、重要性、谨慎性和及时性等。

（一）可靠性

企业应当以实际发生的交易或者事项为依据进行会计确认、计量和报告，如实反映各项会计要素及其相关信息，保证会计信息的真实可靠性和内容的完整性。

（二）相关性

企业提供的会计信息应当与财务会计报告使用者的经济决策需要相关，有助于财务会计报告使用者对企业过去和现在的情况作出评价，对未来的情况作出预测。相关性是以可靠性为基础的，两者之间并不矛盾，不应将两者对立起来。

（三）可理解性

可理解性要求企业提供的会计信息应当清晰明了，便于财务会计报告使用者理解和使用。为了便于使用者理解和使用，应将复杂的会计信息在财务报告中予以披露，而不能将其排除在财务报告所应披露的信息之外。

（四）可比性

可比性要求企业提供的会计信息应当相互可比，保证同一企业不同时期可比、不同企业相同会计期间可比。

这主要包括两层含义：一是同一企业不同时期发生的相同或者相似的交易或者事项，应当采用一致的会计政策，不得随意变更。有关会计政策变更的情况，应当在附注中予以说明，保证企业会计信息的纵向可比性。二是不同企业同一会计期间发生的相同或者相似的交易或者事项，应当采用规定的会计政策和信息口径，保证会计信息的横向可比性。

（五）实质重于形式

企业应当按照交易或者事项的经济实质进行会计确认、计量和报告，不应仅以交易或者事项的法律形式为依据。如融资租入固定资产，租入时就确认为承租人的固定资产，而不是在法定所有权转移时确认。

（六）重要性

企业提供的会计信息应当反映与企业财务状况、经营成果和现金流量等有关的所有重要交易或者事项。如果财务报告中所提供的企业会计信息的省略或者错报会影响使用者据此作出经济决策，该信息就具有重要性。信息的重要性往往需要会计人员通过项目的性质和金额大小两个方面进行职业判断。

（七）谨慎性

谨慎性要求企业对交易或者事项进行会计确认、计量和报告时保持应有的谨慎，不应高估资产或者收益、低估负债或者费用。但是，谨慎性的应用并不允许企业设置秘密准备。

（八）及时性

企业对于已经发生的交易或者事项，应当及时进行会计确认、计量和报告，不得提前或者延后。

第四节 会计准则体系

一、会计准则的构成

会计准则是反映经济活动、确认产权关系、规范收益分配的会计技术标准，是生成和提供会计信息的重要依据，也是政府调控经济活动、规范经济秩序和开展国际经济交往等的重要手段。会计准则具有严密和完整的体系。我国已颁布的会计准则有《企业会计准则》《小企业会计准则》《事业单位会计准则》。

二、企业会计准则

我国的企业会计准则体系包括基本准则、具体准则、应用指南和解释公告等。2006年2月15日，财政部发布了《企业会计准则》，自2007年1月1日起在上市公司范围内施行，并鼓励其他企业执行。2014年7月23日财政部做了进一步修订。

三、小企业会计准则

2011年10月18日，财政部发布了《小企业会计准则》，要求符合适用条件的小企业自2013年1月1日起执行，并鼓励提前执行。《小企业会计准则》一般适用于在我国境内依法设立、经济规模较小的企业，具体标准参见《小企业会计准则》和《中小企业划型标准规定》。

四、事业单位会计准则

2012年12月6日，财政部修订发布了《事业单位会计准则》，自2013年1月1日起在各级各类事业单位施行。该准则对我国事业单位的会计工作予以规范。

思考练习题

一、单项选择题

1. 会计主要采用的计量单位是（　　）。
   A. 实物计量 B. 劳动计量
   C. 货币计量 D. 工时计量
2. 会计的基本职能是（　　）。
   A. 核算与决策 B. 考核与预测
   C. 监督与分析 D. 核算与监督
3. 下列不属于会计核算环节的是（　　）。
   A. 确认 B. 记录
   C. 报告 D. 报账
4. 下列不属于会计核算工作的是（　　）。
   A. 记账 B. 算账
   C. 报账 D. 查账
5. 会计核算和监督的内容是特定主体的（　　）。
   A. 经济资源 B. 资金运动
   C. 实物运动 D. 经济活动
6. 会计核算的基本前提是（　　）。
   A. 会计目标 B. 会计任务
   C. 会计职能 D. 会计基本假设
7. 界定从事会计工作和提供会计信息的空间范围的会计基本前提是（　　）。
   A. 会计职能 B. 会计主体
   C. 会计内容 D. 会计对象
8. 会计人员在进行会计核算的同时，对特定主体经济活动的真实性、合法性和合理性进行审查，称为（　　）。
   A. 会计控制 B. 会计核算
   C. 会计监督 D. 会计分析
9. 会计的核算职能不具有（　　）。

A. 连续性 B. 主观性
C. 系统性 D. 全面性

10. 会计核算的最后一个环节是（　　）。
　　A. 登记账簿 B. 成本计算
　　C. 财产清查 D. 编制会计报表

11. （　　）作为会计核算的基本前提，就是将一个会计主体持续的生产经营活动划分为若干个相等的会计期间。
　　A. 持续经营 B. 会计年度
　　C. 会计分期 D. 会计主体

12. 企业固定资产可以按照其价值和使用情况，确定采用某一方法计提折旧，它所依据的会计核算前提是（　　）。
　　A. 会计主体 B. 持续经营
　　C. 会计分期 D. 货币计量

13. 企业在进行会计核算时，应当以实际发生的交易或事项为依据进行会计确认、计量和报告。这是指（　　）。
　　A. 可靠性 B. 重要性
　　C. 可比性 D. 实质重于形式

14. 企业应当采用一致的会计政策，不得随意变更，这是指（　　）。
　　A. 客观性 B. 重要性
　　C. 可比性 D. 实质重于形式

15. 下列各项中不属于会计信息质量谨慎性要求的是（　　）。
　　A. 资产计价时从低 B. 利润估计时从高
　　C. 不预计任何可能发生的收益 D. 负债估计时从高

16. 企业销售产品，取得销售收入，意味着企业的经营资金已从成品资金形态转化为货币资金形态，完成了一次（　　）。
　　A. 资金周转 B. 会计循环
　　C. 价值周转 D. 资金运动

17. 权责发生制和收付实现制记账基础是建立在一个基本前提基础之上，这个基础前提是（　　）。
　　A. 会计分期假设 B. 会计主体假设
　　C. 货币计量假设 D. 持续经营假设

18. 《会计法》规定（　　）。
　　A. 企业的会计核算以人民币为记账本位币
　　B. 企业的会计核算以美元为记账本位币
　　C. 在境外设立的中国企业向国内报送的财务会计报告，应当折算为美元
　　D. 业务收支以人民币以外的货币为主的企业，必须以人民币作为记账本位币

19. 下列各项表述，不正确的是（　　）。
　　A. 企业的资金运动表现为资金投入、资金周转和资金循环三个过程
　　B. 为了从事产品的生产与销售活动，企业必须拥有一定数量的资金

C. 以货币表现的经济活动，通常又称为价值运动或资金运动

D. 企业的资金，是指企业所拥有的各项财产物资的货币表现

20. 企业某月份发生下列支出：①预付全年仓库资金36 000元；②支付上年第4季度银行借款利息16 200元；③以现金520元购买行政管理部门使用的办公用品；④预提本月应负担的银行借款利息4 500元。按权责发生制确认的本月费用为（　　）元。

　　A. 57 220　　　　　　　　　　　　　B. 8 020

　　C. 24 220　　　　　　　　　　　　　D. 19 720

二、多项选择题

1. 下列各项中，属于会计基本职能的有（　　）。

　　A. 进行会计核算　　　　　　　　　　B. 预测经济前景

　　C. 评价未来业绩　　　　　　　　　　D. 实施会计监督

2. 会计核算方法包括（　　）等。

　　A. 设置账户　　　　　　　　　　　　B. 复式记账

　　C. 成本计算　　　　　　　　　　　　D. 填制和审核凭证

3. 会计监督是指会计人员在进行会计核算的同时，对经济活动的（　　）进行审查。

　　A. 真实性　　　　　　　　　　　　　B. 合法性

　　C. 合理性　　　　　　　　　　　　　D. 效益性

4. 下列属于会计对象的有（　　）。

　　A. 会计所要核算和监督的具体内容　　B. 社会再生产过程中的资金运动

　　C. 预算资金收支活动　　　　　　　　D. 企业的资金投入、周转和退出

5. 资金运动的内容包括（　　）。

　　A. 资金的投入　　　　　　　　　　　B. 资金的循环

　　C. 资金的退出　　　　　　　　　　　D. 资金的周转

6. 会计基本假设是企业会计确认、计量和报告的前提，会计基本假设包括（　　）。

　　A. 会计主体　　　　　　　　　　　　B. 持续经营

　　C. 会计分期　　　　　　　　　　　　D. 货币计量

7. 下列各项中，属于企业会计核算内容的有（　　）。

　　A. 采购原材料　　　　　　　　　　　B. 缴纳税金

　　C. 销售库存商品　　　　　　　　　　D. 投资者投入资金

8. 下列各项中，可以作为一个会计主体进行核算的有（　　）。

　　A. 销售部门　　　　　　　　　　　　B. 分公司

　　C. 母公司　　　　　　　　　　　　　D. 企业集团

9. 会计中期包括（　　）。

　　A. 月度　　　　　　　　　　　　　　B. 季度

　　C. 半年度　　　　　　　　　　　　　D. 年度

10. 以下选项中，（　　）属于会计信息质量要求，是对企业财务会计报告中所提供的高质量会计信息的基本规范。

　　A. 重要性　　　　　　　　　　　　　B. 谨慎性

　　C. 公开性　　　　　　　　　　　　　D. 及时性

11. 下列属于产品生产过程的资金循环和周转是（　　）。
    A. 货币资金转化为生产资金　　　　B. 固定资金转化为生产资金
    C. 储备资金转化为生产资金　　　　D. 生产资金转化为成品资金
12. 下列属于资金退出企业的事项有（　　）。
    A. 接受投资　　　　　　　　　　　B. 从银行借入款项
    C. 上缴税金　　　　　　　　　　　D. 归还借款
13. 下列关于会计主体的说法中，正确的有（　　）。
    A. 会计主体一定是法律主体
    B. 会计主体可以是独立法人，也可以是非法人
    C. 会计主体可以是一个企业，也可以是企业中一个特定组成部分
    D. 会计主体有可能是单一企业，也可能是几个企业组成的企业集团
14. 下列说法正确的有（　　）。
    A. 在境外设立的中国企业向国内报送的财务报告，应当折算为人民币
    B. 业务收支以外币为主的单位可以选择某种外币为记账本位币
    C. 会计核算过程中采用货币为主要计量单位
    D. 我国企业的会计核算只能以人民币为记账本位币
15. 权责发生制核算基础是以收付应归属期间为标准，确定本期收入和费用的处理方法，即（　　）。
    A. 凡是属于本期应获得的收入，不管款项是否已收到，都应作为本期收入处理
    B. 凡是属于本期应获得的收入，只有款项已经收到，才能作为本期收入处理
    C. 凡属本期应当负担的费用，不管款项是否已经付出，都应作为本期费用处理
    D. 凡属本期应当负担的费用，只有款项已经付出，才能作为本期费用处理

三、判断题

1. 会计核算应当以货币作为唯一的计量单位。（　　）
2. 会计的基本职能是会计核算和会计监督，会计监督是首要职能。（　　）
3. 凡是特定主体能以数量表现的经济活动，都是会计核算与监督的内容。（　　）
4. 会计以货币为基本形式，凡是不能用货币计量的经济活动，都不是会计所反映的内容。（　　）
5. 企业会计的对象就是企业的资金运动。（　　）
6. 资金的退出指的是资金离开本企业，退出资金的循环与周转，主要包括提取盈余公积、偿还各项债务、上交各项税金以及向所有者分配利润等。（　　）
7. 会计基本假设是会计核算的基本前提。（　　）
8. 会计主体必然是一个法律主体，而法律主体不一定是会计主体。（　　）
9. 会计主体前提为会计核算确定了空间范围，会计分期前提为会计核算确定了时间范围。（　　）
10. 会计主体所核算的生产经营活动也包括其他企业或投资者个人的其他生产经营活动。（　　）
11. 由于有了会计分期这个会计核算的基本前提，才产生了当期与其他期间的区别，从而出现了权责发生制与收付实现制的区别。（　　）

12. 在中华人民共和国境内的外商投资企业、外国企业和其他外国组织的记账本位币，可以使用外币，但向中国政府提供会计报告时，必须折成人民币。（ ）

13. 会计核算的可比性是指会计核算方法前后各期应当保持一致，不得变更。（ ）

14. 各企业、事业单位均应当以权责发生制为基础进行会计确认、计量和报告。（ ）

15. 按照权责发生制原则的要求，凡是本期实际收到款项的收入和付出款项的费用，不论是否归属于本期，都应当作为本期的收入和费用处理。（ ）

第二章

会计要素与会计等式

知识目标

1. 熟悉会计要素的含义与特征
2. 掌握会计要素的确认条件与构成
3. 掌握常用的会计计量属性
4. 掌握会计等式的表现形式
5. 掌握基本经济业务的类型及其对会计等式的影响

第一节　会计要素

一、会计要素的含义与分类

（一）会计要素的含义

会计要素是指根据交易或者事项的经济特征所确定的财务会计对象的基本分类，是会计核算对象的具体化。它是构成会计报告的基本要素，也是设置会计科目的依据。

（二）会计要素的分类

我国《企业会计准则》将会计要素划分为资产、负债、所有者权益、收入、费用和利润六类，其中，前三类表现资金运动的静止状态，属于反映财务状况的会计要素，在资产负债表中列示；后三类表现资金运动的显著变动状态，属于反映经营成果的会计要素，在利润表中列示。

二、会计要素的确认

（一）资产

1. 资产的含义与特征

资产是指企业过去的交易或者事项形成的、由企业拥有或者控制的、预期会给企业带来经济利益的资源。资产具有以下特征：

(1) 资产是由企业过去的交易或者事项形成的。

资产应当由企业过去的交易或者事项所形成，过去的交易或者事项包括购买、生产、建造行为或者其他交易或事项。资产必须是现实的资产，而不能是预期的资产。

(2) 资产应为企业拥有或者控制的资源。

资产作为一项资源，应当由企业拥有或者控制，具体是指企业享有某项资源的所有权，或者虽然不享有某项资源的所有权，但该资源能被企业所控制。

例如：某企业以融资租赁方式租入一项固定资产，尽管企业并不拥有其所有权，但是如果租赁合同规定的租赁期相当长，接近于该资产的使用寿命，表明企业控制了该资产的使用及其所能带来的经济利益，应当将其作为企业资产予以确认、计量和报告。

(3) 资产预期会给企业带来经济利益。

资产预期会给企业带来经济利益，是指资产直接或者间接导致现金和现金等价物流入企业的潜力。这种潜力可以来自企业日常的生产经营活动，也可以是非日常活动。如果某一项目预期不能给企业带来经济利益，那么就不能将其确认为企业的资产。前期已经确认为资产的项目，如果不能再为企业带来经济利益，也不能再确认为企业的资产。

2. 资产的确认条件

将一项资源确认为资产，需要符合资产的定义，还应同时满足以下两个条件：

(1) 与该资源有关的经济利益很可能流入企业。

(2) 该资源的成本或者价值能够可靠地计量。

3. 资产的分类

资产按照流动性分为流动资产和非流动资产。

(1) 流动资产是指预计在一个正常营业周期中变现、出售或耗用，或者主要为交易目的而持有，或者预计在资产负债表日起一年内（含一年）变现的资产，以及自资产负债表日起一年内交换其他资产或清偿负债的能力不受限制的现金或现金等价物。

(2) 非流动资产是指流动资产以外的资产。

一个正常营业周期是指企业从购买用于加工的资产起至实现现金或现金等价物的期间。正常营业周期通常短于一年，在一年内有几个营业周期。但是，也存在正常营业周期长于一年的情况，在这种情况下，与生产循环相关的产成品、应收账款、原材料，尽管是超过一年才变现、出售或耗用，仍应作为流动资产。当正常营业周期不能确定时，应当以一年（12个月）作为正常营业周期。

（二）负债

1. 负债的含义与特征

负债是指企业过去的交易或者事项形成的，预期会导致经济利益流出企业的现时义务。负债具有以下特征：

(1) 负债是由企业过去的交易或者事项形成的。

负债应当由企业过去的交易或者事项所形成。对于企业将在未来发生的承诺、签订的合同等交易或者事项，不形成负债。

(2) 负债是企业承担的现时义务。

负债必须是企业承担的现时义务，这是负债的一个基本特征。其中，现时义务是指企业在现行条件下已承担的义务。未来发生的交易或者事项形成的义务，不属于现时义务，不应当确认为负债。

(3) 负债预期会导致经济利益流出企业。

预期会导致经济利益流出企业也是负债的一个本质特征，只有企业在履行义务时才会导致经济利益流出企业的负债，才符合负债的定义，如果不会导致企业经济利益流出，就不符合负债的定义。

2. 负债的确认条件

将一项现时义务确认为负债，需要符合负债的定义，还应当同时满足以下两个条件：

(1) 与该义务有关的经济利益很可能流出企业。

(2) 未来流出的经济利益的金额能够可靠地计量。

3. 负债的分类

企业的负债按其流动性划分为流动负债和非流动负债。

(1) 流动负债是指预计在一个正常营业周期中偿还，或者主要为交易目的而持有，或者自资产负债表日起一年内（含一年）到期应予以清偿，或者企业无权自主地将清偿推迟至资产负债表日以后一年以上的负债。

(2) 非流动负债是指流动负债以外的负债。

(三) 所有者权益

1. 所有者权益的含义及特征

所有者权益又称为股东权益，是指企业资产扣除负债后由所有者享有的剩余权益，是所有者对企业剩余资产的索取权。所有者权益具有以下特征：

(1) 除非发生减资、清算或分派现金股利，企业不需要偿还所有者权益。

(2) 企业清算时，只有在清偿所有的负债后，所有者权益才返还给所有者。

(3) 所有者凭借所有者权益能够参与企业利润的分配。

2. 所有者权益的确认条件

所有者权益的确认、计量主要取决于资产、负债、收入、费用等其他会计要素的确认和计量。所有者权益在数量上等于企业资产总额扣除债权人权益后的净额，即为企业的净资产，反映所有者（股东）在企业资产中享有的经济利益。

例如：企业接受投资者投入的资产，在该资产符合企业资产确认条件时，就相应地符合了所有者权益的确认条件；当该资产的价值能够可靠计量时，所有者权益的金额也就可以确定。

所有者权益反映的是企业所有者对企业剩余资产的索取权，负债反映的是企业债权人对企业资产的索取权，两者在性质上有本质区别，因此企业在会计确认、计量和报告中应当严格区分负债和所有者权益，如实反映企业的财务状况。

3. 所有者权益的分类

所有者权益的来源包括所有者投入的资本、直接计入所有者权益的利得和损失、留存收益等，具体表现为实收资本（或股本）、资本公积（含资本溢价或股本溢价、其他资本公积）、盈余公积和未分配利润。

(1) 所有者投入的资本，是指所有者投入企业的资本部分，它既包括构成企业注册资本（实收资本）或者股本部分的金额，也包括投入资本超过注册资本或者股本部分的金额，即资本溢价或者股本溢价，这部分投入资本在我国企业会计准则体系中被计入资本公积，并在资产负债表中的资本公积项目反映。

（2）直接计入所有者权益的利得和损失，是指不应计入当期损益，会导致所有者权益发生增减变动的，与所有者投入资本或者向所有者分配利润无关的利得或者损失。

（3）留存收益是盈余公积和未分配利润的统称。

（四）收入

1. 收入的含义与特征

收入是指企业在日常活动中形成的，会导致所有者权益增加的，与所有者投入资本无关的经济利益的总流入。收入具有以下特征：

（1）收入是企业在日常活动中形成的。

日常活动是指企业为完成其经营目标所从事的经常性活动以及与之相关的活动。例如，工业企业制造并销售产品、商业企业销售商品等均属于企业的日常活动。明确界定日常活动是为了将收入与利得相区分，因为企业非日常活动所形成的经济利益的流入不能确认为收入，而应当计入利得。

（2）收入会导致所有者权益增加。

与收入相关的经济利益的流入应当会导致所有者权益增加，不会导致所有者权益增加的经济利益的流入不符合收入的定义，不应确认为收入。例如，企业向银行借入款项，也导致了企业经济利益的流入，但该流入并不导致所有者权益增加，不应将其确认为收入，应当确认为一项负债。

（3）收入是与所有者投入资本无关的经济利益的总流入。

所有者投入资本的增加不应当确认为收入，应当将其直接确认为所有者权益。

2. 收入的确认条件

收入的确认除了应当符合定义外，至少应当符合以下条件：

（1）与收入相关的经济利益应当很可能流入企业。

（2）经济利益流入企业的结果会导致资产的增加或者负债的减少。

（3）经济利益的流入额能够可靠计量。

3. 收入的分类

按照企业经营业务的主次不同，可将收入分为主营业务收入和其他业务收入。收入按性质不同，可分为销售商品收入、提供劳务收入、让渡资产使用权收入等。

（1）主营业务收入，是指企业经常性的、主要业务所产生的收入。不同行业的主营业务收入所包括的内容不同，工业企业的主营业务收入主要包括销售商品、自制半成品、代制品、代修品、提供工业性劳务等取得的收入；商品流通企业的主营业务收入主要包括销售商品所取得的收入等。

（2）其他业务收入，是指企业非经营性的、兼营的业务产生的收入，如原材料销售收入、固定资产租金收入、转让无形资使用权收入、包装物租金收入等。

（五）费用

1. 费用的含义与特征

费用是指企业在日常活动中发生的，会导致所有者权益减少的，与向所有者分配利润无关的经济利益的总流出。费用具有以下特征：

（1）费用是企业在日常活动中形成的。

费用必须是企业在其日常活动中所形成的,日常活动所产生的费用通常包括销售成本(营业成本)、管理费用等。将费用界定为日常活动所形成的,目的是将其与损失相区分,企业非日常活动所形成的经济利益的流出不能确认为费用,而应当计入损失。

(2) 费用会导致所有者权益减少。

与费用相关的经济利益的流出应当会导致所有者权益减少,不会导致所有者权益减少的经济利益的流出不符合费用的定义,不应确认为费用。

(3) 费用是与向所有者分配利润无关的经济利益的总流出。

企业向所有者分配利润也会导致经济利益的流出,而该经济利益的流出属于所有者权益的抵减项目,不应确认为费用。

2. 费用的确认条件

费用的确认除了应当符合定义外,至少应当符合以下条件:

(1) 与费用相关的经济利益应当很可能流出企业。

(2) 经济利益流出企业的结果会导致资产的减少或者负债的增加。

(3) 经济利益的流出额能够可靠计量。

3. 费用的分类

费用包括生产费用与期间费用。

(1) 生产费用是指与企业日常生产经营活动有关的费用,按其经济用途可分为直接材料、直接人工和制造费用。生产费用应按其实际发生情况计入产品的生产成本;对于生产几种产品共同发生的生产费用,应当按照收益原则,采用适当的方法和程序分别计入相关产品的生产成本。

(2) 期间费用是指企业本期发生的、不能直接或间接归入产品生产成本,而应直接计入当期损益的各项费用,包括管理费用、销售费用和财务费用。

(六) 利润

1. 利润的含义与特征

利润是指企业在一定会计期间的经营成果。通常情况下,如果企业实现了利润,表明企业的所有者权益将增加,业绩得到了提升;如果企业发生了亏损(即利润为负数),表明企业的所有者权益将减少,业绩下降。利润是评价企业管理层业绩的指标之一,也是投资者等财务会计报告使用者进行决策时的重要参考依据。

2. 利润的确认条件

利润反映收入减去费用、直接计入当期利润的利得减去损失后的净额。利润的确认主要依赖于收入和费用,以及直接计入当期利润的利得和损失,其金额的确定也主要取决于收入、费用、利得、损失金额的计量。

3. 利润的分类

利润包括收入减去费用后的净额、直接计入当期损益的利得和损失等。其中,收入减去费用后的净额反映企业日常活动的经营业绩;直接计入当期损益的利得和损失反映企业非日常活动的业绩。

直接计入当期损益的利得和损失,是指应当计入当期损益,最终会引起所有者权益发生增减变动的,与所有者投入资本或者向所有者分配利润无关的利得或者损失。企业应当严格区分收入和利得、费用和损失,以便全面反映企业的经营业绩。利润包括营业利润、利润总额和净利润。

营业利润 = 营业收入 − 营业成本 − 税金及附加 − 销售费用 − 管理费用 − 研发费用 − 财务费用 − 资产减值损失 − 信用减值损失 + 公允价值变动收益（或 − 变动损失）+ 投资收益（或 − 投资损失）+ 其他收益 + 资产处置收益（或 − 资产处置损失）

其中：营业收入包括主营业务收入和其他业务收入。

利润总额 = 营业利润 + 营业外收入 − 营业外支出

净利润 = 利润总额 − 所得税费用

三、会计要素的计量

会计要素的计量是为了将符合确认条件的会计要素登记入账并列报于财务报表而确定其金额的过程。企业应当按照规定的会计计量属性进行计量，确定相关金额。

会计计量属性是指会计要素的数量特征或外在表现形式，反映了会计要素金额的确定基础，主要包括历史成本、重置成本、可变现净值、现值和公允价值等。

（一）历史成本

历史成本又称为实际成本，就是取得或制造某项财产物资时所实际支付的现金或其他等价物。在历史成本计量下，资产按照其购置时支付的现金或者现金等价物的金额，或者按照购置资产时所付出的对价的公允价值计量。负债按照其因承担现时义务而实际收到的款项或者资产的金额，或者承担现时义务的合同金额，或者按照日常活动中为偿还负债预期需要支付的现金或者现金等价物的金额计量。

（二）重置成本

重置成本又称现行成本，是指按照当前市场条件，重新取得同样一项资产所需支付的现金或现金等价物金额。在重置成本计量下，资产按照现在购买相同或者相似资产所需支付的现金或者现金等价物的金额计量。负债按照现在偿付该项债务所需支付的现金或者现金等价物的金额计量。在实务中，重置成本多应用于盘盈固定资产的计量等。

（三）可变现净值

可变现净值是指在正常生产经营过程中，以预计售价减去进一步加工成本和预计销售费用以及相关税费后的净值。在可变现净值计量下，资产按照其正常对外销售所能收到现金或者现金等价物的金额扣减该资产至完工时估计将要发生的成本、估计的销售费用以及相关税费后的金额计量。可变现净值通常应用于存货资产减值情况下的后续计量。

（四）现值

现值是指对未来现金流量以恰当的折现率进行折现后的价值，是考虑货币时间价值的一种计量属性。在现值计量下，资产按照预计从其持续使用和最终处置中所产生的未来净现金流入量的折现金额计量。负债按照预计期限内需要偿还的未来净现金流出量的折现金额计量。现值通常用于非流动资产可收回金额和以摊余成本计量的金融资产价值的确定等。

（五）公允价值

公允价值是指市场参与者在计量日发生的有序交易中，出售一项资产所能收到或者转移一项负债所需支付的价格。在公允价值计量下，资产和负债按照在公平交易中熟悉情况的交易双方自愿进行资产交换或者债务清偿的金额计量。公允价值主要应用于交易性金融资产、可供出售金融资产的计量等。

第二节　会计等式

会计等式，又称会计恒等式、会计方程式或会计平衡公式，它是表明各会计要素之间基本关系的等式。

一、会计等式的表现形式

（一）财务状况等式

企业的资产来源于投资人投入资本和从债权人的借入资金及其在生产经营中所产生的效益，分别归属于投资人和债权人。归属于所有者的部分形成所有者权益；归属于债权人的部分形成债权人权益（即负债）。资产来源于权益（包括所有者权益和债权人权益），资产与权益必然相等。用公式表示为：

$$资产 = 权益$$

由于权益分为债权人权益（负债）和所有者权益，因此，会计等式可改写为：

$$资产 = 负债 + 所有者权益 \qquad (1)$$

上述等式称为财务状况等式，亦称基本会计等式和静态会计等式，是用以反映企业某一特定时点（月末、季末、年末）资产、负债和所有者权益三者之间平衡关系的会计等式，它反映了会计基本要素之间的数量关系。这一等式也是设置会计账户、复式记账、编制资产负债表的理论依据。

（二）经营成果等式

在企业经营活动过程中，企业一方面要取得收入，另一方面也随之发生费用，以收入减去费用后的余额即为利润。其公式如下：

$$收入 - 费用 = 利润 \qquad (2)$$

上述等式称为经营成果等式，亦称动态会计等式，是用以反映企业一定时期收入、费用和利润之间恒等关系的会计等式。这一等式反映了利润的实现过程，是编制利润表的依据。

（三）综合等式

由于收入和费用的发生带来的是资产的流入和流出，而利润则是资产流入和流出的结果，最终带来的是净资产的增加，因此可以把上述两个会计公式（1）、（2）综合在一起表示为：

$$资产 + 费用 = 负债 + 所有者权益 + 收入$$

这是对全部会计要素之间的经济关系所作的综合表示。企业所发生的一切经济业务，只要是能用货币表现的，均可在此公式中得到反映。它动态地反映了企业财务状况和经营成果之间的关系。企业进行利润分配后，该公式又恢复为：

$$资产 = 负债 + 所有者权益$$

二、经济业务对会计等式的影响

经济业务又称会计事项,是指在经济活动中使会计要素发生增减变动的交易或者事项。企业经济业务按其对财务状况等式的影响不同,可以分为以下九种基本类型。

(1) 一项资产增加、另一项资产等额减少的经济业务;
(2) 一项资产增加、一项负债等额增加的经济业务;
(3) 一项资产增加、一项所有者权益等额增加的经济业务;
(4) 一项资产减少、一项负债等额减少的经济业务;
(5) 一项资产减少、一项所有者权益等额减少的经济业务;
(6) 一项负债增加、另一项负债等额减少的经济业务;
(7) 一项负债增加、一项所有者权益等额减少的经济业务;
(8) 一项所有者权益增加、一项负债等额减少的经济业务;
(9) 一项所有者权益增加、另一项所有者权益等额减少的经济业务。

上述九类基本经济业务的发生均不影响财务状况等式的平衡关系,具体分为三种情形:基本经济业务 (1)、(6)、(7)、(8)、(9) 使财务状况等式左右两边的金额保持不变;基本经济业务 (2)、(3) 使财务状况等式左右两边的金额等额增加;基本经济业务 (4)、(5) 使财务状况等式左右两边的金额等额减少。

【例 2-1】 甲公司 2018 年 12 月 1 日拥有资产总额 80 000 元,负债总额 50 000 元,所有者权益总额 30 000 元。甲公司 2018 年 12 月份发生下列经济业务:

(1) 资产和负债要素同时等额增加;
8 日,甲公司从金汤公司购进价值 8 000 元的原材料,货款未付。
(2) 资产和所有者权益要素同时等额增加;
12 日,收到华兴公司转来的银行存款 20 000 元,作为对甲公司的投资。
(3) 资产要素内部项目等额有增有减,负债和所有者权益要素不变;
15 日,从开户银行提取备用金 (现金) 2 000 元。
(4) 资产和负债要素同时等额减少;
18 日,甲公司以银行存款 30 000 元偿还短期借款。
(5) 资产和所有者权益要素同时等额减少;
22 日,甲公司按法定程序,退还股东投资款银行存款 10 000 元。
(6) 负债要素内部项目等额有增有减,资产和所有者权益要素不变;
25 日,经向银行申请,银行同意将短期借款 20 000 元转作长期借款。
(7) 所有者权益要素内部项目等额有增有减,资产和负债要素不变;
26 日,按规定将盈余公积 10 000 元转增资本。
(8) 负债要素增加,所有者权益要素等额减少,资产要素不变;
27 日,按规定计算出应付给投资者利润 5 000 元。
(9) 负债要素减少,所有者权益要素等额增加,资产要素不变;
30 日,华兴公司同意将甲公司所欠货款 8 000 元转为对甲公司的投资。

上述经济业务九种类型如表 2-1 所示。

表 2-1 经济业务九种类型   元

序号	类型	资产	80 000	负债	50 000	所有者权益	30 000
1	资产与负债同增	原材料	+8 000	应付账款	+8 000		
2	资产与所有者权益同增	银行存款	+20 000			实收资本	+20 000
3	资产项目此增彼减	库存现金	+2 000				
		银行存款	-2 000				
4	资产与负债同减	银行存款	-30 000	短期借款	-30 000		
5	资产与所有者权益同减	银行存款	-10 000			实收资本	-10 000
6	负债项目此增彼减			短期借款	-20 000		
				长期借款	+20 000		
7	所有者权益项目此增彼减					盈余公积	-10 000
						实收资本	+10 000
8	负债增加,所有者权益减少			应付股利	+5 000	利润分配	-5 000
9	负债减少,所有者权益增加			应付账款	-8 000	实收资本	+8 000
	合计		68 000		25 000		43 000

通过对上述九种类型业务的分析,得出如下结论:

企业发生的何种经济业务都不会破坏"资产=负债+所有者权益"这一会计恒等式的平衡关系,其增减变动的规律是:同类项目(资产类、权益类)此增彼减,增减金额相等;不同类项目(资产类、权益类)同增同减,增减金额相等。

思考练习题

一、单项选择题

1. 负债是指由于过去的交易、事项形成的企业需要以(   )等偿付的现时义务。
   A. 资产或劳务   B. 资本或劳务
   C. 资产或债权   D. 收入或劳务

2. 收入是指企业在日常活动中形成的,会导致所有者权益增加的,与所有者投入资本无关的(   )。
   A. 经济利益的流出   B. 经济利益的流入
   C. 生产费用   D. 经济损耗

3. 费用是指企业销售商品、提供劳务等日常活动所发生的(   )。
   A. 经济利益的流出   B. 生产费用
   C. 财力耗费   D. 经济损失

4. 下列（　　）不属于企业的收入。
   A. 销售商品的收入　　　　　　　　B. 提供劳务的收入
   C. 他人使用本企业资产取得的收入　　D. 为第三方客户代收的款项
5. 收入可能表现为（　　）。
   A. 资产的增加，负债的增加　　　　B. 资产的减少，负债的减少
   C. 资产的减少，负债的增加　　　　D. 资产的增加，负债的减少
6. 营业成本属于会计要素中（　　）要素。
   A. 资产　　　　　　　　　　　　　B. 负债
   C. 收入　　　　　　　　　　　　　D. 费用
7. 主营业务收入是（　　）类账户。
   A. 资产　　　　　　　　　　　　　B. 所有者权益
   C. 负债　　　　　　　　　　　　　D. 损益
8. 投资人投入的资金和债权人投入的资金，形成企业的（　　）。
   A. 成本　　　　　　　　　　　　　B. 费用
   C. 资产　　　　　　　　　　　　　D. 负债
9. 库存现金、应收账款、存货、机器设备属于企业会计要素中（　　）要素。
   A. 资产　　　　　　　　　　　　　B. 负债
   C. 费用　　　　　　　　　　　　　D. 所有者权益
10. 未分配利润属于会计要素中（　　）要素。
    A. 负债　　　　　　　　　　　　　B. 利润
    C. 收入　　　　　　　　　　　　　D. 所有者权益
11. 会计等式是反映会计要素之间平衡关系的计算公式，其实质表达的是（　　）。
    A. 经济业务与资金运动　　　　　　B. 会计事项与管理活动
    C. 经营成果与现金流量　　　　　　D. 财务状况与经营成果
12. 下列属于反映财务状况的会计要素的是（　　）。
    A. 收入　　　　　　　　　　　　　B. 负债
    C. 费用　　　　　　　　　　　　　D. 利润
13. 我国《企业会计准则》规定，企业在对会计要素进行计量时，一般应当采用（　　）计量属性。
    A. 历史成本　　　　　　　　　　　B. 重置成本
    C. 公允价值　　　　　　　　　　　D. 现值
14. 历史成本原则是指（　　）。
    A. 企业的各项财产在取得时应当按照计划成本计量
    B. 企业的各项财产在取得时应当按照实际成本计量
    C. 企业的各项财产在支出时应当按照计划成本计量
    D. 企业的各项财产在支出时应当按照实际成本计量
15. 下列各项中属于表现企业资金运动显著变动状态的会计要素有（　　）。
    A. 收入　　　　　　　　　　　　　B. 所有者权益
    C. 资产　　　　　　　　　　　　　D. 负债

16. 下列反映会计要素之间关系，最基本的会计等式是（　　）。
    A. 收入－费用＝利润 　　　　　　B. 资产＋负债＝所有者权益
    C. 收入－成本＝利润 　　　　　　D. 资产＝负债＋所有者权益

17. 下列属于静态会计等式的是（　　）。
    A. 收入－费用＝利润
    B. 资产＝负债＋所有者权益
    C. 资产＝负债＋所有者权益＋利润
    D. 资产＝负债＋所有者权益＋(收入－费用)

18. 设置账户、复式记账与编制财务报表的理论基础是（　　）。
    A. 会计要素 　　　　　　　　　　B. 会计恒等式
    C. 会计核算的原则 　　　　　　　D. 会计核算的前提条件

19. 经济业务发生后，是否会破坏会计等式的平衡关系？（　　）
    A. 不会破坏 　　　　　　　　　　B. 会破坏
    C. 有时破坏 　　　　　　　　　　D. 根据情况

20. 以银行存款偿还应付账款，可使企业的（　　）。
    A. 资产与负债同时增加 　　　　　B. 资产与负债一增一减
    C. 资产与负债同时减少 　　　　　D. 资产内部项目一增一减

二、多项选择题

1. 资产的基本特征包括（　　）。
    A. 资产应为企业拥有或控制的资源
    B. 资产预计会给企业带来经济利益
    C. 资产是由企业过去的交易或事项形成的
    D. 资产是由企业将要发生的交易或事项形成的

2. 负债的基本特征包括（　　）。
    A. 由于过去交易或事项所引起 　　B. 由企业拥有或者控制
    C. 现在已经承担的责任 　　　　　D. 最终要导致经济利益流出企业

3. 下列说法正确的是（　　）。
    A. 所有者权益是指企业所有者在企业资产中享有的经济利益
    B. 所有者权益的金额等于资产减去负债后的余额
    C. 所有者权益也称为净资产
    D. 所有者权益包括实收资本（或股本）、资本公积、盈余公积和未分配利润等

4. 收入按照企业经营业务的主次不同，分为（　　）。
    A. 提供劳务收入 　　　　　　　　B. 其他业务收入
    C. 主营业务收入 　　　　　　　　D. 营业外收入

5. 所有者权益的特点是（　　）。
    A. 有参与企业经营管理的权利 　　B. 企业清算时索偿权在债权人之后
    C. 需在一定时期内偿还 　　　　　D. 参与企业的利润分配

6. 企业日常活动中取得的收入包括（　　）。
    A. 销售商品取得的收入 　　　　　B. 提供劳务取得的收入

C. 他人使用本企业资产的收入　　　　D. 销售固定资产取得的收入
7. 下列项目中，属于资产范围的有（　　）。
　　A. 融资租入的设备　　　　　　　　　B. 在建工程
　　C. 经营租入的设备　　　　　　　　　D. 存货
8. 对收入定义的理解，正确的有（　　）。
　　A. 收入是企业在日常活动中形成的
　　B. 收入应当最终会导致所有者权益增加
　　C. 收入应当会导致经济利益的流入
　　D. 与所有者投入资本有关
9. 下列项目中，属于所有者权益项目的有（　　）。
　　A. 直接计入所有者权益的利得　　　　B. 盈余公积
　　C. 未分配利润　　　　　　　　　　　D. 直接计入所有者权益的损失
10. 下列反映财务状况的会计要素有（　　）。
　　A. 资产　　　　　　　　　　　　　　B. 负债
　　C. 所有者权益　　　　　　　　　　　D. 收入
11. 下列反映经营成果的会计要素有（　　）。
　　A. 资产　　　　　　　　　　　　　　B. 收入
　　C. 费用　　　　　　　　　　　　　　D. 利润
12. 下列反映资金运动静态表现的会计要素是（　　）。
　　A. 资产　　　　　　　　　　　　　　B. 负债
　　C. 收入　　　　　　　　　　　　　　D. 利润
13. 下列属于流动资产项目的是（　　）。
　　A. 银行存款　　　　　　　　　　　　B. 应收账款
　　C. 存货　　　　　　　　　　　　　　D. 无形资产
14. 会计等式是各会计要素之间关系的表达式，是（　　）的理论依据。
　　A. 复式记账　　　　　　　　　　　　B. 设置账户
　　C. 成本计算　　　　　　　　　　　　D. 编制会计报表
15. 期间费用包括（　　）。
　　A. 管理费用　　　　　　　　　　　　B. 制造费用
　　C. 财务费用　　　　　　　　　　　　D. 销售费用
16. 某经济业务发生后，一项负债增加，可能引起（　　）。
　　A. 一项所有者权益增加　　　　　　　B. 一项资产增加
　　C. 另一项负债减少　　　　　　　　　D. 一项所有者权益减少
17. 根据会计等式可知，下列哪类经济业务不会发生？（　　）
　　A. 资产增加，负债减少，所有者权益不变
　　B. 资产不变，负债增加，所有者权益增加
　　C. 资产有增有减，权益不变
　　D. 债权人权益增加，所有者权益减少，资产不变
18. 下列经济业务中，（　　）会引起会计恒等式两边同时发生增减变动。

A. 用银行存款偿还前欠货款　　　　B. 购进材料未付款
C. 从银行提取现金　　　　　　　　D. 向银行借款存入银行

19. 下列属于会计等式的是（　　）。
    A. 本期借方发生额合计 = 本期贷方发生额合计
    B. 本期借方余额合计 = 本期贷方余额合计
    C. 资产 = 负债 + 所有者权益
    D. 收入 – 费用 = 利润

20. 下列关于会计等式的说法中，正确的是（　　）。
    A. "资产 = 负债 + 所有者权益"是最基本的会计等式，表明了会计主体在某一特定时期所拥有的各种资产与债权人、所有者之间的动态关系
    B. "收入 – 费用 = 利润"这一会计等式动态地反映经营成果与相应期间的收入和费用之间的关系，是企业编制利润表的基础
    C. "资产 = 负债 + 所有者权益"这一会计等式说明了企业经营成果对资产和所有者权益产生的影响，体现了会计六要素之间的内在联系
    D. 企业各项经济业务的发生并不会破坏会计基本等式的平衡关系

三、判断题

1. 会计要素是对会计对象进行的基本分类，是会计核算对象的具体化。（　　）
2. 收入的特点之一是企业在日常活动中形成的经济利益总流入，所以，企业处置固定资产、无形资产产生的经济利益流入均构成收入。（　　）
3. 资产是一种经济资源，具体表现为具有各种实物形态的财产。（　　）
4. 企业与供应单位签订了 10 万元的购货合同，因此可确认企业资产和负债同时增加 10 万元。（　　）
5. 资产与权益是同一事物的两个方面，两者在数量上必然相等。（　　）
6. 无论企业发生怎样的经济业务，都不会破坏资产与权益的平衡关系。（　　）
7. 收入表现为企业资产的增加或负债的减少，或者两者兼而有之。从"资产 = 负债 + 所有者权益"平衡公式来看，收入的上述表现将引起企业所有者权益的增加。（　　）
8. "资产 = 负债 + 所有者权益"这个平衡式是企业资金运动的动态表现。（　　）
9. 资产是指企业现时的交易或者事项形成的，由企业拥有或者控制的，预期会给企业带来经济利益的资源。（　　）
10. 会计上所讲的权益包括所有者权益和债权人权益。（　　）
11. 所有者权益是指企业投资人对企业资产的所有权。（　　）
12. 所有者权益与企业特定的、具体的资产并无直接关系，不与企业任何具体的资产项目发生对应关系。（　　）
13. 企业的利得和损失包括直接计入所有者权益的利得和损失以及直接计入当期利润的利得和损失。（　　）
14. 只要企业拥有某项财产物资的所有权，就能将其确认为资产。（　　）
15. 按照我国的会计准则，负债不仅指现时已经存在的债务责任，还包括某些将来可能发生的、偶然事项形成的债务责任。（　　）
16. 会计要素中既有反映财务状况的要素，又有反映经营成果的要素。（　　）

17. 会计基本等式是"资产＝负债＋所有者权益"。（   ）

18. "收入－费用＝利润"反映的是资金运动的动态方面，反映的是某一会计期间的经营成果，反映的是一个过程，是编制利润表的依据。（   ）

19. 经济业务的发生，可能引起资产与权益总额发生变化，但是不会破坏会计基本等式的平衡关系。（   ）

20. 资产、负债与所有者权益的平衡关系是企业资金运动处于相对静止状态下出现的，如果考虑收入、费用等动态要素，则资产与权益总额的平衡关系必然被破坏。（   ）

第三章

会计科目与账户

知识目标

1. 了解会计科目与账户的概念、会计科目与账户的分类
2. 熟悉会计科目设置的原则、常用的会计科目
3. 掌握账户的结构、账户与会计科目的关系

第一节 会计科目

一、会计科目的概念及作用

（一）会计科目的概念

会计科目简称科目，是对会计要素的具体内容进行分类核算的项目。会计对象的具体内容（即会计要素）十分复杂。为了全面、系统地反映和监督会计要素的增减变动情况，分门别类地提供核算资料，对会计要素中的每一类别，按其所反映的内容特征确定一个名称，即为会计科目。

（二）会计科目的作用

1. 会计科目是复式记账的基础

复式记账要求每一笔交易或者事项在两个或两个以上相互联系的账户中进行登记，以反映资金的来龙去脉，而会计账户是根据会计科目开设的，因此，会计科目是复式记账的基础。

2. 会计科目是编制记账凭证的基础

会计凭证的编制，是依据会计科目来进行的，所以，会计科目是编制记账凭证的基础，通过合理设置会计科目，能为正确组织会计核算提供条件。

3. 会计科目为成本核算及财产清查提供前提条件

通过会计科目的设置，有助于成本核算，使各种成本计算成为可能。而通过账面记录与实际结存的核对，又为财产清查、保证账实相符提供必要的条件。

4. 会计科目为编制会计报表提供方便

会计报表中的许多项目与会计科目是一致的，并根据会计科目的本期发生额或余额填列，这样就可以对错综复杂的交易或事项进行科学分类，把纷杂的信息变成有序的会计信息。

二、会计科目的分类

会计科目可按其反映的经济内容（即所属会计要素）、所提供信息的详细程度及其统驭关系分类。

（一）按反映的经济内容分类

会计科目按其反映的经济内容不同，可分为资产类科目、负债类科目、共同类科目、所有者权益类科目、成本类科目和损益类科目。

1. 资产类科目

资产类科目是对资产要素的具体内容进行分类核算的项目，按资产的流动性分为反映流动资产的科目和反映非流动资产的科目。

（1）反映流动资产的科目主要有：库存现金、银行存款、其他货币资金、交易性金融资产、应收账款、预付账款、应收股利、应收利息、其他应收款、在途物资、原材料、库存商品、发出商品、委托加工物资、周转材料等。

（2）反映非流动资产的科目主要有：持有至到期投资、可供出售金融资产、长期股权投资、投资性房地产、长期应收款、固定资产、累计折旧、在建工程、工程物资、固定资产清理、无形资产、长期待摊费用、递延所得税资产等。

2. 负债类科目

负债类科目是对负债要素的具体内容进行分类核算的项目，按负债的偿还期限分为反映流动负债的科目和反映非流动负债的科目。

（1）反映流动负债的科目主要有：短期借款、交易性金融负债、应付票据、应付账款、预收账款、应付职工薪酬、应交税费、应付利息、应付股利、其他应付款等。

（2）反映非流动负债的科目主要有：长期借款、应付债券、长期应付款、专项应付款、递延所得税负债等。

3. 共同类科目

共同类科目是既有资产性质又有负债性质的科目，主要有清算资金往来、外汇买卖、衍生工具、套期工具、被套期项目等科目。（会计基础中不涉及该类科目）。

4. 所有者权益类科目

所有者权益类科目是对所有者权益要素的具体内容进行分类核算的项目，按所有者权益的形成和性质可分为反映资本的科目和反映留存收益的科目。

（1）反映资本的科目主要有：股本（实收资本）、资本公积。

（2）反映留存收益的科目主要有：盈余公积、未分配利润。

5. 成本类科目

成本类科目是对可归属于产品生产成本、劳务成本等的具体内容进行分类核算的项目，按成本的内容和性质的不同可分为反映制造成本的科目、反映劳务成本的科目等。

主要包括：生产成本、制造费用、劳务成本等。

6. 损益类科目

损益类科目是对收入、费用等的具体内容进行分类核算的项目。

（1）反映收入的科目主要有：主营业务收入、其他业务收入、公允价值变动损益、投资收益、营业外收入。

（2）反映费用的科目主要有：主营业务成本、其他业务成本、税金及附加、销售费用、管理费用、财务费用、资产减值损失、营业外支出、所得税费用。

（二）按提供信息的详细程度及其统驭关系分类

按提供信息的详细程度及其统驭关系分类可以分为总分类科目和明细分类科目。

1. 总分类科目

总分类科目又称一级科目或总账科目，它是对会计要素具体内容进行总括分类、提供总括信息的会计科目；总分类科目反映各种经济业务的概括情况，是进行总分类核算的依据。

2. 明细分类科目

明细分类科目又称明细科目，是对总分类科目做进一步分类，提供更详细和更具体会计信息的科目。如果某一总分类科目所属的明细分类科目较多，可在总分类科目下设置二级明细科目，在二级明细科目下设置三级明细科目。

总分类科目和明细分类科目的关系是，总分类科目对其所属的明细分类科目具有统驭和控制的作用，而明细分类科目是对其所归属的总分类科目的补充和说明。

如在库存商品总分类科目下设置服装、鞋帽等二级明细科目，二级科目下还可根据材料具体种类设置三级科目，以便对各种材料进行分类管理。如表3-1所示，它们之间是总括与详细、统驭与从属的关系。

表3-1 会计科目的级次关系

总账科目 （一级科目）	明细分类科目	
	子目（二级科目）	细目（三级科目）
库存商品	服装	男装
		女装
	鞋帽	鞋子
		帽子

三、会计科目的设置

（一）会计科目的设置原则

1. 合法性原则

合法性原则是指所设置的会计科目应当符合国家统一的会计制度的规定。达到统一性与灵活性相结合，既要按照规定统一设置，也允许根据自身特点在不影响会计核算质量和对外提供统一的会计报表前提下增补或合并会计科目。

2. 相关性原则

相关性原则是指所设置的会计科目应当为提供有关各方所需要的会计信息服务，满足对外报告与对内管理的要求。

3. 实用性原则

实用性原则是指所设置的会计科目应符合单位自身特点，满足单位实际需要。

（二）常用会计科目

新会计准则中，统一规范了企业会计科目的名称和编号，可适用于各类行业。会计准则中规范的会计科目如表 3-2 所示。

表 3-2　常用会计科目参照表

顺序号	编码	会计科目名称	顺序号	编码	会计科目名称
		一、资产类	27	1512	长期股权投资减值准备
1	1001	库存现金	28	1521	投资性房地产
2	1002	银行存款	29	1531	长期应收款
3	1012	其他货币资金	30	1532	未实现融资收益
4	1101	交易性金融资产	31	1601	固定资产
5	1121	应收票据	32	1602	累计折旧
6	1122	应收账款	33	1603	固定资金减值准备
7	1123	预付账款	34	1604	在建工程
8	1131	应收股利	35	1605	工程物资
9	1132	应收利息	36	1606	固定资产清理
10	1221	其他应收款	37	1701	无形资产
11	1231	坏账准备	38	1702	累计摊销
12	1321	代理业务资产	39	1703	无形资产减值准备
13	1401	材料采购	40	1711	商誉
14	1402	在途物资	41	1801	长期待摊费用
15	1403	原材料	42	1811	递延所得税资产
16	1404	材料成本差异	43	1901	待处理财产损溢
17	1405	库存商品			二、负债类
18	1406	发出商品	44	2001	短期借款
19	1407	商品进销差价	45	2101	交易性金融负债
20	1408	委托加工物资	46	2201	应付票据
21	1411	周转材料	47	2202	应付账款
22	1471	存货跌价准备	48	2203	预收账款
23	1501	持有至到期投资	49	2211	应付职工薪酬
24	1502	持有至到期投资减值准备	50	2221	应交税费
25	1503	可供出售金融资产	51	2231	应付利息
26	1511	长期股权投资	52	2232	应付股利

续表

顺序号	编码	会计科目名称	顺序号	编码	会计科目名称
53	2241	其他应付款			五、成本类
54	2314	代理业务负债	72	5001	生产成本
55	2401	递延收益	73	5101	制造费用
56	2501	长期借款	74	5201	劳务成本
57	2502	应付债券	75	5301	研发支出
58	2701	长期应付款			六、损益类
59	2702	未确认融资费用	76	6001	主营业务收入
60	2711	专项应付款	77	6051	其他业务收入
61	2801	预计负债	78	6101	公允价值变动损益
62	2901	递延所得税负债	79	6111	投资收益
		三、共同类	80	6301	营业外收入
63	3103	衍生工具	81	6401	主营业务成本
64	3201	套期工具	82	6402	其他业务成本
65	3202	被套期项目	83	6403	税金及附加
		四、所有者权益类	84	6601	销售费用
66	4001	实收资本	85	6602	管理费用
67	4002	资本公积	86	6603	财务费用
68	4101	盈余公积	87	6701	资产减值损失
69	4103	本年利润	88	6711	营业外支出
70	4104	利润分配	89	6801	所得税费用
71	4201	库存股	90	6901	以前年度损益调整

第二节 会计账户

一、会计账户的概念与分类

（一）会计账户的概念

会计账户（以下简称账户）是根据会计科目设置的，具有一定格式和结构的，用于分类反映会计要素增减变动情况及其结果的载体。

（二）会计账户的分类

会计账户可根据其核算的经济内容、提供信息的详细程度及其统驭关系进行分类。

1. 根据核算的经济内容分类

账户分为资产类账户、负债类账户、共同类账户、所有者权益类账户、成本类账户和损益类账户六类。其中，有些资产类账户、负债类账户和所有者权益类账户存在备抵账户。备抵账户，又称抵减账户（如坏账准备账户、材料成本差异、利润分配账户等），是指用来抵减被调整账户余额，以确定被调整账户实有数额而设置的独立账户。

2. 根据提供信息的详细程度及其统驭关系分类

账户分为总分类账户和明细分类账户。

总分类账户和所属明细分类账户核算的内容相同，只是反映内容的详细程度有所不同，两者相互补充、相互制约、相互核对。总分类账户统驭和控制所属明细分类账户，明细分类账户从属于总分类账户。

二、会计账户的功能与结构

（一）会计账户的功能

会计账户的功能在于连续、系统、完整地提供企业经济活动中各会计要素增减变动及其结果的具体信息。其中，会计要素在特定会计期间增加和减少的金额，分别称为账户的本期增加发生额和本期减少发生额，二者统称为账户的本期发生额；会计要素在会计期末的增减变动结果，称为账户的余额，具体表现为期初余额和期末余额，账户上期的期末余额转入本期，即为本期的期初余额；账户本期的期末余额转入下期，即为下期的期初余额。

账户的期初余额、期末余额、本期增加发生额和本期减少发生额统称为账户的四个金额要素。对于同一账户而言，它们之间的基本关系为：

$$期末余额 = 期初余额 + 本期增加发生额 - 本期减少发生额$$

（二）会计账户的结构

会计账户的结构是指会计账户的组成部分及其相互关系。会计账户通常由以下内容组成：

1. 账户名称

账户名称即会计科目。

2. 日期

日期即所依据记账凭证中注明的日期。

3. 凭证字号

凭证字号即所依据记账凭证的编号。

4. 摘要

摘要即经济业务的简要说明。

5. 金额

金额即增加额、减少额和余额。账户的基本结构如表3-3所示。

表3-3 账户的基本结构

总　　账

账户（会计科目）名称：　　　　　　　　　　　　　　总第____页　分第____页

年		凭证编号	摘要	借方										贷方										借贷	余额									
月	日			千	百	十	万	千	百	十	元	角	分	千	百	十	万	千	百	十	元	角	分		千	百	十	万	千	百	十	元	角	分

从账户名称、记录增加额和减少额的左右两方来看，账户结构在整体上类似于汉字"丁"和大写的英文字母"T"，因此，账户的基本结构在实务中被形象地称为"丁"字账户或者"T"形账户。其格式如图3-1所示。

图3-1　账户的格式

三、会计账户与会计科目的关系

从理论上讲，会计科目与会计账户是两个不同的概念，二者既有联系，又有区别。

（一）联系

会计科目与会计账户都是对会计对象具体内容的分类，两者核算内容一致，性质相同。会计科目是会计账户的名称，也是设置会计账户的依据；会计账户是会计科目的具体运用，具有一定的结构和格式，并通过其结构反映某项经济内容的增减变动及其余额。

（二）区别

会计科目仅仅是会计账户的名称，不存在结构问题，而会计账户则具有一定的结构。

在实际会计工作中，人们往往不严格区分会计科目和会计账户，把会计科目作为会计账户的同义词。

思考练习题

一、单项选择题

1. 会计科目是对（　　）的具体内容进行分类核算的项目。
   A. 会计要素　　　　　　　　　B. 会计主体
   C. 会计对象　　　　　　　　　D. 交易或事项

2. 设置会计科目应符合单位自身特点，满足单位实际需要，这一点符合（　　）原则。
   A. 实用性　　　　　　　　　　B. 合法性
   C. 谨慎性　　　　　　　　　　D. 相关性

3. （　　）不是设置会计科目的原则。
   A. 实用性原则　　　　　　　　B. 相关性原则
   C. 权责发生制原则　　　　　　D. 合法性原则

4. 关于会计科目，下列说法中不正确的是（　　）。
   A. 会计科目的设置应该符合国家统一会计准则的规定
   B. 会计科目是设置账户的依据
   C. 企业不可以自行设置会计科目
   D. 账户是会计科目的具体运用

5. （　　）是编制记账凭证的基础。
   A. 会计对象　　　　　　　　　B. 会计科目
   C. 会计要素　　　　　　　　　D. 原始凭证

6. 下列账户设有明细分类账户，提供实物数量和货币金额指标的是（　　）账户。
   A. 库存现金　　　　　　　　　B. 银行存款
   C. 无形资产　　　　　　　　　D. 库存商品

7. 下列科目中，属于损益类科目的费用账户有（　　）。
   A. 制造费用　　　　　　　　　B. 累计折旧
   C. 生产成本　　　　　　　　　D. 所得税费用

8. 账户的基本结构是（　　）。
   A. 左方登记增加，右方登记减少
   B. 右方登记增加，左方登记减少
   C. 哪一方登记增加、哪一方登记减少，由所采用的记账方法和记录的经济内容确定
   D. 哪一方登记增加、哪一方登记减少，由会计人员自行确定

9. 设某账户本期期初余额为 5 600 元，本期期末余额为 5 700 元，本期减少发生额为 800 元，则该账户本期增加发生额为（　　）元。
   A. 900　　　　　　　　　　　B. 10 500
   C. 700　　　　　　　　　　　D. 12 100

10. 下列不属于总账科目的是（　　）。
    A. 固定资产　　　　　　　　　B. 应交税费
    C. 预付账款　　　　　　　　　D. 应交增值税

11. 下列不属于流动负债类账户的是（　　）。
    A. 应付债券　　　　　　　　　B. 应付票据

C. 应付利润 D. 应付职工薪酬
12. 下列属于资产类的会计科目是（ ）。
 A. 预收账款 B. 利润分配
 C. 预付账款 D. 其他业务成本
13. 下列属于负债类的会计科目是（ ）。
 A. 预收账款 B. 本年利润
 C. 应收账款 D. 主营业务收入
14. 下列属于成本类的会计科目是（ ）。
 A. 生产成本 B. 销售费用
 C. 管理费用 D. 主营业务成本
15. 从构成内容看，所有者权益不包括（ ）。
 A. 实收资本 B. 资本公积
 C. 盈余公积 D. 财务费用
16. 在下列项目中，与制造费用属于同一类科目的是（ ）。
 A. 固定资产 B. 生产成本
 C. 管理费用 D. 主营业务成本
17. 下列各项中，属于总分类会计科目的是（ ）。
 A. 应交增值税 B. 应付账款
 C. 专利权 D. 专用设备
18. 下列账户中，属于所有者权益账户的有（ ）。
 A. 主营业务收入 B. 营业外收入
 C. 本年利润 D. 利润分配—未分配利润
19. 总分类账户是指根据（ ）设置的，用于对会计要素具体内容进行总括分类核算的账户。
 A. 明细分类科目 B. 会计对象
 C. 会计科目 D. 总分类科目
20. 表示账户金额关系的等式是（ ）。
 A. 资产 = 负债 + 所有者权益
 B. 期末余额 = 期初余额 + 本期增加发生额 − 本期减少发生额
 C. 资产 = 负债 + 所有者权益 +（收入 − 费用）
 D. 全部账户借方发生额 = 全部账户贷方发生额

二、多项选择题

1. 下列不属于成本类会计科目的有（ ）。
 A. 生产成本 B. 营业外支出
 C. 主营业务成本 D. 所得税费用
2. 下列属于损益类科目的是（ ）。
 A. 制造费用 B. 生产成本
 C. 主营业务成本 D. 管理费用
3. 会计科目按其核算详细程度不同，可以分为（ ）。

A. 总分类科目 B. 明细科目
C. 资产类科目 D. 子目

4. 会计科目设置的原则包括（　　）。
   A. 相关性原则 B. 实用性原则
   C. 合法性原则 D. 真实性原则

5. 有关会计科目和会计账户的联系与区别叙述正确的是（　　）。
   A. 分类对象一致
   B. 设置原则相同
   C. 会计账户是在经济活动之前，对如何反映会计对象具体内容做出的分类规范；而会计科目则是在经济活动之后对其做出分类记录
   D. 会计账户主要按经济内容分类，而会计科目在经济内容分类的基础上还可以按用途和结构分类

6. 会计科目按其所归属的会计要素不同，分为资产类、负债类、共同类、（　　）六大类。
   A. 所有者权益类 B. 损益类
   C. 成本类 D. 费用类

7. 下列各项中，不属于损益类账户的是（　　）。
   A. 实收资本 B. 利润分配
   C. 制造费用 D. 主营业务收入

8. 下列各类负债项目中，属于非流动负债的有（　　）。
   A. 长期借款 B. 应付账款
   C. 应付债券 D. 长期应付款

9. 会计科目的意义是（　　）。
   A. 它是复式记账的基础 B. 它是编制记账凭证的基础
   C. 为成本计算与财产清查提供前提条件 D. 为编制会计报表提供方便

10. 会计账户是（　　）。
    A. 根据会计科目在一定结构的账页上开设的户头
    B. 按照规定的会计科目设置的
    C. 会计科目的名称
    D. 等同于会计科目

11. 会计科目与会计账户的联系是（　　）。
    A. 会计科目就是会计账户的名称
    B. 会计科目和会计账户的结构一致
    C. 会计账户和会计科目反映的经济内容是一致的
    D. 会计科目具有统一性，会计账户的开设具有灵活性

12. 下列属于资产类科目的有（　　）。
    A. 库存现金 B. 无形资产
    C. 应收账款 D. 固定资产

13. 下列属于负债类科目的有（　　）。

A. 预付账款 B. 短期借款
C. 应付票据 D. 应付职工薪酬

14. 下列属于成本类科目的有（　　）。
    A. 制造费用 B. 管理费用
    C. 财务费用 D. 生产成本

15. 账户一般应包括的内容有（　　）。
    A. 账户名称 B. 日期和摘要
    C. 凭证号数 D. 增减发生额及余额

16. 下列账户属于损益类账户的是（　　）。
    A. 财务费用 B. 管理费用
    C. 生产成本 D. 盈余公积

17. 在下列项目中，与管理费用属于同一类科目的是（　　）。
    A. 制造费用 B. 销售费用
    C. 财务费用 D. 其他应收款

18. 以下有关明细分类科目的表述中，正确的有（　　）。
    A. 明细分类科目也称一级会计科目
    B. 明细分类科目是对总分类科目做进一步分类的科目
    C. 明细分类科目是对会计要素具体内容进行总括分类的科目
    D. 明细分类科目是能提供更加详细、更加具体会计信息的科目

19. 关于总分类科目与明细分类科目表述正确的是（　　）。
    A. 明细分类科目概括地反映会计对象的具体内容
    B. 总分类科目详细地反映会计对象的具体内容
    C. 总分类科目对明细分类科目具有控制作用
    D. 明细分类科目是对总分类科目的补充和说明

20. 以下关于余额的说法正确的是（　　）。
    A. 余额按照表示的时间不同，分为期初余额和期末余额
    B. 期初余额和期末余额是相对于一定的会计期间来说的
    C. 登记本期减少的金额，称为本期贷方发生额
    D. 一定会计期间结束时的期初余额，在下一个会计期间开始时就成为期末余额

三、判断题

1. 本年利润账户属于损益类账户。（　　）
2. 明细会计科目可以根据企业内部管理的需要自行设定。（　　）
3. 账户的期初余额、期末余额、本期增加发生额和本期减少发生额统称为账户的四个金额要素。（　　）
4. 账户的期末余额等于本期增减数额之差。（　　）
5. 账户的简单格式分为左右两方，其中左方表示增加，右方表示减少。（　　）
6. 即使某一总分类账户所属的明细分类账户较多，也不能再增设二级账户。（　　）
7. 所有的总分类科目下都必须开设明细分类科目。（　　）
8. 会计科目与会计账户反映的内容是一致的，因而两者之间并无区别。（　　）

9. 会计账户都是依据会计科目开设的。（   ）
10. 损益类科目是对收入、利润等的具体内容进行分类核算的项目。（   ）
11. 企业只能使用国家统一的会计制度规定的会计科目，不得自行增减或合并。（   ）
12. 会计科目按提供的详略程度不同可分为总分类科目和明细分类科目。（   ）
13. 在账户记录中，本期增加数不一定大于本期减少数。（   ）
14. 任何明细会计科目都对应其一个总分类会计科目。（   ）
15. 会计科目不能记录经济业务的增减变化及结果。（   ）
16. 在不违反国家统一会计制度的前提下，明细会计科目可以根据企业内部管理的需要自行制定。（   ）
17. 对于明细科目较多的总账科目，可在总分类科目与明细分类科目之间设置二级或多级科目。（   ）
18. 总分类科目与其所属的明细分类科目的核算内容相同，所不同的是前者提供的信息比后者更加详细。（   ）
19. 总分类账户对明细分类账户具有统驭作用，明细分类账户是对总分类账户的补充。（   ）
20. 为了满足管理的需要，企业会计账户的设置越细越好。（   ）

第四章

会计记账方法

知识目标

1. 了解复式记账法的概念与种类
2. 熟悉借贷记账法的原理
3. 掌握借贷记账法下的账户结构
4. 了解会计分录的分类
5. 掌握借贷记账法下的试算平衡

第一节 会计记账方法的种类

一、单式记账法

(一) 单式记账法的概念

单式记账法是指对发生的每一项经济业务,只在一个账户中加以登记的记账方法。单式记账只是着重记载现金、银行存款的收支、债权、债务的事项。如用银行存款购买原材料,只在银行存款账户中登记银行存款减少,至于原材料的增加,则不予以单独记录。

(二) 单式记账法的特点

单式记账法手续简便,但账户的设置不完整,而且无法反映交易或者事项的来龙去脉,缺乏平衡关系,因而不能全面、系统地反映交易或事项,也不便于检查账户记录的正确性和完整性。目前在单位中不采用单式记账法,而采用复式记账法。

二、复式记账法

(一) 复式记账法的概念

复式记账法是以资产与权益平衡关系作为记账基础,对于每一笔经济业务,都要在两个或两个以上相互联系的账户中进行登记,是全面系统地反映会计要素增减变化的一种记账方法。如用银行存款2 000元购买原材料,则既要在银行存款账户中登记减少2 000元,同时还要在原材料账户中登记增加 2 000 元。

(二) 复式记账法的优点

与单式记账法相比,复式记账法的优点主要有以下两点:
(1) 能够全面反映经济业务内容和资金运动的来龙去脉;
(2) 能够进行试算平衡,便于查账和对账。

(三) 复式记账法的种类

复式记账法可分为借贷记账法、增减记账法和收付记账法等。借贷记账法是目前国际上通用的记账方法,我国《企业会计准则》规定企业应当采用借贷记账法记账。

第二节　借贷记账法

一、借贷记账法的概念

借贷记账法就是以"借""贷"作为记账符号的一种复式记账法。在借贷记账法中,"借"和"贷"已经失去原来的字面含义,成为一种记账符号,分别作为账户的左方和右方。至于"借"表示增加还是"贷"表示增加,则取决于账户的性质及结构。

二、借贷记账法下账户的结构

(一) 借贷记账法下账户的基本结构

借贷记账法下,账户的左方称为借方,右方称为贷方。所有账户的借方和贷方按相反方向记录增加数和减少数,即一方登记增加额,另一方就登记减少额。至于"借"表示增加,还是"贷"表示增加,则取决于账户的性质与所记录经济内容的性质。

通常而言,资产、成本和费用类账户的增加用"借"表示,减少用"贷"表示;负债、所有者权益和收入类账户的增加用"贷"表示,减少用"借"表示。备抵账户的结构与所调整账户的结构正好相反。

(二) 资产类和成本类账户的结构

在借贷记账法下,资产类、成本类账户的借方登记增加额;贷方登记减少额;期末余额一般在借方,有些账户可能无余额。其余额计算公式为:

期末借方余额 = 期初借方余额 + 本期借方发生额 − 本期贷方发生额

资产类和成本类账户的结构如图 4-1 所示。

借方	资产类和成本类账户名称	贷方
期初余额 本期增加额		本期减少额
本期发生额 期末余额		本期发生额

图 4-1　资产类和成本类账户的结构

(三) 负债类和所有者权益类账户的结构

在借贷记账法下,负债类、所有者权益类账户的借方登记减少额;贷方登记增加额;期

末余额一般在贷方,有些账户可能无余额,其余额计算公式为:

期末贷方余额 = 期初贷方余额 + 本期贷方发生额 – 本期借方发生额

负债类和所有者权益类账户的结构如图4–2所示。

借方	负债类和所有者权益类账户名称	贷方
		期初余额
本期减少额		本期增加额
本期发生额		本期发生额
		期末余额

图4–2 负债类和所有者权益类账户的结构

(四) 损益类账户的结构

损益类账户主要包括收入类账户和费用类账户。

1. 收入类账户的结构

在借贷记账法下,收入类账户的借方登记减少额,贷方登记增加额。本期收入净额在期末转入本年利润账户,用以计算当期损益,结转后无余额。

收入类账户的结构如图4–3所示。

借方	收入类科目名称	贷方
本期减少或转销额		本期增加额
本期发生额		本期发生额

图4–3 收入类账户的结构

2. 费用类账户的结构

在借贷记账法下,费用类账户的借方登记增加额,贷方登记减少额。本期费用净额在期末转入本年利润账户,用以计算当期损益,结转后无余额。

费用类账户的结构如图4–4所示。

借方	费用类科目名称	贷方
本期增加额		本期减少或转销额
本期发生额		本期发生额

图4–4 费用类账户的结构

对上述借贷记账法的借方和贷方反映的内容可归纳如表4–1所示。

表4–1 借方和贷方反映的内容

账户类别	借方表示	贷方表示	余额(含期初、期末)
资产类	增加	减少	借方
成本类	增加	减少或转销额	借方
费用类	增加	减少或转销额	借方(结转后无余额)

续表

账户类别	借方表示	贷方表示	余额（含期初、期末）
负债类	减少	增加	贷方
所有者权益类	减少	增加	贷方
收入类	减少或转销额	增加	贷方（结转后无余额）

三、借贷记账法的记账规则

记账规则是指采用某种记账方法登记具体经济业务时应当遵循的规律。借贷记账法的记账规则是"有借必有贷，借贷必相等"。即对于每一笔经济业务，都要在两个或两个以上相互联系的账户中，以借方和贷方相等的金额进行登记。

四、借贷记账法下的账户对应关系与会计分录

（一）账户的对应关系

账户的对应关系是指采用借贷记账法对每笔交易或事项进行记录时，相关账户之间形成的应借、应贷的相互关系。

在借贷记账法下，发生的每项经济业务，都要记录在一个或几个账户的借方与另一个或几个账户的贷方。对每项经济业务记录所形成的这种借记账户和贷记账户之间的联系，称为账户的对应关系。存在着这种对应关系的账户称为对应账户，通过账户的对应关系，可以了解经济业务的内容和资金运动的来龙去脉。

例如，用银行存款购进原材料这一项经济业务，在会计核算时，应在"原材料"账户的借方和"银行存款"账户的贷方进行登记，即借记"原材料"账户、贷记"银行存款"账户，这两个账户之间就形成了对应关系，互称为对应账户。通过账户的对应关系，可以知道这笔经济业务是企业用银行存款购进原材料。

（二）会计分录

1. 会计分录的定义

会计分录，简称分录，是对每项经济业务列示出应借、应贷的账户名称及其金额的一种记录。会计分录由应借应贷方向、相互对应的科目及其金额三个要素构成。在我国，会计分录记载于记账凭证中，是经济业务登记入账的直接依据。

2. 会计分录的分类

按照所涉及账户的多少，会计分录分为简单会计分录和复合会计分录。

（1）简单会计分录是指只涉及一个账户借方和另一个账户贷方的会计分录，即一借一贷的会计分录。

（2）复合会计分录是指由两个以上（不含两个）对应账户组成的会计分录，即一借多贷、多借一贷或多借多贷的会计分录。一般情况下，不允许运用多借多贷会计分录，因为不便于体现账户与账户之间的对应关系，但在特殊情况下，如一项复杂的交易或事项只有以多借多贷会计分录才能反映得更完整、更清楚，在理论和实务上还是可以运用的。复合的会计分录可以分解为多个简单的会计分录。

3. 会计分录编制的步骤

编制会计分录时，一般按照以下四个步骤进行：

（1）分析经济业务事项涉及的账户。一项经济业务发生后，首先分析经济业务涉及的账户是资产类账户、负债类账户、所有者权益类账户，还是收入类账户、成本费用类账户等。

（2）确定涉及哪些账户，是增加，还是减少。在第一步的基础上，确定经济业务涉及的账户的金额是增加还是减少。

（3）确定应计入哪个（或哪些）账户的借方、哪个（或哪些）账户的贷方。根据前面确定的账户及其增减情况，进一步确定应该计入该账户的借方还是贷方。

（4）编制会计分录并检查是否符合记账规则。

【例 4-1】 以【例 2-1】经济业务为例说明会计分录的编制。

（1）8 日，甲公司从金汤公司购进价值 8 000 元的原材料，货款未付。

借：原材料　　　　　　　　　　　　　　　　　　　　　　　　8 000
　　贷：应付账款　　　　　　　　　　　　　　　　　　　　　　　　8 000

（2）12 日，收到华兴公司转来的银行存款 20 000 元，作为对公司的投资。

借：银行存款　　　　　　　　　　　　　　　　　　　　　　　20 000
　　贷：实收资本　　　　　　　　　　　　　　　　　　　　　　　20 000

（3）15 日，从开户银行提取备用金（现金）2 000 元。

借：库存现金　　　　　　　　　　　　　　　　　　　　　　　　2 000
　　贷：银行存款　　　　　　　　　　　　　　　　　　　　　　　　2 000

（4）18 日，甲公司以银行存款 30 000 元偿还短期借款。

借：短期借款　　　　　　　　　　　　　　　　　　　　　　　30 000
　　贷：银行存款　　　　　　　　　　　　　　　　　　　　　　　30 000

（5）22 日，甲公司按法定程序，退还股东投资款银行存款 10 000 元。

借：实收资本　　　　　　　　　　　　　　　　　　　　　　　10 000
　　贷：银行存款　　　　　　　　　　　　　　　　　　　　　　　10 000

（6）25 日，经向银行申请，银行同意将短期借款 20 000 元转作长期借款。

借：短期借款　　　　　　　　　　　　　　　　　　　　　　　20 000
　　贷：长期借款　　　　　　　　　　　　　　　　　　　　　　　20 000

（7）26 日，按规定将盈余公积 10 000 元转增资本。

借：盈余公积　　　　　　　　　　　　　　　　　　　　　　　10 000
　　贷：实收资本　　　　　　　　　　　　　　　　　　　　　　　10 000

（8）27 日，按规定计算出应付给投资者利润 5 000 元。

借：利润分配　　　　　　　　　　　　　　　　　　　　　　　　5 000
　　贷：应付股利　　　　　　　　　　　　　　　　　　　　　　　　5 000

（9）30 日，华兴公司同意将甲公司所欠货款 8 000 元转为对甲公司的投资。

借：应付账款　　　　　　　　　　　　　　　　　　　　　　　　8 000
　　贷：实收资本　　　　　　　　　　　　　　　　　　　　　　　　8 000

五、借贷记账法下的试算平衡

（一）试算平衡的含义

试算平衡，是指根据借贷记账法的记账规则和资产与权益的恒等关系，通过对所有账户的发生额和余额的汇总计算和比较，来检查记录是否正确的一种方法。由于借贷记账法在处理每一笔经济业务时，都必须遵循"有借必有贷，借贷必相等"的记账规则，因此，在一定时期内，如果记账没有差错，全部账户的借方发生额和贷方发生额、全部账户的借方期末余额与贷方期末余额必然相等。根据这个特性来检查账户记录的正确性。

（二）试算平衡的分类

1. 发生额试算平衡

发生额试算平衡是指全部账户本期借方发生额合计与全部账户本期贷方发生额合计保持平衡，即：

$$全部账户本期借方发生额合计 = 全部账户本期贷方发生额合计$$

发生额试算平衡的直接依据是借贷记账法的记账规则。

2. 余额试算平衡

余额试算平衡是指全部账户借方期末（初）余额合计与全部账户贷方期末（初）余额合计保持平衡，即：

$$全部账户借方期末（初）余额合计 = 全部账户贷方期末（初）余额合计$$

余额试算平衡的直接依据是财务状况等式。

（三）试算平衡表的编制

试算平衡是通过编制试算平衡表进行的。试算平衡表通常是在期末结出各账户的本期发生额合计和期末余额后编制的，试算平衡表中一般应设置期初余额、本期发生额和期末余额三大栏目，其下分设借方和贷方两个小栏。各大栏中的借方合计与贷方合计应该平衡相等，否则，便存在记账错误。为了简化表格，试算平衡表也可只根据各个账户的本期发生额编制，不填列各账户的期初余额和期末余额。

【例4-2】 承【例4-1】，假设甲公司12月初的账户余额如表4-2所示，编制12月末的试算平衡表。

编制试算平衡表如表4-3所示。

表4-2 甲公司12月初的账户余额　　　　　　　　　　元

资产类账户	期初余额（借方）	负债及所有者权益账户	期初余额（贷方）
库存现金	3 000	短期借款	50 000
银行存款	30 000	应付账款	0
应收账款	1 000	应付票据	0
原材料	10 000	盈余公积	15 000
固定资产	36 000	实收资本	15 000
合计	80 000	合计	80 000

表 4-3 甲公司 12 月末的试算平衡表　　　　　　　　　　　元

账户名称	期初余额 借方	期初余额 贷方	本期发生额 借方	本期发生额 贷方	期末余额 借方	期末余额 贷方
库存现金	3 000		2 000		5 000	
银行存款	30 000		20 000	42 000	8 000	
应收账款	1 000				1 000	
原材料	10 000		8 000		18 000	
固定资产	36 000				36 000	
利润分配			5 000		5 000	
短期借款		50 000	50 000			0
长期借款				20 000		20 000
应付票据						0
应付账款			8 000	8 000		0
盈余公积		15 000	10 000			5 000
实收资本		15 000	10 000	38 000		43 000
应付股利				5 000		5 000
合计	80 000	80 000	113 000	113 000	73 000	73 000

可以通过上述试算平衡公式进行试算，如果试算结果平衡，可以说明记账工作基本上是正确的；如果试算结果不平衡，则说明记账或者算账肯定有错误，应及时核对更正。必须说明的是，若试算平衡了，并不能就此断定记账肯定没有错误。因为有些记账错误不会破坏账户间的数量平衡关系，因而不能通过试算平衡来发现。存在记账错误，但试算仍然平衡的情况主要有以下几种：

（1）一笔或若干笔经济业务的全部被漏记；
（2）一笔或若干笔经济业务的全部被重记；
（3）一笔或若干笔经济业务的应借应贷的账户互相颠倒；
（4）一笔或若干笔经济业务的应借应贷账户使用错误；
（5）借方或贷方的各项金额偶然一多一少，恰好互相抵消。

因此，除了试算平衡外，还需要通过其他方法来检查账户记录，以保证账户记录的正确性。

第三节　总分类账户与明细分类账户的平行登记

一、总分类账户与明细分类账户的关系

账户按提供会计指标详细程度不同分类，可分为总分类账户和明细分类账户。

总分类账户与明细分类账户反映的经济内容是相同的，总分类账户反映总括的数据，明

细分类账户反映具体详细的数字。总分类账户对所属明细分类账户起统驭作用,明细分类账户是对总分类账户的补充说明。

二、总分类账户与明细分类账户的平行登记

总分类账户与明细分类账户的密切关系,决定了总分类账户与其所属的明细分类账户应该进行平行登记。所谓平行登记,是指对所发生的每项交易或事项都要以会计凭证为依据,一方面计入有关总分类账户,另一方面计入有关总分类账户所属明细分类账户的方法。总分类账户与明细分类账户平行登记要求做到以下几点:

1. 所依据会计凭证相同(依据相同)

即将发生的交易或事项计入总分类账户及其所属明细分类账户时,所依据的会计凭证相同。虽然登记总分类账户及其所属明细分类账户的直接依据不一定相同,但原始依据是相同的。

2. 借贷方向相同(方向相同)

即将发生的交易或事项计入总分类账户及其所属的明细分类账户时,记账的借贷方向应当一致。如果计入总分类账户的借方(或贷方),计入其所属的明细分类账户时,也应计入借方(或贷方)。

3. 所属会计期间相同(期间相同)

即对发生每一个交易或事项,既要计入有关的总分类账户,又要在同一会计期间内计入其所属的明细分类账户。登记总账与明细账的具体日期不一定相同,但都要在同一会计期间内进行登记。

4. 计入总分类科目的金额与计入其所属明细分类科目的金额合计相等(金额相等)

即对发生的每一个交易或事项,计入总分类账户的金额与计入其所属的明细分类账户的金额之和相等。

下面举例说明总分类账户和明细分类账户平行登记的方法。

【例4-3】 2019年1月1日,华明公司的"原材料"和"应付账款"总分类账户及其所属的明细分类账户的余额如下:

(1)"原材料"总账账户为借方余额50 000元,其所属明细账户结存情况为:

① "甲材料"明细账户,结存4 000千克,单位成本为10元,金额40 000元;

② "乙材料"明细账户,结存100吨,单位成本为100元,金额10 000元。

(2)"应付账款"总账账户为贷方余额80 000元,其所属明细账户余额为:

① "A公司"明细账户,贷方余额60 000元;

② "B公司"明细账户,贷方余额20 000元。

2019年1月份,华明公司发生如下的交易事项及会计处理:

(1)1月10日,向A公司购入甲材料1 000千克,单价10元,计10 000元;向B公司购入乙材料500吨,单价100元,计50 000元,甲、乙材料已验收入库,货款均尚未支付。

华明公司编制会计分录如下:

借:原材料——甲材料   10 000
         ——乙材料   50 000
    贷:应付账款——A公司   10 000
             ——B公司   50 000

（2）1月13日，以银行存款支付 A 公司的货款 40 000 元，B 公司货款 30 000 元。

华明公司编制会计分录如下：

借：应付账款——A 公司　　　　　　　　　　　　　　　　　40 000
　　　　　　——B 公司　　　　　　　　　　　　　　　　　30 000
　　贷：银行存款　　　　　　　　　　　　　　　　　　　　　　70 000

（3）1月16日，华明公司生产车间领用甲材料 3 000 千克，金额为 30 000 元；领用乙材料 600 吨，金额为 60 000 元。

华明公司编制会计分录如下：

借：生产成本　　　　　　　　　　　　　　　　　　　　　　90 000
　　贷：原材料——甲材料　　　　　　　　　　　　　　　　　30 000
　　　　　　——乙材料　　　　　　　　　　　　　　　　　60 000

"原材料"和"应付账款"总分类账户登记分别如图 4-5 和图 4-6 所示。

原材料

月初余额	50 000		
（1）购入甲、乙材料	60 000	（3）生产领用材料	90 000
本期发生额	60 000	本期发生额	90 000
期末余额	20 000		

图 4-5　"原材料"总分类账户登记

应付账款

		月初余额	80 000
		（1）购入甲、乙材料	60 000
（2）支付货款	70 000		
本期发生额	70 000	本期发生额	60 000
		期末余额	70 000

图 4-6　"应付账款"总分类账户登记

"原材料"明细分类账户登记如图 4-7 和图 4-8 所示。

原材料——甲材料

月初余额	40 000		
（1）购入甲材料	10 000	（3）生产领用甲材料	30 000
本期发生额	10 000	本期发生额	30 000
期末余额	20 000		

图 4-7　原材料——甲材料明细分类账户登记

原材料——乙材料

月初余额	10 000		
(1) 购入乙材料	50 000	(3) 生产领用甲材料	60 000
本期发生额	50 000	本期发生额	60 000
期末余额	0		

图 4-8　原材料——乙材料明细分类账户登记

"应付账款"明细分类账户登记如图 4-9 和图 4-10 所示。

应付账款——A 公司

		月初余额	60 000
		(1) 购入甲材料	10 000
(2) 支付货款	40 000		
本期发生额	40 000	本期发生额	10 000
		期末余额	30 000

图 4-9　应付账款——A 公司明细分类账户登记

应付账款——B 公司

		月初余额	20 000
		(1) 购入乙材料	50 000
(2) 支付货款	30 000		
本期发生额	30 000	本期发生额	50 000
		期末余额	40 000

图 4-10　应付账款——B 公司明细分类账户登记

平行登记的结果表明：

①总分类账户期初余额等于所属明细分类账户的期初余额之和。
②总分类账户本期借方发生额等于所属明细分类账户的借方发生额之和。
③总分类账户本期贷方发生额等于所属明细分类账户的贷方发生额之和。
④总分类账户的期末余额等于所属明细分类账户的期末余额之和。

根据总分类账户和明细分类账户的有关数字必然相等的关系，可以采用相互核对的方法来检查账簿登记是否正确、完整。如果有关数字不等，表明账簿登记有差错，必须查明原因，加以更正。

为了便于核对，可以根据某一总分类账户所属明细分类账户的记录，分别编制明细分类账户本期发生额及余额表。

如根据【例 4-3】"原材料"和"应付账款"明细分类账户的记录，分别编制本期发生额及余额表，如表 4-4 和表 4-5 所示。

表 4-4 "原材料"总分类账户所属明细分类账户发生额及余额表

明细分类账户	计量单位/元	单价/元	月初余额		本期发生额				月末结存	
					收入		发出			
			数量/千克	金额/元	数量/千克	金额/元	数量/千克	金额/元	数量/千克	金额/元
甲材料	千克	10	4 000	40 000	1 000	10 000	3 000	30 000	2 000	20 000
乙材料	吨	100	100	10 000	500	50 000	600	60 000	0	0
合计	—	—	—	—	—	60 000	—	90 000	—	20 000

表 4-5 "应付账款"总分类账户所属明细分类账户发生额及余额表 元

明细分类账户	月初余额		本期发生额		月末余额	
	借方	贷方	借方	贷方	借方	贷方
A 公司		60 000	40 000	10 000		30 000
B 公司		20 000	30 000	50 000		40 000
合计	—	80 000	70 000	60 000	—	70 000

从表 4-4 和表 4-5 可以看出,表中各栏合计金额,分别与"原材料"和"应付账款"总分类账户的月初余额以及本月借方、贷方发生额和月末余额相等。

思考练习题

一、单项选择题

1. 下列各项经济业务中,能引起企业资产和所有者权益总额同时发生变动的是(   )。

　　A. 企业购入原材料 20 000 元,货款未付

　　B. 企业按照有关规定,将盈余公积中的 300 000 元转增资本

　　C. 企业经批准增加注册资本,收到投资者投入的货币资金 100 000 元

　　D. 企业用银行存款 100 000 元归还短期借款

2. 借贷记账法以(　　)作为记账原理。

　　A. 会计基本等式　　　　　　　B. 会计科目

　　C. 账户结构　　　　　　　　　D. 试算平衡

3. 借贷记账法是以"借""贷"作为(　　)的一种复式记账方法。

　　A. 账户结构　　　　　　　　　B. 账户对应关系

　　C. 记账规则　　　　　　　　　D. 记账符号

4. 应收账款账户的期初余额为借方 2 000 元,本期借方发生额 8 000 元,本期贷方发生额 6 000 元,该账户的期末余额为(　　)。

　　A. 借方 4 000 元　　　　　　　B. 贷方 8 000 元

　　C. 借方 5 000 元　　　　　　　D. 贷方 5 000 元

5. 应付账款账户期初贷方余额为 1 000 元,本期贷方发生额为 5 000 元,本期借方发生

额为 3 000 元，该账户期末余额为（   ）。

    A. 借方 1 000 元   B. 借方 3 000 元

    C. 贷方 1 000 元   D. 贷方 3 000 元

6. 所有者权益类账户的期末余额根据（   ）计算。

    A. 借方期末余额 = 借方期初余额 + 借方本期发生额 − 贷方本期发生额

    B. 借方期末余额 = 借方期初余额 + 贷方本期发生额 − 借方本期发生额

    C. 贷方期末余额 = 贷方期初余额 + 贷方本期发生额 − 借方本期发生额

    D. 贷方期末余额 = 贷方期初余额 + 借方本期发生额 − 贷方本期发生额

7. 符合资产类账户记账规则的是（   ）。

    A. 增加记借方   B. 增加记贷方

    C. 减少记借方   D. 期末无余额

8. 符合负债类账户记账规则的是（   ）。

    A. 增加记借方   B. 增加记贷方

    C. 减少记贷方   D. 期末无余额

9. 期末结转后无余额的账户是（   ）。

    A. 资产类账户   B. 负债类账户

    C. 所有者权益类的账户   D. 收入类账户

10. 在借贷记账法下，期末没有余额的账户类别是（   ）账户。

    A. 资产类   B. 损益类

    C. 负债类和所有者权益类   D. 成本类

11. 下列各项中，不符合借贷记账法规则的是（   ）。

    A. 资产数额的增加记在借方   B. 所有者权益、负债数额增加记在贷方

    C. 收入数额的减少记在借方   D. 成本、费用数额的增加记在贷方

12. 复式记账试算平衡的两种方法是（   ）。

    A. 逆差法和顺差法   B. 发生额平衡法和余额平衡法

    C. 差额检查法和重点抽查法   D. 补充登记法和划线更正法

13. 正确的账户平衡关系是（   ）。

    A. 资产类账户的借方发生额合计 = 资产类账户的贷方发生额合计

    B. 负债类账户的贷方发生额合计 = 负债类账户的借方发生额合计

    C. 所有者权益类账户的贷方发生额合计 = 所有者权益类账户的借方发生额合计

    D. 全部账户的借方发生额合计 = 全部账户的贷方发生额合计

14. 某资产类账户，借方期初余额为 8 700 元，贷方本期发生额为 13 000 元，借方期末余额为 14 000 元，该账户的借方本期发生额应为（   ）元。

    A. 18 300   B. 9 700

    C. 7 700   D. 35 700

15. 下列哪个类型的经济业务会引起企业资产和所有者权益总额发生变动？（   ）

    A. 引起资产和负债同时增加的经济业务

    B. 引起资产和所有者权益同时减少的经济业务

    C. 引起资产项目之间此增彼减的经济业务

D. 引起负债和所有者权益之间此增彼减的经济业务

16. 在账户中相互联系地记录经济业务的专门方法是（　　）。

　　A. 复式记账法　　　　　　　　　B. 登记账簿

　　C. 填制凭证　　　　　　　　　　D. 成本计算

17. 某权益类账户期初余额为 4 000 元，借方本期发生额 10 000 元，期末贷方余额 6 000 元，则该账户贷方本期发生额为（　　）元。

　　A. 8 000　　　　　　　　　　　　B. 20 000

　　C. 0　　　　　　　　　　　　　　D. 12 000

18. 复式记账法是对每一项经济业务的发生，都要在相互联系的两个或两个以上的账户中（　　）。

　　A. 连续登记　　　　　　　　　　B. 补充登记

　　C. 平衡登记　　　　　　　　　　D. 以相等的金额进行登记

19. 账户的借方登记（　　）。

　　A. 资产的增加　　　　　　　　　B. 费用的减少

　　C. 所有者权益的增加　　　　　　D. 负债的增加

20. 固定资产账户本期借方发生额 6 000 元，贷方发生额 5 000 元，期末余额 9 000 元，则期初余额为（　　）元。

　　A. 10 000　　　　　　　　　　　B. 8 000

　　C. 2 000　　　　　　　　　　　　D. 1 000

21. "应付账款"账户期初贷方余额 85 000 元，本期借方发生额 18 000 元，期末余额 99 000 元，则本期贷方发生额为（　　）元。

　　A. 18 000　　　　　　　　　　　B. 32 000

　　C. 117 000　　　　　　　　　　　D. 166 000

22. "应收账款"账户期初借方余额为 35 400 元，本期借方发生额为 26 300 元，本期贷方发生额为 17 900 元，该账户期末余额为（　　）。

　　A. 借方 43 800 元　　　　　　　　B. 借方 27 000 元

　　C. 贷方 43 800 元　　　　　　　　D. 贷方 27 000 元

23. 在下列账户中与负债账户结构相同的是（　　）账户的结构。

　　A. 资产　　　　　　　　　　　　B. 成本

　　C. 费用　　　　　　　　　　　　D. 所有者权益

24. 简单会计分录是指（　　）的会计分录。

　　A. 一借多贷　　　　　　　　　　B. 一借一贷

　　C. 一贷多借　　　　　　　　　　D. 多借多贷

25. 借贷记账法下的"借"表示（　　）。

　　A. 费用增加　　　　　　　　　　B. 负债增加

　　C. 收入增加　　　　　　　　　　D. 所有者权益增加

26. 我国《企业会计准则》规定，企业应采用（　　）。

　　A. 增减记账法　　　　　　　　　B. 借贷记账法

　　C. 收付记账法　　　　　　　　　D. 单式记账法

27. 在借贷记账法下,将账户划分为借、贷两方,哪一方登记增加、哪一方登记减少的依据是( )。
    A. 凡借方都登记增加,贷方都登记减少   B. 记账方法
    C. 核算方法   D. 账户的性质及结构

28. 在账户中,用借方和贷方登记资产、负债、所有者权益的增加、减少数额,说法正确的是( )。
    A. 借方登记资产、负债及所有者权益的增加,贷方登记其减少
    B. 借方登记资产、负债及所有者权益的减少,贷方登记其增加
    C. 借方登记资产的增加、负债及所有者权益的减少,贷方反之
    D. 借方登记负债的减少、资产及所有者权益的增加,贷方反之

29. 下列账户本期发生增加额登记在贷方的是( )。
    A. 固定资产   B. 无形资产
    C. 应交税费   D. 库存现金

30. 下列等式不正确的是( )。
    A. 资产 = 负债 + 所有者权益 = 权益
    B. 期末资产 = 期末负债 + 期初所有者权益
    C. 期末资产 = 期末负债 + 期初所有者权益 + 本期增加的所有者权益 − 本期减少的所有者权益
    D. 债权人权益 + 所有者权益 = 负债 + 所有者权益

31. 对于所有者权益类账户而言( )。
    A. 增加记借方   B. 增加记贷方
    C. 减少记贷方   D. 期末无余额

32. 总分类账户与明细分类账户平行登记四个要点中的"依据相同"是指( )。
    A. 总分类账户要根据明细分类账户进行登记
    B. 明细分类账户要根据总分类账户进行登记
    C. 根据同一会计凭证登记
    D. 由同一人员进行登记

33. 下列关于单式记账法说法不正确的是( )。
    A. 单式记账法是一种比较简单的、不完整的记账方法
    B. 在单式记账法下,账户之间没有直接联系和相互平衡关系
    C. 单式记账法可以全面、系统地反映各项会计要素的增减变动和经济业务的来龙去脉
    D. 这种方法适用于业务简单或很单一的经济个体和家庭

34. 资产类账户的期末余额一般在( )。
    A. 借方   B. 借方或贷方
    C. 贷方   D. 借方和贷方

35. 下列账户中,期末结转后无余额的账户是( )。
    A. 实收资本   B. 应付账款
    C. 固定资产   D. 管理费用

36. 年初资产总额为 100 万元，本期负债减少 5 万元，所有者权益增加 20 万元，则期末资产总额为（　　）万元。
   A. 100　　　　　　　　　　　　　　B. 120
   C. 115　　　　　　　　　　　　　　D. 125

二、多项选择题

1. 总账与明细账平行登记的要点是（　　）。
   A. 同一会计期间　　　　　　　　　B. 总账与所属明细账金额之和相等
   C. 同一记账方向　　　　　　　　　D. 同一科目
2. 复式记账的方法包括（　　）。
   A. 增减记账法　　　　　　　　　　B. 收付记账法
   C. 借贷记账法　　　　　　　　　　D. 平衡记账法
3. 在借贷记账法下，可以在账户借方登记的是（　　）。
   A. 资产的增加　　　　　　　　　　B. 负债的减少
   C. 收入的减少　　　　　　　　　　D. 费用的减少
4. 下列符合借贷记账法记账规则的是（　　）。
   A. 资产类账户增加记贷方，减少记借方
   B. 负债类账户增加记贷方，减少记借方
   C. 收入类账户增加记贷方，减少记借方
   D. 费用类账户增加记贷方，减少记借方
5. 下列账户中，期末余额应在贷方的是（　　）。
   A. 预收账款　　　　　　　　　　　B. 预付账款
   C. 应收账款　　　　　　　　　　　D. 应付账款
6. 在借贷记账法下，下列账户结构叙述正确的是（　　）。
   A. 负债类账户的借方登记债务的减少，贷方登记债务的增加
   B. 所有者权益类账户借方登记所有者权益的增加，贷方登记所有者权益的减少
   C. 资产类账户的借方登记资产数额的增加，贷方登记资产数额的减少
   D. 收入类账户的借方登记收入的减少，贷方登记收入的增加
7. 会计分录的内容包括（　　）。
   A. 经济业务内容摘要　　　　　　　B. 账户名称
   C. 经济业务发生额　　　　　　　　D. 应借应贷方向
8. 与单式记账法相比，复式记账法的优点是（　　）。
   A. 有一套完整的账户体系
   B. 可以清楚地反映经济业务的来龙去脉
   C. 可以对记录的结果进行试算平衡，以检查账户记录是否正确
   D. 记账手续简单
9. "借""贷"二字作为借贷记账法的记账符号，不正确的含义是（　　）。
   A. "借"表示增加，"贷"表示减少
   B. "贷"表示增加，"借"表示减少
   C. "借""贷"二字只是一个符号，不能代表增加，也不能代表减少

D. "借""贷"二字依据会计科目不同，有时代表增加，有时代表减少

10. 下列账户中有贷方余额的账户有（   ）。
    A. 短期借款 B. 实收资本
    C. 应付职工薪酬 D. 应收账款

11. 下列属于资产与负债同时增加的经济业务是（   ）。
    A. 购买材料8 000元，货款暂欠 B. 向银行借入长期借款10万元存入银行
    C. 以存款6 000元偿还前欠货款 D. 向某单位投资机器一台，价值10万元

12. 在（   ）情况下，应记有关账户的贷方。
    A. 负债增加 B. 资产减少
    C. 所有者权益增加 D. 权益减少

13. 复合会计分录包括（   ）。
    A. 一借多贷 B. 一贷多借
    C. 多借多贷 D. 一借一贷

14. 在借贷记账法下，账户贷方登记的内容是（   ）。
    A. 资产的减少 B. 负债的增加
    C. 费用的减少数及期末结转数 D. 成本减少数或结转数

15. 在借贷记账法下的试算平衡方法有（   ）。
    A. 发生额试算平衡法 B. 总额试算平衡法
    C. 差额试算平衡法 D. 余额试算平衡法

16. 在编制试算平衡表时，应该注意（   ）。
    A. 如果试算平衡，说明账户记录正确无误
    B. 必须保证所有账户的余额均已记录试算平衡表
    C. 如果试算不平衡，账户记录肯定有错误，应该认真查找，直到平衡为止
    D. 即使试算平衡，也不能说明账户记录绝对正确

17. 总账与明细账的平行登记，其必然结果是（   ）。
    A. 总账期初余额＝所属明细账期初余额合计
    B. 总账期末余额＝所属明细账期末余额合计
    C. 总账借方发生额＝所属明细账借方发生额合计
    D. 总账贷方发生额＝所属明细账贷方发生额合计

18. 下列计入贷方的是（   ）。
    A. 资产的增加额 B. 负债的增加额
    C. 所有者权益的增加额 D. 费用的增加额

19. 下列错误不会影响借贷双方的平衡关系的是（   ）。
    A. 漏记某项经济业务 B. 重记某项经济业务
    C. 记错方向，把借方计入贷方 D. 借贷错误巧合，正好抵消

20. 用公式表示试算平衡关系，正确的是（   ）。
    A. 全部账户本期借方发生额合计＝全部账户本期贷方发生额合计
    B. 全部账户本期借方余额合计＝全部账户本期贷方余额合计
    C. 负债类账户借方发生额合计＝负债类账户贷方发生额合计

D. 资产类账户借方发生额合计 = 资产类账户贷方发生额合计

三、判断题

1. 根据复式记账法原理，任何一项经济业务的发生，都将使两个以上会计科目发生增减变化，但增减金额的绝对值不一定相等。（   ）
2. 在借贷记账法下，发生额试算平衡的依据为全部账户本期借方发生额之和等于全部账户本期贷方发生额之和。（   ）
3. 资产类账户进行期末试算平衡时，全部资产类账户的本期借方发生额合计必须等于其本期贷方发生额合计。（   ）
4. 编制试算平衡表时，也应包括只有期初余额而没有本期发生额的账户。（   ）
5. 根据发生额试算平衡法进行试算平衡，如果试算结果是平衡的，证明记入各账户的发生额是完全正确的。（   ）
6. 会计期末进行试算平衡时，试算平衡，也不能说明账户记录绝对正确。（   ）
7. "现金"账户与"银行存款"账户是一对固定的对应账户。（   ）
8. 一借多贷或一贷多借的会计分录不能反映账户的对应关系。（   ）
9. 如果借贷金额相等，可肯定记账工作毫无错误。（   ）
10. 在实际工作中，余额试算平衡通过编制试算平衡表进行。（   ）
11. 发生额试算平衡是根据资产与权益的恒等关系，检验本期发生额记录是否正确的方法。（   ）
12. 单式记账的缺点是不能反映交易或事项的来龙去脉，不能进行试算平衡。（   ）
13. 平行登记，是指对同一个交易或事项，必须以会计凭证为依据，独立、互不依赖地记入总分类账户与所属明细分类账户。（   ）
14. 账户的余额方向一般与记录减少额的方向在同一方向。（   ）
15. 损益收入类账户在期末结转后，一般无余额。（   ）
16. 若企业所有总分类账户期初余额是平衡的，即使本期发生额试算不平衡，期末余额试算也有可能会平衡。（   ）
17. 每一个账户本期借方发生额与本期贷方发生额一定是相等的。（   ）
18. 一般来说，一个复合会计分录可以分解为若干个简单会计分录。（   ）
19. 在平行登记时，总分类账户和明细分类账户要同时登记。（   ）
20. 记账时，将借贷方向记错，不会影响借贷双方的平衡关系。（   ）

四、业务题

1. 甲公司 2019 年 5 月 1 日"库存现金"账户与"应付账款"账户余额如表 4-6 所示。

表 4-6 甲公司 2019 年 5 月 1 日"库存现金"账户与"应付账款"账户余额   元

账户名称	期初借方余额	账户名称	期初贷方余额
库存现金	8 000	应付账款	41 000

甲公司 5 月份发生下列经济业务：

(1) 从银行提取现金 300 000 元；

(2) 用现金发放职工工资 300 000 元；

(3) 用现金 500 元购买办公用品；
(4) 购买材料应付款 5 000 元。

要求计算：
① "库存现金" 账户本月借方发生额合计为（　　　）元；
② "库存现金" 账户本月贷方发生额合计为（　　　）元；
③ "库存现金" 账户本月余额为（　　　）元；
④ "应付账款" 账户本月贷方发生额合计为（　　　）元；
⑤ "应付账款" 账户本月余额为（　　　）元。

2. 甲公司 2019 年 6 月 1 日 "银行存款" 账户与 "短期借款" 账户余额如表 4-7 所示。

表 4-7　甲公司 2019 年 6 月 1 日 "银行存款" 账户与 "短期借款" 账户余额　　　元

账户名称	期初借方余额	账户名称	期初贷方余额
银行存款	861 000	短期借款	449 000

甲公司 6 月份发生下列经济业务：
(1) 用银行存款偿还短期借款 300 000 元；
(2) 用银行存款支付工资 100 000 元；
(3) 用银行存款支付 5 000 元购买材料；
(4) 取得租金收入存入银行 50 000 元。

要求计算：
① "银行存款" 账户本月借方发生额合计为（　　　）元；
② "银行存款" 账户本月贷方发生额合计为（　　　）元；
③ "银行存款" 账户本月余额为（　　　）元；
④ "短期借款" 账户本月借方发生额合计为（　　　）元；
⑤ "短期借款" 账户本月余额为（　　　）元。

第五章

借贷记账法下主要经济业务的账务处理

知识目标

1. 掌握企业资金的循环与周转过程
2. 掌握核算企业主要经济业务的会计科目
3. 掌握企业主要经济业务的账务处理
4. 掌握企业净利润的计算
5. 掌握企业净利润的分配

第一节 企业的主要经济业务

一、企业的主要经济业务

不同企业的经济业务各有特点，其生产经营业务流程也不尽相同，本节主要介绍企业的资金筹集、设备购置、材料采购、产品生产、商品销售和利润分配等经济业务。

企业要生产经营，必须有一定的资金购买机器设备、原材料等，企业筹集资金来源包括所有者投入和借入。企业从各种渠道筹集生产经营所需的资金，进入生产经营准备过程，为生产产品做好物资准备，随后进入生产过程。

产品的生产过程也是成本和费用发生的过程，原材料等劳动对象通过人工利用机器设备加工成为产成品。生产过程的各种耗费，包括材料费、人工费等形成企业的生产费用，所有这些生产费用最终形成产品的生产成本。

销售过程是产品价值的实现过程，企业通过销售产品并办理结算等，收回货款或形成应收账款等债权。各种收入抵减各种成本、费用之后，形成企业的利润。

企业利润通过分配后，一部分资金退出企业，如以税收形式上交国家或支付给投资者，一部分资金以留存收益等形式继续投入企业生产。

二、账务处理的主要内容

针对企业生产经营过程中发生的上述经济业务，账务处理的主要内容有以下几种：

(1) 资金筹集业务的账务处理；
(2) 固定资产业务的账务处理；
(3) 材料采购业务的账务处理；
(4) 生产业务的账务处理；
(5) 销售业务的账务处理；
(6) 期间费用的账务处理；
(7) 利润形成与分配业务的账务处理。

第二节 资金筹集业务的账务处理

企业的资金筹集业务按其资金来源不同，通常分为所有者权益筹资和负债筹资。

所有者权益筹资形成所有者的权益（通常称为权益资本），包括投资者的投资及其增值，这部分资本的所有者既享有企业的经营收益，也承担企业的经营风险。

负债筹资形成债权人的权益（通常称为债务资本），主要包括企业向债权人借入的资金和结算形成的负债资金等，这部分资本的所有者享有按约收回本金和利息的权利。

一、所有者权益筹资业务

（一）所有者投入资本的构成

所有者投入资本按照投资主体的不同，可以分为国家资本金、法人资本金、个人资本金和外商资本金等。

所有者投入的资本主要包括实收资本（或股本）和资本公积。

实收资本（或股本）是指企业的投资者按照企业章程、合同或协议的约定，实际投入企业的资本金以及按照有关规定由资本公积、盈余公积等转增资本的资金。

资本公积是企业收到投资者投入的超出其在企业注册资本（或股本）中所占份额的投资，以及直接计入所有者权益的利得和损失等。资本公积作为企业所有者权益的重要组成部分，主要用于转增资本。

（二）账户设置

企业通常设置"实收资本（或股本）""资本公积""银行存款"等账户，对所有者权益筹资业务进行会计核算。

1. "实收资本（或股本）"账户

"实收资本"账户（股份有限公司一般设置"股本"账户）属于所有者权益类账户，用以核算企业接受投资者投入的实收资本。该账户借方登记所有者投入企业资本金的减少额，贷方登记所有者投入企业资本金的增加额。期末余额在贷方，反映企业期末实收资本（或股本）总额。该账户可按投资者的不同设置明细账户，进行明细核算。

2. "资本公积"账户

"资本公积"账户属于所有者权益类账户，用以核算企业收到投资者出资额超出其在注册资本或股本中所占份额的部分，以及直接计入所有者权益的利得和损失等。该账户借方登记资本公积的减少额，贷方登记资本公积的增加额。期末余额在贷方，反映企业期末资本公积的结余数额。该账户可按资本公积的来源不同，分别"资本溢价（或股本溢价）""其他资本公积"进行明细核算。

资本公积不是来源于企业实现的利润。资本溢价是指投资者缴付企业的出资额大于其在企业注册资本中所占份额的数额。股本溢价是指股份有限公司溢价发行股票时实际收到的款项超过股票面值总额的数额。

3. "银行存款"账户

"银行存款"账户属于资产账户，用以核算企业存入银行或其他金融机构的各种款项，但是银行汇票存款、银行本票存款、信用卡存款、信用证保证金存款、存出投资款、外埠存款等，通过"其他货币资金"账户核算。该账户借方登记存入的款项，贷方登记提取或支出的存款。期末余额在借方，反映企业存在银行或其他金融机构的各种款项。该账户应当按照开户银行、存款种类等分别进行明细核算。

（三）账务处理

1. 实收资本增加的账务处理

企业增加资本的途径一般有三个：

(1) 将资本公积转为实收资本或者股本。

(2) 将盈余公积转为实收资本。

(3) 所有者投入。

所有者投入资本的方式，可以是货币、实物资产或工业产权等无形资产。所有者投入的资本无须偿还，企业可以长期周转使用。企业接受投资者投入的资本，借记"银行存款""固定资产""无形资产""长期股权投资"等科目，按其在注册资本或股本中所占份额，贷记"实收资本（或股本）"科目，按其差额，贷记"资本公积——资本溢价（或股本溢价）"科目。

【例5-1】 2019年5月18日，A、B、C三个投资者各投资货币资金500 000元，成立ABC有限责任公司，实收资本1 500 000元。已办妥工商注册登记手续。根据银行收账通知及公司章程的规定，编制会计分录。

借：银行存款　　　　　　　　　　　　　　　　　　　　　　　　1 500 000
　　贷：实收资本——A投资者　　　　　　　　　　　　　　　　　　500 000
　　　　　　　　——B投资者　　　　　　　　　　　　　　　　　　500 000
　　　　　　　　——C投资者　　　　　　　　　　　　　　　　　　500 000

【例5-2】 某国有独资公司因扩大生产规模，收到国家拨入资本600 000元，其中：货币资金100 000元，一部小汽车评估确认价为120 000元，一项专利技术评估确认价为380 000元。编制会计分录。

借：银行存款　　　　　　　　　　　　　　　　　　　　　　　　　100 000
　　固定资产　　　　　　　　　　　　　　　　　　　　　　　　　120 000
　　无形资产　　　　　　　　　　　　　　　　　　　　　　　　　380 000
　　贷：实收资本——国家资本金　　　　　　　　　　　　　　　　600 000

【例5-3】 某有限责任公司收到甲公司投入的原材料一批，评估确认其价值为1 130 000元，其中增值税税额为130 000元。编制会计分录。

借：原材料　　　　　　　　　　　　　　　　　　　　　　　　　1 000 000
　　应交税费——应交增值税（进项税额）　　　　　　　　　　　　130 000

贷：实收资本——甲公司　　　　　　　　　　　　　　　　　　　　　1 130 000

【例 5-4】 某有限责任公司股东会决议，将资本公积 70 000 元转增资本。编制会计分录。

　　借：资本公积　　　　　　　　　　　　　　　　　　　　　　　　　　　70 000
　　　　贷：实收资本　　　　　　　　　　　　　　　　　　　　　　　　　　70 000

2. 实收资本减少的核算

企业实收资本减少的原因主要有两种：一是实收资本（股本）过剩；二是企业发生重大亏损而需要减少实收资本。

（1）因资本过剩减少实收资本（股本）的账务处理。

企业因资本过剩而减资，应发还投资款。一般企业和有限责任公司发还投资款的核算，按实际发还的投资款数额借记"实收资本"账户，贷记"银行存款""库存现金"等账户。股份有限公司是采用发行股票的方式筹集资本的，因资本过剩减资发还股款时，需采取收购发行股票的方式。

【例 5-5】 某企业因生产经营规模缩小，经股东大会批准，减少注册资本 1 000 000 元，已办妥相关手续，以银行存款发还所有者投资款 1 000 000 元。编制会计分录。

　　借：实收资本　　　　　　　　　　　　　　　　　　　　　　　　　　1 000 000
　　　　贷：银行存款　　　　　　　　　　　　　　　　　　　　　　　　　1 000 000

（2）因严重亏损而减少实收资本（股本）的账务处理。

企业因发生严重亏损而需要减少实收资本（股本）时，可采取消除股份或注销每股部分金额的办法，这实际上是用实收资本（股本）弥补亏损。在会计处理上，企业应按消除股份的面值或注销每股部分金额的合计数，借记"实收资本"（或股本）账户，贷记"利润分配——未分配利润"账户。

3. 资本公积的账务处理

【例 5-6】 承【例 5-1】，2019 年 6 月 6 日，投资者 D 加入 ABC 有限公司，经股东会决议，ABC 公司将注册资本增加到 2 000 000 元，D 投资者投入 580 000 元货币资金，占公司股份的 25%，款项已收到并存入银行。编制会计分录。

　　借：银行存款　　　　　　　　　　　　　　　　　　　　　　　　　　　580 000
　　　　贷：实收资本——D 投资者（2 000 000×25%）　　　　　　　　　　　500 000
　　　　　　资本公积——资本溢价　　　　　　　　　　　　　　　　　　　　80 000

【例 5-7】 甲公司为股份有限公司，发行普通股 500 000 股，每股面值 1 元，每股发行价格 4 元。假定不考虑股票发行费等因素。编制会计分录。

　　借：银行存款　　　　　　　　　　　　　　　　　　　　　　　　　　2 000 000
　　　　贷：股本　　　　　　　　　　　　　　　　　　　　　　　　　　　　500 000
　　　　　　资本公积——股本溢价　　　　　　　　　　　　　　　　　　　1 500 000

二、负债筹资业务

（一）负债筹资的构成

负债筹资主要包括短期借款、长期借款以及结算形成的负债等。

短期借款是指企业为了满足其生产经营对资金的临时性需要而向银行或其他金融机构等

借入的偿还期限在一年以内（含一年）的各种借款。

长期借款是指企业向银行或其他金融机构等借入的偿还期限在一年以上（不含一年）的各种借款。

结算形成的负债主要有应付账款、应付职工薪酬、应交税费等。

（二）账户设置

企业通常设置"短期借款""长期借款""应付利息""财务费用"等账户对负债筹资业务进行会计核算。

1. "短期借款"账户

"短期借款"账户属于负债类账户，用以核算企业的短期借款。该账户贷方登记短期借款本金的增加额，借方登记短期借款本金的减少额。期末余额在贷方，反映企业期末尚未归还的短期借款。该账户可按借款种类、贷款人和币种进行明细核算。

2. "长期借款"账户

"长期借款"账户属于负债类账户，用以核算企业的长期借款。该账户贷方登记企业借入的长期借款本金，借方登记归还的本金和利息。期末余额在贷方，反映企业期末尚未偿还的长期借款。该账户可根据贷款单位和贷款种类，分别按"本金""应计利息""利息调整"等科目进行明细核算。

3. "应付利息"账户

"应付利息"账户属于负债类账户，用以核算企业按照合同约定应支付的利息，包括吸收存款、分期付息到期还本的长期借款、企业债券等应付的利息。该账户贷方登记企业按合同利率计算确定的应付未付利息，借方登记归还的利息。期末余额在贷方，反映企业应付未付的利息。该账户可按存款人或债权人进行明细核算。

4. "财务费用"账户

"财务费用"账户属于损益账户，用以核算企业为筹集生产经营所需资金等而发生的筹资费用，包括利息支出（减利息收入）、汇兑损益以及相关的手续费、企业发生的现金折扣或收到的现金折扣等。该账户借方登记手续费、利息费用等的增加额，贷方登记应冲减财务费用的利息收入等。期末结转后，该账户无余额。该账户可按费用项目进行明细核算。

（三）账务处理

1. 短期借款的账务处理

企业借入的各种短期借款，借记"银行存款"科目，贷记"短期借款"科目；归还借款时做相反的会计分录。资产负债表日，应按计算确定的短期借款利息费用，借记"财务费用"科目，贷记"银行存款""应付利息"等科目。短期借款账务处理如表5-1所示。

表5-1 短期借款账务处理

1. 借款	借：银行存款 贷：短期借款	
2. 计息	（1）预提法 借：财务费用 贷：应付利息	（2）直接摊销法 借：财务费用 贷：银行存款

续表

3. 还款	借：短期借款 　　应付利息（累计计提的利息） 　　财务费用（当月） 　贷：银行存款	借：短期借款 　　财务费用（当月） 　贷：银行存款

【例5-8】 某企业2019年5月1日从银行取得偿还期为6个月的借款100 000元，年利率为6%，借款到期一次还本付息。编制会计分录。

①取得借款时，编制会计分录如下：

借：银行存款　　　　　　　　　　　　　　　　　　　　　　　100 000
　贷：短期借款　　　　　　　　　　　　　　　　　　　　　　100 000

②4月末预提利息，编制会计分录如下：

借：财务费用（100 000×6%÷12）　　　　　　　　　　　　　　　500
　贷：应付利息　　　　　　　　　　　　　　　　　　　　　　　500

5、6、7、8月末的预提利息费用分录同上。

③短期借款到期归还，编制会计分录如下：

借：短期借款　　　　　　　　　　　　　　　　　　　　　　　100 000
　　应付利息（4—8月的利息费用）　　　　　　　　　　　　　　2 500
　　财务费用（9月份利息费用）　　　　　　　　　　　　　　　　500
　贷：银行存款　　　　　　　　　　　　　　　　　　　　　　103 000

【例5-9】 承【例5-8】，若该企业借款利息按月支付，在9月末归还本金及当月利息，编制会计分录。

①取得借款时，编制会计分录如下：

借：银行存款　　　　　　　　　　　　　　　　　　　　　　　100 000
　贷：短期借款　　　　　　　　　　　　　　　　　　　　　　100 000

②4月末支付利息，编制会计分录如下：

借：财务费用（100 000×6%÷12）　　　　　　　　　　　　　　　500
　贷：银行存款　　　　　　　　　　　　　　　　　　　　　　　500

5、6、7、8月末的支付利息费用分录同上。

③短期借款到期归还，编制会计分录如下：

借：短期借款　　　　　　　　　　　　　　　　　　　　　　　100 000
　　财务费用（9月份利息费用）　　　　　　　　　　　　　　　　500
　贷：银行存款　　　　　　　　　　　　　　　　　　　　　　100 500

2. 长期借款的账务处理

企业借入长期借款，应按实际收到的金额借记"银行存款"科目，按借款本金贷记"长期借款——本金"科目，如存在差额，还应借记"长期借款——利息调整"科目。

资产负债表日应按确定的长期借款的利息费用，借记"在建工程""制造费用""财务费用""研发支出"等科目，按确定的应付未付利息，如果属于分期付息的，贷记"应付利息"科目，如果属于到期一次还本付息的，贷记"长期借款——应计利息"。合同利息与实际利息的差额，贷记"长期借款——利息调整"等科目。长期借款计算确定的利息费用，应当按以下原则计入有关成本、费用。

（1）属于筹建期间的，计入管理费用；

（2）属于生产经营期间的，计入财务费用；

（3）如果长期借款用于购建固定资产，在固定资产尚未达到预定可使用状态前，所发生的应当资本化的利息支出数，计入在建工程；

（4）固定资产达到预定可使用状态后发生的利息支出，以及按规定不予资本化的利息支出，计入财务费用。

【例5-10】甲企业2019年年初从银行借入资金4 000 000元，用于生产经营，借款期限为3年，年利率为8.4%，单利计算，到期还本每月付息，款项已直接拨入企业的存款账户。编制会计分录。

①借入款项时，编制会计分录如下：

借：银行存款　　　　　　　　　　　　　　　　　　　　4 000 000
　　贷：长期借款——本金　　　　　　　　　　　　　　　　4 000 000

②3年期间每月支付银行利息，编制会计分录如下：

借：财务费用（4 000 000×8.4%÷12）　　　　　　　　　　28 000
　　贷：银行存款　　　　　　　　　　　　　　　　　　　　28 000

③偿还借款本金，编制会计分录如下：

借：长期借款——本金　　　　　　　　　　　　　　　　4 000 000
　　贷：银行存款　　　　　　　　　　　　　　　　　　　　4 000 000

【例5-11】甲企业2018年1月1日从银行取得基建贷款600 000元，期限为3年，年利率6%，工程于2019年12月31日完工。到期一次还本付息，款项已存银行。编制会计分录。

①取得借款时，编制会计分录如下：

借：银行存款　　　　　　　　　　　　　　　　　　　　600 000
　　贷：长期借款——本金　　　　　　　　　　　　　　　　600 000

②2018年年末计息时，编制会计分录如下：

借：在建工程　　　　　　　　　　　　　　　　　　　　36 000
　　贷：长期借款——应计利息　　　　　　　　　　　　　　36 000

③2019年年末计息时，编制会计分录如下：

借：在建工程　　　　　　　　　　　　　　　　　　　　36 000
　　贷：长期借款——应计利息　　　　　　　　　　　　　　36 000

④2020年年末计息时，编制会计分录如下：

借：财务费用　　　　　　　　　　　　　　　　　　　　36 000
　　贷：长期借款——应计利息　　　　　　　　　　　　　　36 000

⑤偿还长期借款本息，编制会计分录如下：

借：长期借款——本金　　　　　　　　　　　　　　　　600 000
　　　　　　——应计利息　　　　　　　　　　　　　　　108 000
　　贷：银行存款　　　　　　　　　　　　　　　　　　　　708 000

第三节 固定资产业务的账务处理

一、固定资产的概念与特征

（一）固定资产的概念

固定资产是指为生产商品、提供劳务、出租或者经营管理而持有、使用寿命超过一个会计年度的有形资产。

（二）固定资产的特征

固定资产具有以下特征：
（1）属于一种有形资产；
（2）为生产商品、提供劳务、出租或者经营管理而持有；
（3）使用寿命超过一个会计年度。

二、固定资产的成本

固定资产的成本是指企业购建某项固定资产达到预定可使用状态前所发生的一切合理、必要的支出。

企业可以通过外购、自行建造、投资者投入、非货币性资产交换、债务重组、企业合并和融资租赁等方式取得固定资产。在不同的取得方式下，固定资产成本的具体构成内容及其确定方法也不尽相同。

外购固定资产的成本包括购买价款、运输费、包装费和安装成本等直接费用及应予资本化的借款利息等间接费用。2009年1月1日增值税转型改革后，企业购建（包括购进、接受捐赠、实物投资、自制、改扩建和安装）生产用固定资产发生的增值税进项税额可以从销项税额中抵扣。但若是房屋、建筑物、应征消费税的小汽车、摩托车、游艇等则不能抵扣，全部列入固定资产成本。

三、固定资产的折旧

（一）固定资产折旧的概念

固定资产折旧是指在固定资产使用寿命内，按照确定的方法对应计折旧额进行的系统分摊。其中，应计折旧额是指应当计提折旧的固定资产的原价扣除其预计净残值后的金额。已计提减值准备的固定资产，还应当扣除已计提的固定资产减值准备累计金额。

（二）影响固定资产折旧的因素

影响固定资产折旧的因素主要有折旧计提基数、预计使用年限、固定资产减值准备和预计净残值四个因素。折旧计提基数是月初应计提折旧的固定资产原始价值。

预计净残值是指假定固定资产的预计使用寿命已满并处于使用寿命终了时的预期状态，企业目前从该项资产的处置中获得的扣除预计处置费用后的金额。预计净残值率是指固定资产预计净残值额占其原价的比率。企业应当根据固定资产的性质和使用情况，合理确定固定资产的预计净残值。预计净残值一经确定，不得随意变更。

企业应当按月对所有的固定资产计提折旧，但是，已提足折旧仍继续使用的固定资产、单独计价入账的土地和持有待售的固定资产除外。提足折旧是指已经提足该项固定资产的应计折旧额。当月增加的固定资产，当月不计提折旧，从下月起计提折旧；当月减少的固定资产，当月仍计提折旧，从下月起不计提折旧。提前报废的固定资产，不再补提折旧。

（三）固定资产折旧的方法

企业可选用的折旧方法有年限平均法、工作量法、双倍余额递减法和年数总和法等。不同的固定资产折旧方法，将影响固定资产使用寿命期间内不同时期的折旧费用。企业应当根据与固定资产有关的经济利益的预期实现方式合理选择折旧方法，固定资产的折旧方法一经确定，不得随意变更。本书重点介绍年限平均法和工作量法。

1. 年限平均法

年限平均法，又称直线法，是指将固定资产的应计提折旧额均匀地分摊到固定资产预计使用寿命内的一种方法，各计算公式如下：

$$年折旧额 = (固定资产原价 - 预计净残值) \div 预计使用年限$$

或：

$$年折旧额 = 固定资产原价 \times 年折旧率$$

其中：

$$年折旧率 = (1 - 预计净残值率) \div 预计使用年限 \times 100\%$$

$$月折旧率 = 年折旧率 \div 12$$

【例5-12】 甲公司生产车间的一台机器设备原值为300 000元，预计使用10年，预计净残值率为4%，计算该机器设备年折旧率、月折旧率和月折旧额。

① 年折旧率 = (1 - 4%) ÷ 10 × 100% = 9.6%
② 月折旧率 = 9.6% ÷ 12 = 0.8%
③ 月折旧额 = 300 000 × 0.8% = 2 400（元）

2. 工作量法

工作量法，是指根据实际工作量计算每期应计提折旧额的一种方法。计算公式如下：

$$某项固定资产月折旧额 = 该项固定资产当月工作量 \times 单位工作量折旧额$$

$$单位工作量折旧额 = 固定资产原价(1 - 预计净残值率) \div 预计总工作量$$

【例5-13】 乙企业生产车间的一台机器设备原价为200 000元，预计能生产产品产量为100 000件，预计净残值率为5%。本月生产产品20 000件。计算本月应提折旧额。

① 该设备单件折旧额 = 200 000 × (1 - 5%) ÷ 100 000 = 1.9（元/件）
② 本月应计提折旧额 = 20 000 × 1.9 = 38 000（元）

四、账户设置

企业通常设置"在建工程""工程物资""固定资产""累计折旧"等账户对固定资产业务进行会计核算。

1. "在建工程"账户

"在建工程"账户属于资产类账户，用以核算企业基建、更新改造等在建工程发生的支出。该账户借方登记企业各项在建工程的实际支出，贷方登记工程达到预定可使用状态时转出的成本等。期末余额在借方，反映企业期末尚未达到预定可使用状态的在建工程的成本。

该账户可按"建筑工程""安装工程""在安装设备""待摊支出"以及单项工程等进行明细核算。

2."工程物资"账户

"工程物资"账户属于资产类账户,用以核算企业为在建工程准备的各种物资的成本,包括工程用材料、尚未安装的设备以及为生产准备的工器具等。该账户借方登记企业购入工程物资的成本,贷方登记领用工程物资的成本。期末余额在借方,反映企业期末为在建工程准备的各种物资的成本。

该账户可按"专用材料""专用设备""工器具"等进行明细核算。

3."固定资产"账户

"固定资产"账户属于资产类账户,用以核算企业持有的固定资产原价。该账户的借方登记固定资产原价的增加,贷方登记固定资产原价的减少。期末余额在借方,反映企业期末固定资产的原价。

该账户可按固定资产类别和项目进行明细核算。

4."累计折旧"账户

"累计折旧"账户属于资产类备抵账户,用以核算企业固定资产计提的累计折旧。该账户贷方登记按月提取的折旧额,即累计折旧的增加额,借方登记因减少固定资产而转出的累计折旧。期末余额在贷方,反映期末固定资产的累计折旧额。

该账户可按固定资产的类别或项目进行明细核算。

5."固定资产清理"账户

"固定资产清理"账户属于资产类过渡账户,用以核算企业固定资产清理的过程。该账户借方反映固定资产转入清理的账面价值、发生的清理费用等,贷方反映固定资产出售收入、残料变价收入以及保险赔偿等。固定资产清理完成后,该账户借方或贷方余额反映清理损失或清理收益,分别转入"营业外支出"或"营业外收入"账户。

该账户可按固定资产的类别或项目进行明细核算。

五、账务处理

(一)固定资产的购入

企业外购固定资产的成本,包括购买价款、相关税费、使固定资产达到预定可使用状态前所发生的可归属于该项资产的运输费、装卸费、安装费和专业人员服务费等。外购固定资产分为购入不需要安装的固定资产和购入需要安装的固定资产两类。购入固定资产账务处理内容如表5-2所示。

表5-2 购入固定资产账务处理内容

购入	不需要安装	生产性固定资产	借:固定资产 应交税费——应交增值税(进项税额) 贷:银行存款
		非生产性固定资产(房屋、建筑物、应征消费税的小汽车、摩托车、游艇等)	借:固定资产 贷:银行存款

续表

购入	需要安装	生产性固定资产	借：在建工程 　　应交税费——应交增值税（进项税额） 贷：银行存款
		非生产性固定资产（房屋、建筑物、应征消费税的小汽车、摩托车、游艇等）	借：在建工程 贷：银行存款
		领用生产材料、自产产品	借：在建工程 贷：原材料 　　库存商品 　　应交税费（非生产性固定资产）
		发生人工费用	借：在建工程 贷：应付职工薪酬
		完工时	借：固定资产 贷：在建工程
计提累计折旧			借：管理费用 　　制造费用 　　销售费用 　　研发支出 　　其他业务成本等 贷：累计折旧

1. 购入不需安装固定资产的账务处理

企业购入不需要安装的固定资产，按应计入固定资产成本的金额，借记"固定资产""应交税费——应交增值税（进项税额）"科目，贷记"银行存款"（或"应付账款""应付票据""长期应付款"等）科目。

【例 5 – 14】 2019 年 5 月 1 日，某企业购入非生产经营用设备一台，价款 200 000 元，增值税 26 000 元，运输费 500 元，包装费 300 元（不考虑相关税费），以上款项均以银行存款支付。设备已运到并已验收。编制会计分录。

① 该设备的入账价值 = 200 000 + 26 000 + 500 + 300 = 226 800（元），编制会计分录如下：

借：固定资产　　　　　　　　　　　　　　　　　　226 800
　　贷：银行存款　　　　　　　　　　　　　　　　226 800

② 若上例购入的设备为生产用，则：该设备的入账价值 = 200 000 + 500 + 300 = 200 800（元），编制会计分录如下：

借：固定资产　　　　　　　　　　　　　　　　　　200 800
　　应交税费——应交增值税（进项税额）　　　　　 26 000
　　贷：银行存款　　　　　　　　　　　　　　　　226 800

2. 购入需安装的固定资产的账务处理

购入固定资产需要安装后才能使用的，则购入时先计入"在建工程"科目，增值税处理与不需安装的固定资产处理相同，待达到可使用状态时，再转入"固定资产"科目。

【例 5 – 15】 2019 年 5 月 1 日，某企业购入需要安装的车间生产用机器设备 1 台，买价

50 000元，增值税6 500元，运输费900元，包装费100元（不考虑相关税费），全部款项已用银行存款支付。在安装过程中，领用生产用材料2 400元，支付安装费用1 400元（不考虑相关税费）。安装完毕投入使用。编制会计分录。

①购入时，该设备的入账价值 = 50 000 + 900 + 100 = 51 000（元），编制会计分录如下：

借：在建工程　　　　　　　　　　　　　　　　　　　　　　　51 000
　　应交税费——应交增值税（进项税额）　　　　　　　　　　　6 500
　　贷：银行存款　　　　　　　　　　　　　　　　　　　　　　57 500

②安装过程领用生产用材料，编制会计分录如下：

借：在建工程　　　　　　　　　　　　　　　　　　　　　　　2 400
　　贷：原材料　　　　　　　　　　　　　　　　　　　　　　　2 400

③支付安装费，编制会计分录如下：

借：在建工程　　　　　　　　　　　　　　　　　　　　　　　1 400
　　贷：银行存款　　　　　　　　　　　　　　　　　　　　　　1 400

④安装完毕交付使用，编制会计分录如下：

借：固定资产　　　　　　　　　　　　　　　　　　　　　　　54 800
　　贷：在建工程　　　　　　　　　　　　　　　　　　　　　　54 800

【例5-16】 2019年5月1日，某企业购入需要安装的非生产用设备一套，增值税专用发票上注明的价款为100 000元，增值税为13 000元，包装费1 000元，运输费2 000元（不考虑相关税费）。安装设备时，领用生产用材料价值10 000元（增值税进项税额1 300元），支付安装费用5 000元（不考虑相关税费）。安装完毕投入使用。编制会计分录。

①购入时设备的入账价值 = 100 000 + 13 000 + 1 000 + 2 000 = 116 000（元），编制会计分录如下：

借：在建工程　　　　　　　　　　　　　　　　　　　　　　　116 000
　　贷：银行存款　　　　　　　　　　　　　　　　　　　　　　116 000

②领用生产用原材料，编制会计分录如下：

借：在建工程　　　　　　　　　　　　　　　　　　　　　　　11 300
　　贷：原材料　　　　　　　　　　　　　　　　　　　　　　　10 000
　　　　应交税费——应交增值税（进项税额转出）　　　　　　　1 300

③支付安装费用，编制会计分录如下：

借：在建工程　　　　　　　　　　　　　　　　　　　　　　　5 000
　　贷：银行存款　　　　　　　　　　　　　　　　　　　　　　5 000

④设备安装完毕，编制会计分录如下：

固定资产的价值 = 116 000 + 11 300 + 5 000 = 132 300（元）

借：固定资产　　　　　　　　　　　　　　　　　　　　　　　132 300
　　贷：在建工程　　　　　　　　　　　　　　　　　　　　　　132 300

（二）固定资产的折旧

企业按月计提的固定资产折旧，根据固定资产的用途计入相关资产的成本或者当期损益，借记"制造费用""销售费用""管理费用""研发支出""其他业务成本"等科目，贷记"累计折旧"科目。

【例5-17】 2019年5月，某企业的固定资产折旧计算表如表5-3所示。根据固定资产折旧计算表编制会计分录。

表5-3 固定资产折旧计算表

2019年5月份 元

使用部门	固定资产项目	上月折旧额	上月增加		上月减少		本月折旧额
			原值	月折旧	原值	月折旧	
基本生产车间	厂房	30 000					30 000
	机械设备	80 000	100 000	9 500	50 000	4 750	84 750
	其他	10 000					10 000
	小计	120 000					124 750
辅助生产车间	厂房	25 000	80 000	1 960			26 960
	机械设备	70 000			60 000	5 700	64 300
	小计	95 000					91 260
厂部	办公楼	30 000					30 000
	办公设备	10 000			30 000	2 850	7 150
	运输工具	8 000					8 000
	小计	48 000					45 150
其他	经营出租	5 000					5 000
合计		268 000					266 160

根据表5-3，5月份折旧费用分配的会计处理为：

借：制造费用——基本生产车间　　　　　　　　　　　　124 750
　　　　　　——辅助生产车间　　　　　　　　　　　　91 260
　　管理费用　　　　　　　　　　　　　　　　　　　　45 150
　　其他业务成本　　　　　　　　　　　　　　　　　　5 000
　　贷：累计折旧　　　　　　　　　　　　　　　　　　266 160

（三）固定资产的处置

固定资产处置包括固定资产的出售、报废、毁损。处置固定资产时通过"固定资产清理"账户核算，固定资产转入清理的账面价值、发生的清理费用等借记"固定资产清理"科目，固定资产出售收入、残料变价收入以及保险赔偿等贷记"固定资产清理"科目。固定资产清理完后，对清理净损益，应区分不同情况进行账务处理。属于生产经营期间正常的处置损失，借记"资产处置损益"科目，贷记"固定资产清理"科目；属于自然灾害等非正常原因造成的损失，借记"营业外支出——非正常损失"科目，贷记"固定资产清理"科目。如为贷方余额，借记"固定资产清理"科目，贷记"资产处置损益"或"营业外收入——非流动资产处置利得"科目。

1. 出售固定资产

【例5-18】某企业出售一台设备，原价为800 000元，已提折旧600 000元，发生清理费用5 000元，售价150 000元，款项均通过银行存款收付（不考虑相关税费）。编制会计分录。

① 固定资产转入清理,编制会计分录如下:

借:固定资产清理		200 000
累计折旧		600 000
贷:固定资产		800 000

② 发生清理费用,编制会计分录如下:

借:固定资产清理		5 000
贷:银行存款		5 000

③ 收回处置价款,编制会计分录如下:

借:银行存款		150 000
贷:固定资产清理		150 000

④ 结转净损益,编制会计分录如下:

借:资产处置损益		55 000
贷:固定资产清理		55 000

2. 报废、毁损固定资产

【例5-19】 甲公司因受台风破坏,一幢厂房损毁严重,不能再使用。该厂房原值为200 000元,已提折旧150 000元,发生清理费2 000元以现金支付,残料出售收入现金1 000元。保险公司确认赔偿100 000元,款未收。编制会计分录。(不考虑相关税费)

① 固定资产转入清理,编制会计分录如下:

借:固定资产清理		50 000
累计折旧		150 000
贷:固定资产		200 000

② 发生清理费用,编制会计分录如下:

借:固定资产清理		2 000
贷:库存现金		2 000

③ 收回处置价款,编制会计分录如下:

借:库存现金		1 000
贷:固定资产清理		1 000

④ 保险公司确定赔偿,编制会计分录如下:

借:其他应收款——保险公司		100 000
贷:固定资产清理		100 000

⑤ 结转净损益,编制会计分录如下:

借:固定资产清理		49 000
贷:营业外收入		49 000

第四节　材料采购业务的账务处理

一、材料的采购成本

材料的采购成本是指企业的物资从采购到入库前所发生的全部支出,包括购买价款、相关税费、运输费、装卸费、保险费以及其他可归属于采购成本的费用。

在实务中，企业也可以将发生的运输费、装卸费、保险费以及其他可归属于采购成本的费用等先进行归集，期末，按照所购材料的存销情况进行分摊。

二、账户设置

企业通常设置"原材料""材料采购""材料成本差异""在途物资""应付账款""应付票据""预付账款""应交税费"等账户对材料采购业务进行会计核算。

1. "原材料"账户

"原材料"账户属于资产类账户，用以核算企业库存的各种材料，包括原料及主要材料、辅助材料、外购半成品（外购件）、修理用备件（备品备件）、包装材料、燃料等的计划成本或实际成本。企业收到来料加工装配业务的原料、零件等，应当设置备查簿进行登记。该账户借方登记已验收入库材料的成本，贷方登记发出材料的成本。期末余额在借方，反映企业库存材料的计划成本或实际成本。该账户可按材料的保管地点（仓库）、材料的类别、品种和规格等进行明细核算。

2. "材料采购"账户

"材料采购"账户属于资产类账户，用以核算企业采用计划成本进行材料日常核算而购入材料的采购成本。该账户借方登记企业采用计划成本进行核算时，采购材料的实际成本以及材料入库时结转的节约差异，贷方登记入库材料的计划成本以及材料入库时结转的超支差异。期末余额在借方，反映企业在途材料的采购成本。该账户可按供应单位和材料品种进行明细核算。

3. "材料成本差异"账户

"材料成本差异"账户属于资产类账户，用以核算企业采用计划成本进行日常核算的材料计划成本与实际成本的差额。该账户借方登记入库材料形成的超支差异以及转出的发出材料应负担的节约差异，贷方登记入库材料形成的节约差异以及转出的发出材料应负担的超支差异。期末余额在借方，反映企业库存材料等的实际成本大于计划成本的差异；期末余额在贷方，反映企业库存材料等的实际成本小于计划成本的差异。该账户可以分别以"原材料""周转材料"等按照类别或品种进行明细核算。

4. "在途物资"账户

"在途物资"账户属于资产类账户，用以核算企业采用实际成本（或进价）进行材料、商品等物资的日常核算、货款已付尚未验收入库的在途物资的采购成本。该账户借方登记购入材料、商品等物资的买价和采购费用（采购实际成本），贷方登记已验收入库材料、商品等物资应结转的实际采购成本。期末余额在借方，反映企业期末在途材料、商品等物资的采购成本。

该账户可按供应单位和物资品种进行明细核算。

5. "应付账款"账户

"应付账款"账户属于负债类账户，用以核算企业因购买材料、商品和接受劳务等经营活动应支付的款项。该账户贷方登记企业因购入材料、商品和接受劳务等尚未支付的款项，借方登记偿还的应付账款。期末余额一般在贷方，反映企业期末尚未支付的应付账款余额；如果在借方，反映企业期末预付账款余额。该账户可按债权人进行明细核算。

6. "应付票据"账户

"应付票据"账户属于负债类账户，用以核算企业购买材料、商品和接受劳务等开出、承兑的商业汇票，包括银行承兑汇票和商业承兑汇票。该账户贷方登记企业开出、承兑的商业汇票，借方登记企业已经支付或者到期无力支付的商业汇票。期末余额在贷方，反映企业尚未到期的商业汇票的票面金额。该账户可按债权人进行明细核算。

7. "预付账款"账户

"预付账款"账户属于资产类账户，用以核算企业按照合同规定预付的款项。预付款项情况不多的，也可以不设置该账户，将预付的款项直接计入"应付账款"账户。该账户的借方登记企业因购货等业务预付的款项，贷方登记企业收到货物后应支付的款项等。期末余额在借方，反映企业预付的款项；期末余额在贷方，反映企业尚需补付的款项。该账户可按供货单位进行明细核算。

8. "应交税费"账户

"应交税费"账户属于负债类账户，用以核算企业按照税法等规定计算应交纳的各种税费，包括增值税、消费税、营业税、所得税、资源税、土地增值税、城市维护建设税、房产税、土地使用税、车船使用税、教育费附加、矿产资源补偿费等，企业代扣代交的个人所得税等，也通过本账户核算。该账户贷方登记各种应交未交税费的增加额，借方登记实际缴纳的各种税费。期末余额在贷方，反映企业尚未缴纳的税费；期末余额在借方，反映企业多交或尚未抵扣的税费。该账户可按应交的税费项目进行明细核算。

采购业务和产品销售业务涉及本账户的内容主要是有关增值税的账务处理。

增值税条例规定：应交增值税额等于销项税额减进项税额。销项税额是企业销售货物或提供加工与修理修配劳务收取的增值税，进项税额是企业购入货物或接受劳务交纳的增值税。

一般纳税人采用的税率分为13%、9%、6%和零税率。

"应交税费——应交增值税"账户贷方登记企业销售产品时向购货单位收取的销项税额；借方登记企业采购材料时向供应单位支付的进项税额和实际交纳的增值税；期末如有贷方余额，表示应交未交的增值税，如有借方余额，则表示多交或尚未抵扣的增值税。

三、账务处理

材料的日常收发结存可以采用实际成本核算，也可以采用计划成本核算。

（一）实际成本法核算的账务处理

在实际成本法下，一般通过"原材料"和"在途物资"等科目进行核算。企业外购材料时，按材料是否验收入库分为材料已验收入库和材料尚未验收入库两种情况。具体账务处理内容如表5-4所示。

表5-4 实际成本法下材料采购业务的账务处理

材料验收入库情况	相关发票凭证情况	账务处理
材料已验收入库	收到相关发票凭证	借：原材料 　　应交税费——应交增值税（进项税额） 贷：银行存款（应付账款/应付票据/预付账款等）
	尚未收到相关发票凭证，月末按合同价格暂估入账	借：原材料 贷：应付账款——暂估应付账款

材料验收入库情况	相关发票凭证情况	账务处理
材料已验收入库	下月初红字冲销	借：原材料（红字金额） 贷：应付账款——暂估应付账款（红字金额）
	收到相关发票凭证后	借：原材料 应交税费——应交增值税（进项税额） 贷：银行存款（应付账款/应付票据/预付账款等）
材料尚未验收入库	收到相关发票凭证	借：在途物资 应交税费——应交增值税（进项税额） 贷：银行存款（应付账款/应付票据/预付账款等）
	材料验收入库后	借：原材料 贷：在途物资

1. 材料已验收入库

如果货款已经支付，发票账单已到，材料已验收入库，按支付的实际金额，借记"原材料""应交税费——应交增值税（进项税额）"等科目，贷记"银行存款""预付账款"等科目。

如果货款尚未支付，材料已经验收入库，按相关发票凭证上应付的金额，借记"原材料""应交税费——应交增值税（进项税额）"等科目，贷记"应付账款""应付票据"等科目。

如果货款尚未支付，材料已经验收入库，但月末仍未收到相关发票凭证，按照暂估价入账，即借记"原材料"科目，贷记"应付账款"等科目。下月初作相反的会计分录予以冲回，收到相关发票账单后，再编制会计分录。

【例 5-20】 甲企业 2019 年 5 月 28 日从乙企业购入原材料一批，价款为 50 000 元，增值税 6 500 元，原材料已验收入库，收到发票账单，款尚未支付。编制会计分录。

借：原材料　　　　　　　　　　　　　　　　　　　　　　　50 000
　　应交税费——应交增值税（进项税额）　　　　　　　　　 6 500
　　贷：应付账款——乙企业　　　　　　　　　　　　　　　 56 500

【例 5-21】 甲公司向乙公司购入一批原材料，2019 年 5 月 31 日原材料已运抵甲公司，但尚未收到发票账单。由于是月末，为了做到材料账实相符，先按原材料的合同价格暂估入账，甲公司将该批材料验收入库。该批原材料的合同价格为 50 000 元。编制会计分录。

①材料验收入库时，编制会计分录如下：

借：原材料　　　　　　　　　　　　　　　　　　　　　　　50 000
　　贷：应付账款——暂估应付账款　　　　　　　　　　　　 50 000

②6 月 1 日，编制红字凭证冲销，编制会计分录如下：

借：原材料　　　　　　　　　　　　　　　　　　　　　　　50 000
　　贷：应付账款——暂估应付账款　　　　　　　　　　　　 50 000

③6 月 5 日，收到乙公司的发票账单，注明的价款为 50 000 元，增值税为 6 500 元，款项以银行存款支付，编制会计分录如下：

借：原材料　　　　　　　　　　　　　　　　　　　　　　　50 000

应交税费——应交增值税（进项税额）　　　　　　　　　　　　6 500
　　　贷：银行存款　　　　　　　　　　　　　　　　　　　　　　　　56 500

【例5-22】　兴华公司2019年5月发生下列经济业务：

（1）5月3日从大华公司购入甲材料，发票上记载价款为240 000元，增值税为31 200元。运输费400元（不考虑相关税费）。款项以银行存款支付，材料验收入库。编制会计分录。

　　借：原材料——甲材料　　　　　　　　　　　　　　　　　　　　240 400
　　　　应交税费——应交增值税（进项税额）　　　　　　　　　　　　31 200
　　　贷：银行存款　　　　　　　　　　　　　　　　　　　　　　　　271 600

（2）5月6日以银行存款120 000元向华龙公司预付购买乙材料的货款，5月15日收到华龙公司发来的乙材料，发票上记载价款为92 000元，增值税为11 960元，对方代垫运输费1 600元（不考虑相关税费），材料已验收入库。多余款项华龙公司退还给公司。

①5月6日，编制会计分录如下：

　　借：预付账款　　　　　　　　　　　　　　　　　　　　　　　　120 000
　　　贷：银行存款　　　　　　　　　　　　　　　　　　　　　　　　120 000

②5月15日，编制会计分录如下：

　　借：原材料——乙材料　　　　　　　　　　　　　　　　　　　　93 600
　　　　应交税费——应交增值税（进项税额）　　　　　　　　　　　　11 960
　　　贷：预付账款　　　　　　　　　　　　　　　　　　　　　　　　105 560

③收回多余款，编制会计分录如下：

　　借：银行存款　　　　　　　　　　　　　　　　　　　　　　　　14 440
　　　贷：预付账款　　　　　　　　　　　　　　　　　　　　　　　　14 440

（3）5月20日从恒生公司购入丙材料60公斤[①]，单价200元，增值税1 560元；丁材料100公斤，单价400元，增值税5 200元。购入材料共发生运费3 200元（按材料重量比例分配，不考虑运费增值税）。企业开出商业汇票一张支付，材料已验收入库。

5月20日，编制会计分录如下：

丙材料应分摊的运费 = 60 ÷ (100 + 60) × 3 200 = 1 200（元）
丁材料应分摊的运费 = 100 ÷ (100 + 60) × 3 200 = 2 000（元）

　　借：原材料——丙材料（60 × 200 + 1 200）　　　　　　　　　　13 200
　　　　　　　——丁材料（100 × 400 + 2 000）　　　　　　　　　　42 000
　　　　应交税费——应交增值税（进项税额）（1 560 + 5 200）　　　6 760
　　　贷：应付票据　　　　　　　　　　　　　　　　　　　　　　　　61 960

2. 材料尚未验收入库

如果货款已经支付，发票账单已到，但材料尚未验收入库，按支付的金额，借记"在途物资""应交税费——应交增值税（进项税额）"等科目，贷记"银行存款"等科目；待验收入库时再作后续分录。

对于可以抵扣的增值税进项税额，一般纳税人企业应根据收到的增值税专用发票上注明的增值税额，借记"应交税费——应交增值税（进项税额）"科目。

---

① 1公斤 = 1千克。

【例5-23】 某企业购入原材料一批,已收到对方的相关托收凭证及专用发票,注明价款为100 000元,增值税13 000元,代垫运费1 000元(不考虑运费增值税),原材料尚未验收入库,开出金额为114 000元的银行承兑汇票支付。编制会计分录。

①采购材料时,编制会计分录如下:

借:在途物资　　　　　　　　　　　　　　　　　　　　　　　101 000
　　应交税费——应交增值税(进项税额)　　　　　　　　　　　13 000
　　贷:应付票据　　　　　　　　　　　　　　　　　　　　　　114 000

②该批材料到达,并验收入库时,编制会计分录如下:

借:原材料　　　　　　　　　　　　　　　　　　　　　　　　101 000
　　贷:在途物资　　　　　　　　　　　　　　　　　　　　　　101 000

(二)计划成本法核算的账务处理

计划成本法下,一般通过"材料采购""原材料""材料成本差异"等科目进行核算。企业外购材料时,按材料是否验收入库同样分为材料已验收入库和材料尚未验收入库两种情况。具体账务处理如表5-5所示。

表5-5　计划成本法下材料采购业务的账务处理

材料验收入库情况	相关发票凭证情况	账务处理
材料已验收入库	收到相关发票凭证	①采购处理: 借:材料采购(实际成本) 　　应交税费——应交增值税(进项税额) 　　贷:银行存款(应付账款/应付票据/预付账款等) ②验收入库: 借:原材料(计划成本) 　　贷:材料采购 超支差: 借:材料成本差异 　　贷:材料采购(实际成本>计划成本的差额) 节约差: 借:材料采购(实际成本<计划成本的差额) 　　贷:材料成本差异
	尚未收到相关发票凭证,月末按计划价格暂估入账	借:原材料 　　贷:应付账款——暂估应付账款
	下月初红字冲销	借:原材料(红字金额) 　　贷:应付账款——暂估应付账款(红字金额)
	收到相关发票凭证后,按正常采购过程处理	①采购处理: 借:材料采购(实际成本) 　　应交税费——应交增值税(进项税额) 　　贷:银行存款(应付账款/应付票据/预付账款等) ②验收入库: 借:原材料(计划成本) 　　贷:材料采购

续表

材料验收入库情况	相关发票凭证情况	账务处理
		超支差： 借：材料成本差异 　　贷：材料采购（实际成本＞计划成本的差额） 节约差： 借：材料采购（实际成本＜计划成本的差额） 　　贷：材料成本差异
材料尚未验收入库	收到相关发票凭证	①采购处理： 借：材料采购（实际成本） 　　应交税费——应交增值税（进项税额） 　　贷：银行存款（应付账款/应付票据/预付账款等）
	材料验收入库后	②验收入库： 借：原材料（计划成本） 　　贷：材料采购 超支差： 借：材料成本差异 　　贷：材料采购（实际成本＞计划成本的差额） 节约差： 借：材料采购（实际成本＜计划成本的差额） 　　贷：材料成本差异

1. 材料已验收入库

如果货款已经支付，发票账单已到，材料已验收入库，按支付的实际金额，借记"材料采购"科目，贷记"银行存款"科目；按计划成本金额，借记"原材料"科目，贷记"材料采购"科目；按计划成本与实际成本之间的差额，借记（或贷记）"材料采购"科目，贷记（或借记）"材料成本差异"科目。

如果货款尚未支付，材料已经验收入库，按相关发票凭证上应付的金额，借记"材料采购"科目，贷记"应付账款""应付票据"等科目；按计划成本金额，借记"原材料"科目，贷记"材料采购"科目；按计划成本与实际成本之间的差额，借记（或贷记）"材料采购"科目，贷记（或借记）"材料成本差异"科目。

如果材料已经验收入库，货款尚未支付，月末仍未收到相关发票凭证，按照计划成本暂估入账，即借记"原材料"科目，贷记"应付账款"等科目。下月初作相反的会计分录予以冲回，收到账单后再编制会计分录。

【例5-24】 某公司购入甲材料300千克，取得增值税专用发票上注明的价款为88 500元，增值税额为11 505元，货款尚未支付。材料已验收入库。甲材料的单位计划成本分别为300元/千克。编制会计分录。

①采购材料时，编制会计分录如下：

借：材料采购——甲材料　　　　　　　　　　　　　　　　　　　　88 500
　　应交税费——应交增值税（进项税额）　　　　　　　　　　　　11 505
　　贷：应付账款　　　　　　　　　　　　　　　　　　　　　　　　100 005

②材料验收入库时，编制会计分录如下：

借：原材料——甲材料（300×300） 90 000
　　贷：材料采购——甲材料 90 000
③结转材料成本差异时，编制会计分录如下：
甲材料成本差异=88 500-90 000=-1 500（元）（节约差异）
借：材料采购——甲材料 1 500
　　贷：材料成本差异——甲材料 1 500

【例5-25】 8月26日，中华公司购入的3 000千克丙材料到达并已验收入库，但尚未收到发票账单，材料款尚未支付。丙材料的计划成本不含税价20元/千克。9月5日，收到发票账单，增值税专用发票上注明的价款为58 500元，增值税为7 605元。中华公司当即开出转账支票支付。编制会计分录。

①丙材料验收入库，并按计划成本暂估入账，编制会计分录如下：
计划成本=3 000×20=60 000（元）
借：原材料——丙材料 60 000
　　贷：应付账款——暂估应付账款 60 000

②9月1日，红字冲销暂估款，编制会计分录如下：
借：原材料——丙材料 60 000
　　贷：应付账款——暂估应付账款 60 000

③9月5日，收到发票账单并付款，编制会计分录如下：
借：材料采购——丙材料 58 500
　　应交税费——应交增值税（进项税额） 7 605
　　贷：银行存款 66 105

④材料做入库处理，并结转材料成本差异，编制会计分录如下：
借：原材料——丙材料 60 000
　　贷：材料采购——丙材料 60 000
借：材料采购 1 500
　　贷：材料成本差异 1 500

2. 材料尚未验收入库

如果相关发票凭证已到，但材料尚未验收入库，按支付或应付的实际金额，借记"材料采购"科目，贷记"银行存款""应付账款"等科目；待验收入库时再作后续分录。

对于可以抵扣的增值税进项税额，一般纳税人企业应根据收到的增值税专用发票上注明的增值税额，借记"应交税费——应交增值税（进项税额）"科目。

【例5-26】 兴业公司采购材料一批，2019年6月30日收到相关发票账单，增值税专用发票上注明的材料价款为30 000元，增值税额为3 900元，款未付。2019年7月10日，材料到达公司并验收入库。该材料的计划成本为30 500元。编制会计分录。

①6月30日收到相关发票凭证，但材料未验收入库，此时编制会计分录如下：
借：材料采购 30 000
　　应交税费——应交增值税（进项税额） 3 900
　　贷：应付账款 33 900

②7月10日，验收入库时，编制会计分录如下：

借：原材料　　　　　　　　　　　　　　　　　　　　　　　30 500
　　贷：材料采购　　　　　　　　　　　　　　　　　　　　　30 500
③结转材料成本差异时，编制会计分录如下：
借：材料采购　　　　　　　　　　　　　　　　　　　　　　　500
　　贷：材料成本差异　　　　　　　　　　　　　　　　　　　　500

第五节　生产业务的账务处理

企业产品的生产过程同时也是生产资料的耗费过程。企业在生产过程中发生的各项生产费用，是企业为获得收入而预先垫支并需要得到补偿的资金耗费。这些费用最终都要归集、分配给特定的产品，形成产品的成本。

产品成本的核算是指把一定时期内企业生产过程中所发生的费用，按其性质和发生地点，分类归集、汇总、核算，计算出该时期内生产费用发生总额，并按适当方法分别计算出各种产品的实际成本和单位成本等。

一、生产费用的构成

生产费用是指与企业日常生产经营活动有关的费用，按其经济用途可分为直接材料、直接人工和制造费用。

直接材料是指构成产品实体的原材料以及有助于产品形成的主要材料和辅助材料；直接人工是指直接从事产品生产的工人的职工薪酬；制造费用是指企业为生产产品和提供劳务而发生的各项间接费用。

二、账户设置

企业通常设置"生产成本""制造费用""库存商品""应付职工薪酬"等账户对生产费用业务进行会计核算。

1."生产成本"账户

"生产成本"账户属于成本类账户，用以核算企业生产各种产品（产成品、自制半成品等）、自制材料、自制工具、自制设备等发生的各项生产成本。该账户借方登记应计入产品生产成本的各项费用，包括直接计入产品生产成本的直接材料费、直接人工费和其他直接支出，以及期末按照一定的方法分配计入产品生产成本的制造费用；贷方登记完工入库产成品应结转的生产成本。期末余额在借方，反映企业期末尚未加工完成的在产品成本。

该账户可按基本生产成本和辅助生产成本进行明细分类核算。基本生产成本应当分别按照基本生产车间和成本核算对象（如产品的品种、类别、订单、批别、生产阶段等）设置明细账（或成本计算单），并按照规定的成本项目设置专栏。

2."制造费用"账户

"制造费用"账户属于成本类账户，用以核算企业生产车间（部门）为生产产品和提供劳务而发生的各项间接费用。该账户借方登记实际发生的各项制造费用，贷方登记期末按照一定标准分配转入"生产成本"账户借方的应计入产品成本的制造费用。期末结转后，该账户一般无余额。

该账户可按不同的生产车间、部门和费用项目进行明细核算。

3. "库存商品"账户

"库存商品"账户属于资产类账户,用以核算企业库存的各种商品的实际成本(或进价)或计划成本(或售价),包括库存产成品、外购商品、存放在门市部准备出售的商品、发出展览的商品以及寄存在外的商品等。该账户借方登记验收入库的库存商品成本,贷方登记发出的库存商品成本。期末余额在借方,反映企业期末库存商品的实际成本(或进价)或计划成本(或售价)。

该账户可按库存商品的种类、品种和规格等进行明细核算。

4. "应付职工薪酬"账户

"应付职工薪酬"账户属于负债类账户,用以核算企业根据有关规定应付给职工的各种薪酬。该账户借方登记本月实际支付的职工薪酬数额;贷方登记本月计算的应付职工薪酬总额,包括各种工资、奖金、津贴和福利费等。期末余额在贷方,反映企业应付未付的职工薪酬。

该账户可按"工资""职工福利""社会保险费""住房公积金""工会经费""职工教育经费""非货币性福利""辞退福利""股份支付"等进行明细核算。

三、账务处理

(一)材料费用的归集与分配

在确定材料费用时,应根据领料凭证区分车间、部门和不同用途后,按照确定的结果将发出材料的成本借记"生产成本""制造费用""管理费用"等科目,贷记"原材料"等科目。

对于直接用于某种产品生产的材料费用,应直接计入该产品生产成本明细账中的直接材料费用项目;对于由多种产品共同耗用、应由这些产品共同负担的材料费用,应选择适当的标准在这些产品之间进行分配,按分担的金额计入相应的成本计算对象(生产产品的品种、类别等);对于为提供生产条件等间接消耗的各种材料费用,应先通过"制造费用"科目进行归集,期末再同其他间接费用一起按照一定的标准分配计入有关产品成本;对于行政管理部门领用的材料费用,应计入"管理费用"科目。

【例5-27】 2019年9月,华中公司从仓库领用A、B、C材料各一批,用以生产甲、乙两种产品和其他一般耗用,材料采用实际成本核算。会计部门根据转来的领料凭证汇总后,编制材料耗用汇总表,如表5-6所示。

表5-6 华中公司材料耗用汇总表

2019年9月30日

项目	A材料		B材料		C材料		合计/元
	数量/千克	金额/元	数量/千克	金额/元	数量/千克	金额/元	
生产甲产品耗用	1 000	6 000	600	1 200	2 000	16 000	23 200
生产乙产品耗用	1 000	6 000	300	600	1 000	8 000	14 600
小计	2 000	12 000	900	1 800	3 000	24 000	37 800

续表

项目	A 材料		B 材料		C 材料		合计/元
	数量/千克	金额/元	数量/千克	金额/元	数量/千克	金额/元	
车间一般耗用	500	3 000			100	800	3 800
行政管理部门耗用			100	200			200
合计	2 500	15 000	1 000	2 000	3 100	24 800	41 800

复核：林×× 　　　　　　　　　　　　　　　　　　　　　　　　制表：郑××

根据表5-6，编制会计分录如下：

借：生产成本——甲产品　　　　　　　　　　　　　　　　　23 200
　　　　　　　——乙产品　　　　　　　　　　　　　　　　　14 600
　　制造费用　　　　　　　　　　　　　　　　　　　　　　　 3 800
　　管理费用　　　　　　　　　　　　　　　　　　　　　　　　 200
　　贷：原材料——A 材料　　　　　　　　　　　　　　　　　15 000
　　　　　　　——B 材料　　　　　　　　　　　　　　　　　 2 000
　　　　　　　——C 材料　　　　　　　　　　　　　　　　　24 800

（二）职工薪酬的归集与分配

职工薪酬是指企业为获得职工提供的服务或解除劳动关系而给予各种形式的报酬或补偿，具体包括短期薪酬、离职后福利、辞退福利和其他长期职工福利。企业提供给职工配偶、子女、受赡养人、已故员工遗嘱及其他受益人等的福利，也属于职工薪酬。

对于短期职工薪酬，企业应当在职工为其提供服务的会计期间，按实际发生额确认为负债，并计入当期损益或相关资产成本。企业应当根据职工提供服务的受益对象，分别下列情况处理：生产部门生产工人的职工薪酬，借记"生产成本"；车间管理人员的职工薪酬，借记"制造费用"；管理部门人员的职工薪酬，借记"管理费用"科目；销售人员的职工薪酬，借记"销售费用"科目；应由在建工程、研发支出负担的职工薪酬，借记"在建工程""研发支出"科目；因解除与职工的劳动关系给予的补偿，不区分职工提供服务的受益对象，全部计入"管理费用"科目。

应付职工薪酬账务处理如表5-7所示。

表5-7　应付职工薪酬账务处理

	货币性职工薪酬	非货币性职工薪酬
计提	借：生产成本（生产人员） 　　制造费用（车间管理者） 　　管理费用（管理部门） 　　销售费用（销售部门） 　　在建工程（建筑工人） 　　研发支出（研发人员） 　　贷：应付职工薪酬	借：生产成本（生产人员） 　　制造费用（车间管理者） 　　管理费用（管理部门） 　　销售费用（销售部门） 　　在建工程（建筑工人） 　　研发支出（研发人员） 　　贷：应付职工薪酬

续表

货币性职工薪酬		非货币性职工薪酬	
发放	借：应付职工薪酬 　贷：银行存款 　　　应交税费	产品	借：应付职工薪酬 　贷：主营业务收入 　　　应交税费——应交增值税（销项税额）
		免费使用资产	借：应付职工薪酬 　贷：累计折旧
		租房	借：应付职工薪酬 　贷：银行存款

1. 计提工资、奖金、津贴等

【例5-28】 甲公司2019年12月根据工资结算汇总表计算，应付工资总额为600 000元，其中：生产工人工资为250 000元，车间管理人员工资为60 000元，行政管理人员工资为150 000元，销售人员工资为140 000元。下月初发放工资时，代扣职工个人所得税15 000元。实付工资585 000元，工资由银行代发。编制会计分录。

①计提工资时，编制会计分录如下：

借：生产成本　　　　　　　　　　　　　　　　　　　　　　　250 000
　　制造费用　　　　　　　　　　　　　　　　　　　　　　　　60 000
　　管理费用　　　　　　　　　　　　　　　　　　　　　　　 150 000
　　销售费用　　　　　　　　　　　　　　　　　　　　　　　 140 000
　　贷：应付职工薪酬——工资　　　　　　　　　　　　　　　 600 000

②支付工资时，编制会计分录如下：

借：应付职工薪酬——工资　　　　　　　　　　　　　　　　　600 000
　　贷：应交税费——应交个人所得税　　　　　　　　　　　　　15 000
　　　　银行存款　　　　　　　　　　　　　　　　　　　　　 585 000

2. 计提社会保险费等

企业按照国家有关规定计提社会保险费、住房公积金等，借记"生产成本""管理费用""销售费用"等账户，贷记"应付职工薪酬——养老保险费"账户；缴纳社会保险费和住房公积金时，借记"应付职工薪酬——社会保险费、住房公积金"账户，贷记"银行存款"账户。

【例5-29】 根据国家规定的计提标准计算，甲企业本月应向社会保险经办机构缴纳职工基本养老保金60 000元，职工医疗保险费12 000元，职工住房公积金8 000元。其中，应计入生产成本的金额为40 000元，应计入制造费用的金额为20 000元，应计入管理费用的金额为15 000元，应计入销售费用的金额为5 000元。编制会计分录。

编制会计分录。

①计提养老保险费时，编制会计分录如下：

借：生产成本　　　　　　　　　　　　　　　　　　　　　　　 40 000
　　制造费用　　　　　　　　　　　　　　　　　　　　　　　　20 000
　　管理费用　　　　　　　　　　　　　　　　　　　　　　　　15 000
　　销售费用　　　　　　　　　　　　　　　　　　　　　　　　 5 000

```
        贷：应付职工薪酬——养老保险费                    60 000
                  ——医疗保险费                          12 000
                  ——住房公积金                           8 000
```
②缴纳养老保险费、医疗保险费、住房公积金时，编制会计分录如下：
```
    借：应付职工薪酬——养老保险费                    60 000
              ——医疗保险费                          12 000
              ——住房公积金                           8 000
        贷：银行存款                                  80 000
```

3. 因解除与职工的劳动关系给予补偿的账务处理

因解除与职工的劳动关系给予的补偿，借记"管理费用"账户，贷记"应付职工薪酬——解除职工劳动关系补偿"账户。支付补偿时，借记"应付职工薪酬——解除职工劳动关系补偿"账户，贷记"银行存款""库存现金"等账户。

【例5-30】 某企业与张某解除劳动合同，按劳动法的相关规定，应支付给张某的补偿费用20 000元，用现金支付。编制会计分录。

①计提时，编制会计分录如下：
```
    借：管理费用                                      20 000
        贷：应付职工薪酬——解除职工劳动关系补偿        20 000
```
②支付时，编制会计分录如下：
```
    借：应付职工薪酬——解除职工劳动关系补偿          20 000
        贷：库存现金                                  20 000
```

4. 非货币性福利的账务处理

非货币性福利是指企业以自产产品或外购商品发放给职工作为福利，将自己拥有的资产无偿提供给职工使用，为职工无偿提供医疗保健服务等。企业以自产产品或外购商品作为非货币性福利发放给职工，应当根据职工提供服务的受益对象，按照该产品或商品的公允价值计入相关资产成本或当期损益，同时确认应付职工薪酬，借记"生产成本""制造费用""管理费用"等科目，贷记"应付职工薪酬"科目。

企业发放非货币性福利时，应确认主营业务收入，借记"应付职工薪酬"科目，贷记"主营业务收入"科目，同时结转成本，涉及增值税销项税的，还应进行相应的处理。

【例5-31】 某电器生产企业共有职工100名，其中90名为直接参加生产的职工，10名为总部管理人员。2019年10月，企业以其生产的每台成本为300元的电器作为福利发给每名职工，该型号电器的市价为500元/台，增值税税率为13%。编制会计分录。

100名职工电器的售价总额 = 100 × 500 = 50 000（元）

电器的增值税销项税额 = 50 000 × 13% = 6 500（元）

其中：

计入生产成本的金额为：90 × 500 × (1 + 13%) = 50 850（元）

计入管理费用的金额为：10 × 500 × (1 + 13%) = 5 650（元）

①计提非货币性福利时，编制会计分录如下：
```
    借：生产成本                                      50 850
        管理费用                                       5 650
```

  贷：应付职工薪酬——非货币性福利　　　　　　　　　　　　　　56 500
 ②发放非货币性福利时，编制会计分录如下：
 借：应付职工薪酬——非货币性福利　　　　　　　　　　　　　　56 500
  贷：主营业务收入　　　　　　　　　　　　　　　　　　　　　50 000
    应交税费——应交增值税（销项税额）　　　　　　　　　　6 500
 ③结转电器成本时，编制会计分录如下：
 借：主营业务成本　　　　　　　　　　　　　　　　　　　　　　30 000
  贷：库存商品　　　　　　　　　　　　　　　　　　　　　　　30 000

（三）制造费用的归集与分配

  企业发生的制造费用，应当按照合理的分配标准按月分配计入各成本核算对象的生产成本。企业可以采取的分配标准包括机器工时、人工工时、直接人工成本、计划分配率等。但分配方法一经确定，不得随意变更，如需变更，应当在会计报表附注中予以说明。

  企业发生制造费用时，借记"制造费用"科目，贷记"累计折旧""银行存款""应付职工薪酬"等科目；结转或分摊时，借记"生产成本"等科目，贷记"制造费用"科目。

  【例 5-32】 某企业生产甲、乙两种产品，已知本月发生的制造费用总额为 50 000 元，按照生产工时比例分配制造费用，其中甲产品的生产工时为 300 小时，乙产品的生产工时为 200 小时。计算甲产品和乙产品应负担的制造费用，并作出会计分录。

  分给甲产品的制造费用 = 50 000 × 300 ÷ (300 + 200) = 30 000（元）
  分给乙产品的制造费用 = 50 000 × 200 ÷ (300 + 200) = 20 000（元）
  编制会计分录如下：
 借：生产成本——甲产品　　　　　　　　　　　　　　　　　　　30 000
    ——乙产品　　　　　　　　　　　　　　　　　　　20 000
  贷：制造费用　　　　　　　　　　　　　　　　　　　　　　　50 000

  【例 5-33】 某企业本月发生的制造费用总额 116 000 元，其中 A 产品的直接人工成本为 120 000 元，B 产品的直接人工成本为 80 000 元，要求按直接人工成本为标准分配制造费用。计算 A 产品和 B 产品应负担的制造费用，并作出会计分录。

$$制造费用分配率 = \frac{制造费用总额}{生产工人工时总额} = \frac{116\,000}{120\,000 + 80\,000} = 0.58（元/工时）$$

  A 产品应负担制造费用 = 120 000 × 0.58 = 69 600（元）
  B 产品应负担的制造费用 = 80 000 × 0.58 = 46 400（元）
 借：生产成本——A 产品　　　　　　　　　　　　　　　　　　　69 600
    ——B 产品　　　　　　　　　　　　　　　　　　　46 400
  贷：制造费用　　　　　　　　　　　　　　　　　　　　　　　116 000

（四）完工产品生产成本的计算与结转

  产品生产成本计算是指将企业生产过程中为制造产品所发生的各种费用按照成本计算对象进行归集和分配，以便计算各种产品的总成本和单位成本。有关产品成本信息是进行库存商品计价和确定销售成本的依据，产品生产成本计算是会计核算的一项重要内容。

企业应设置产品生产成本明细账，用来归集应计入各种产品的生产费用。通过对材料费用、职工薪酬和制造费用的归集和分配，企业各月生产产品所发生的生产费用已计入"生产成本"科目中。

如果月末某种产品全部完工，该种产品生产成本明细账所归集的费用总额，就是该种完工产品的总成本，用完工产品总成本除以该种产品的完工总产量，即可计算出该种产品的单位成本。

如果月末某种产品全部未完工，该种产品生产成本明细账所归集的费用总额就是该种产品在产品的总成本。

如果月末某种产品一部分完工，一部分未完工，这时归集在产品成本明细账中的费用总额还要采取适当的分配方法在完工产品和在产品之间进行分配，然后才能计算出完工产品的总成本和单位成本。完工产品成本的基本计算公式为：

完工产品生产成本 = 期初在产品成本 + 本期发生的生产费用 − 期末在产品成本

当产品生产完成并验收入库时，借记"库存商品"科目，贷记"生产成本"科目。

【例 5-34】 甲企业只生产一种产品，没有期初在产品成本，本月发生下列经济业务，根据经济业务计算并作出会计分录。

（1）生产甲产品领用原材料 1 000 公斤，每公斤单位成本 10 元。编制会计分录如下：

借：生产成本——甲产品　　　　　　　　　　　　　　　　　10 000
　　贷：原材料　　　　　　　　　　　　　　　　　　　　　　　　10 000

（2）分配本月工资 65 000 元，其中：产品生产工人工资 40 000 元，车间管理人员工资 10 000 元，厂部管理人员工资 15 000 元。编制会计分录如下：

借：生产成本——甲产品　　　　　　　　　　　　　　　　　40 000
　　制造费用　　　　　　　　　　　　　　　　　　　　　　　10 000
　　管理费用　　　　　　　　　　　　　　　　　　　　　　　15 000
　　贷：应付职工薪酬——工资　　　　　　　　　　　　　　　　65 000

（3）计提固定资产折旧 4 000 元，其中：生产车间固定资产折旧 3 000 元，管理部门固定资产折旧 1 000 元。编制会计分录如下：

借：制造费用　　　　　　　　　　　　　　　　　　　　　　3 000
　　管理费用　　　　　　　　　　　　　　　　　　　　　　　1 000
　　贷：累计折旧　　　　　　　　　　　　　　　　　　　　　　4 000

（4）结转本月发生的制造费用（由于只生产一种产品，制造费用全部转入生产成本）。编制会计分录如下：

制造费用总额 = 10 000 + 3 000 = 13 000（元）

借：生产成本——甲产品　　　　　　　　　　　　　　　　　13 000
　　贷：制造费用　　　　　　　　　　　　　　　　　　　　　　13 000

（5）本月甲产品全部完工并验收入库，结转本月完工产品成本。编制会计分录如下：

甲产品生产成本总额 = 10 000 + 40 000 + 13 000 = 63 000（元）

借：库存商品——甲产品　　　　　　　　　　　　　　　　　63 000
　　贷：生产成本——甲产品　　　　　　　　　　　　　　　　　63 000

第六节 销售业务的账务处理

销售业务的账务处理涉及商品销售、其他销售等业务收入、成本、费用和相关税费的确认与计量等内容。

一、商品销售收入的确认与计量

企业销售商品收入的确认，必须同时符合以下条件：
（1）企业已将商品所有权上的主要风险和报酬转移给购货方；
（2）企业既没有保留通常与商品所有权相联系的继续管理权，也没有对已售出的商品实施控制；
（3）收入的金额能够可靠地计量；
（4）相关的经济利益很可能流入企业；
（5）相关的已发生或将发生的成本能够可靠地计量。

二、账户设置

企业通常设置"主营业务收入""其他业务收入""应收账款""应收票据""预收账款""主营业务成本""其他业务成本""营业税金及附加"等账户对销售业务进行会计核算。

1. "主营业务收入"账户

"主营业务收入"账户属于损益类账户，用以核算企业确认的销售商品、提供劳务等主营业务的收入。该账户贷方登记企业实现的主营业务收入，即主营业务收入的增加额；借方登记期末转入"本年利润"账户的主营业务收入（按净额结转），以及发生销售退回和销售折让时应冲减本期的主营业务收入。期末结转后，该账户无余额。

该账户应按照主营业务的种类设置明细账户，进行明细分类核算。

2. "其他业务收入"账户

"其他业务收入"账户属于损益类账户，用以核算企业确认的除主营业务活动以外的其他经营活动实现的收入，包括出租固定资产、出租无形资产、出租包装物和商品、销售材料等。该账户贷方登记企业实现的其他业务收入，即其他业务收入的增加额；借方登记期末转入"本年利润"账户的其他业务收入。期末结转后，该账户无余额。

该账户可按其他业务的种类设置明细账户，进行明细分类核算。

3. "应收账款"账户

"应收账款"账户属于资产类账户，用以核算企业因销售商品、提供劳务等经营活动应收取的款项。该账户借方登记由于销售商品以及提供劳务等发生的应收账款，包括应收取的价款、税款和代垫款等；贷方登记已经收回的应收账款。期末余额通常在借方，反映企业尚未收回的应收账款；期末余额如果在贷方，则反映企业预收的账款。

该账户应按不同的债务人进行明细分类核算。

4. "应收票据"账户

"应收票据"账户属于资产类账户，用以核算企业因销售商品、提供劳务等而收到的商业汇票。该账户借方登记企业收到的应收票据,贷方登记票据到期收回的应收票据;期末余额在借方,反映企业持有的商业汇票的票面金额。

该账户可按开出、承兑商业汇票的单位进行明细核算。

5."预收账款"账户

"预收账款"账户属于负债类账户,用以核算企业按照合同规定预收的款项。预收账款情况不多的,也可以不设置本账户,将预收的款项直接计入"应收账款"账户。该账户贷方登记企业向购货单位预收的款项等,借方登记销售实现时按实现的收入转销的预收款项等。期末余额在贷方,反映企业预收的款项;期末余额在借方,反映企业已转销但尚未收取的款项。

该账户可按购货单位进行明细核算。

6."主营业务成本"账户

"主营业务成本"账户属于损益类账户,用以核算企业确认销售商品、提供劳务等主营业务收入时应结转的成本。该账户借方登记主营业务发生的实际成本,贷方登记期末转入"本年利润"账户的主营业务成本。期末结转后,该账户无余额。

该账户可按主营业务的种类设置明细账户,进行明细分类核算。

7."其他业务成本"账户

"其他业务成本"账户属于损益类账户,用以核算企业确认的除主营业务活动以外的其他经营活动所发生的支出,包括销售材料的成本、出租固定资产的折旧额、出租无形资产的摊销额、出租包装物的成本或摊销额等。该账户借方登记其他业务的支出额,贷方登记期末转入"本年利润"账户的其他业务支出额。期末结转后,该账户无余额。

该账户可按其他业务的种类设置明细账户,进行明细分类核算。

8."税金及附加"账户

"税金及附加"账户属于损益类账户,用以核算企业经营活动发生的消费税、城市维护建设税、资源税、教育费附加、房产税、城镇土地使用税、车船税和印花税等相关税费。该账户借方登记企业应按规定计算确定的与经营活动相关的税费,贷方登记期末转入"本年利润"账户且与经营活动相关的税费。期末结转后,该账户无余额。

三、账务处理

(一)主营业务收入的账务处理

企业销售商品或提供劳务实现的收入,应按实际收到、应收或者预收的金额,借记"银行存款""应收账款""应收票据""预收账款"等科目,按确认的营业收入,贷记"主营业务收入"科目。

对于增值税销项税额,一般纳税人应贷记"应交税费——应交增值税(销项税额)"科目;小规模纳税人应贷记"应交税费——应交增值税"科目。

对于预收账款不多的企业,可以不单独设置"预收账款"账户,而是将预收款业务并入"应收账款"账户核算。本期(月)发生的销售退回或销售折让,按应冲减的营业收入,借记"主营业务收入""应交税费——应交增值税"账户,按实际支付或应退还的金额,贷记"银行存款""应收账款"等科目。主营业务收入的账务处理如表5-8所示。

表 5-8 主营业务收入的账务处理

不涉及预收账款		借：银行存款/应收账款/应收票据 贷：主营业务收入 　　应交税费——应交增值税（销项税额）
涉及预收账款	收到预收款	借：银行存款/库存现金 贷：预收账款
	发出商品	借：预收账款 贷：主营业务收入 　　应交税费——应交增值税（销项税额）
	退还多余款项	借：预收账款 贷：银行存款
	收到对方补付款项	借：银行存款 贷：预收账款

（二）主营业务成本的账务处理

期（月）末，企业应根据本期（月）销售各种商品、提供各种劳务等实际成本，计算应结转的主营业务成本，借记"主营业务成本"科目，贷记"库存商品""劳务成本"等科目。

采用计划成本或售价核算库存商品的，平时的营业成本按计划成本或售价结转，月末，还应结转本月销售商品应分摊的产品成本差异或商品进销差价。

1. 货款全额收讫

【例 5-35】 甲公司 2019 年 5 月 1 日销售一批商品，增值税发票上注明售价 10 000 元，增值税额 1 300 元。产品已发出，款项已存银行。该批商品的成本为 8 000 元。编制会计分录。

①销售商品时，编制会计分录如下：

借：银行存款　　　　　　　　　　　　　　　　　　　　　11 300
　　贷：主营业务收入　　　　　　　　　　　　　　　　　　　10 000
　　　　应交税费——应交增值税（销项税额）　　　　　　　　1 300

②结转销售成本，编制会计分录如下：

借：主营业务成本　　　　　　　　　　　　　　　　　　　　8 000
　　贷：库存商品　　　　　　　　　　　　　　　　　　　　　8 000

2. 预收货款，发出商品结算尾款

【例 5-36】 甲公司 2019 年 5 月 10 日预收乙公司货款 180 000 元，存入银行，5 月 20 日发给乙公司订购的商品 500 件，增值税专用发票注明价款 200 000 元，增值税 26 000 元，该批商品的成本为 300 元/件，货发出后，收到对方补付的货款 54 000 元。编制会计分录。

①预收货款时，编制会计分录如下：

借：银行存款　　　　　　　　　　　　　　　　　　　　　180 000
　　贷：预收账款——乙公司　　　　　　　　　　　　　　　180 000

②发出产品时，编制会计分录如下：

借：预收账款——乙公司　　　　　　　　　　　　　　　　　226 000
　　贷：主营业务收入　　　　　　　　　　　　　　　　　　　200 000
　　　　应交税费——应交增值税（销项税额）　　　　　　　　26 000

③收到乙公司补付的货款，编制会计分录如下：
借：银行存款　　　　　　　　　　　　　　　　　　　　　　46 000
　　贷：预收账款——乙公司　　　　　　　　　　　　　　　　46 000

④结转销售成本，编制会计分录如下：
借：主营业务成本　　　　　　　　　　　　　　　　　　　　150 000
　　贷：库存商品　　　　　　　　　　　　　　　　　　　　　150 000

3. 货款未收，没有折扣的情况下，按应收的全部金额入账

【例5-37】 某企业向丙公司销售产品一批，增值税专用发票注明价款30 000元，增值税3 900元，代丙公司垫付运输费600元，款项尚未收到。编制会计分录。

借：应收账款　　　　　　　　　　　　　　　　　　　　　　345 000
　　贷：主营业务收入　　　　　　　　　　　　　　　　　　　30 000
　　　　应交税费——应交增值税（销项税额）　　　　　　　　3 900
　　　　银行存款　　　　　　　　　　　　　　　　　　　　　600

4. 在商业折扣情况下，应按扣除商业折扣后的金额入账

【例5-38】 某企业销售一批商品给甲公司，按价目表标明的价格计算，金额为20 000元，由于是成批销售，给予购货方10%的商业折扣，适用增值税率为13%。代甲公司垫付运输费500元，款项尚未收到。编制会计分录。

①取得收入时，编制会计分录如下：
借：应收账款——甲公司　　　　　　　　　　　　　　　　　20 840
　　贷：主营业务收入　　　　　　　　　　　　　　　　　　　18 000
　　　　应交税费——应交增值税（销项税额）　　　　　　　　2 340
　　　　银行存款　　　　　　　　　　　　　　　　　　　　　500

②经协商，该企业同意甲公司以面值为20 840元的商业汇票抵付货款，编制会计分录如下：
借：应收票据　　　　　　　　　　　　　　　　　　　　　　20 840
　　贷：应收账款　　　　　　　　　　　　　　　　　　　　　20 840

5. 在现金折扣情况下，按应收的全部金额入账，发生的现金折扣作为财务费用处理

【例5-39】 某企业销售商品一批给乙公司，价值总计100 000元，并给予购货方20%的商业折扣，现金折扣条件为2/10，1/20，n/30，适用增值税率为13%，款项尚未收到。编制会计分录。

①取得收入时，编制会计分录如下：
借：应收账款——乙公司　　　　　　　　　　　　　　　　　90 400
　　贷：主营业务收入（100 000×80%）　　　　　　　　　　　80 000
　　　　应交税费——应交增值税（销项税额）　　　　　　　　10 400

②如果上述货款在10天内收到，编制会计分录如下：

借：银行存款　　　　　　　　　　　　　　　　　　　　　　88 592
　　财务费用（90 400×2%）　　　　　　　　　　　　　　　1 808
　　　贷：应收账款——乙公司　　　　　　　　　　　　　　　　90 400

③如果上述货款在11~20天内收到，编制会计分录如下：
借：银行存款　　　　　　　　　　　　　　　　　　　　　　81 360
　　财务费用（90 400×1%）　　　　　　　　　　　　　　　9 040
　　　贷：应收账款——乙公司　　　　　　　　　　　　　　　　90 400

④如果上述货款在21~30天内收到，编制会计分录如下：
借：银行存款　　　　　　　　　　　　　　　　　　　　　　90 400
　　　贷：应收账款——乙公司　　　　　　　　　　　　　　　　90 400

（三）其他业务收入与成本的账务处理

主营业务和其他业务的划分并不是绝对的，一个企业的主营业务可能是另一个企业的其他业务，即便在同一个企业，不同期间的主营业务和其他业务的内容也不是固定不变的。

当企业发生其他业务收入时，借记"银行存款""应收账款""应收票据"等科目，按确定的收入金额，贷记"其他业务收入"科目，同时确认有关税金；在结转其他业务收入的同一会计期间，企业应根据本期应结转的其他业务成本金额，借记"其他业务成本"科目，贷记"原材料""累计折旧""应付职工薪酬"等科目。

【例5-40】 华仁公司本月销售一批多余的原材料，增值税专用发票注明价款260 000元，增值税额为33 800元，价税款已通过银行收妥。该批原材料的实际成本200 000元。编制会计分录。

①取得收入时，编制会计分录如下：
借：银行存款　　　　　　　　　　　　　　　　　　　　　393 800
　　　贷：其他业务收入　　　　　　　　　　　　　　　　　　260 000
　　　　　应交税费——应交增值税（销项税额）　　　　　　　　33 800

②结转成本时，编制会计分录如下：
借：其他业务成本　　　　　　　　　　　　　　　　　　　200 000
　　　贷：原材料　　　　　　　　　　　　　　　　　　　　　200 000

【例5-41】 兴业公司出租公司的店面，本月取得租金收入20 000元，存入银行（不考虑相关税费），月末计提该店面的固定资产折旧为1 500元。

①取得租金收入时，编制会计分录如下：
借：银行存款　　　　　　　　　　　　　　　　　　　　　　20 000
　　　贷：其他业务收入　　　　　　　　　　　　　　　　　　　20 000

②计提折旧时，编制会计分录如下：
借：其他业务成本　　　　　　　　　　　　　　　　　　　　1 500
　　　贷：累计折旧　　　　　　　　　　　　　　　　　　　　　1 500

（四）税金及附加的账务处理

企业发生的城市维护建设税和教育费附加、资源税、房产税、车船税、印花税等经营活动（含主营业务及其他业务活动）应负担的税费在"税金及附加"账户核算。

【例5-42】 某公司本月计提城市维护建设税（以下简称"城建税"）70 000元，教育费附加30 000元，上交房产税、土地使用税分别为8 000元和6 000元，编制会计分录。

①计提城建税、教育费附加时，编制会计分录如下：

借：税金及附加　　　　　　　　　　　　　　　　　　　　　　　100 000
　　贷：应交税费——应交城建税　　　　　　　　　　　　　　　　　70 000
　　　　　　　　——应交教育费附加　　　　　　　　　　　　　　　30 000

②实际缴纳时，编制会计分录如下：

借：应交税费——应交城建税　　　　　　　　　　　　　　　　　　70 000
　　　　　　——应交教育费附加　　　　　　　　　　　　　　　　　30 000
　　贷：银行存款　　　　　　　　　　　　　　　　　　　　　　　100 000
借：税金及附加　　　　　　　　　　　　　　　　　　　　　　　　 14 000
　　贷：银行存款　　　　　　　　　　　　　　　　　　　　　　　 14 000

第七节　期间费用的账务处理

一、期间费用的构成

期间费用是指企业日常活动中不能直接归属于某个特定成本核算对象的，在发生时应直接计入当期损益的各种费用。期间费用包括管理费用、销售费用和财务费用。管理费用是指企业为组织和管理企业生产经营活动所发生的各种费用。销售费用是指企业销售商品和材料、提供劳务的过程中发生的各种费用。财务费用是指企业为筹集生产经营所需资金等而发生的筹资费用。

二、账户设置

企业通常设置"管理费用""销售费用""财务费用"等账户对期间费用业务进行会计核算。

1."管理费用"账户

"管理费用"账户属于损益类账户，用以核算企业为组织和管理企业生产经营所发生的管理费用。该账户借方登记发生的各项管理费用，贷方登记期末转入"本年利润"账户的管理费用额。期末结转后，该账户无余额。

该账户可按费用项目设置明细账户，进行明细分类核算。

2."销售费用"账户

"销售费用"账户属于损益类账户，用以核算企业发生的各项销售费用。该账户借方登记发生的各项销售费用，贷方登记期末转入"本年利润"账户的销售费用额。期末结转后，该账户无余额。

该账户可按费用项目设置明细账户，进行明细分类核算。

3."财务费用"账户

"财务费用"账户属于损益类账户，用以核算企业为筹集生产经营所需资金等而发生的筹资费用，包括利息支出（减利息收入）、汇兑损益以及相关的手续费、企业发生的现金折扣或收到的现金折扣等。为购建或生产满足资本化条件的资产发生的应予资本化的借款费用,通过"在建工程""制造费用"等账户核算。该账户借方登记手续费、利息费用等的增加额,贷方登记应冲减财务费用的利息收入等。期末结转后,该账户无余额。

该账户可按费用项目进行明细核算。

三、账务处理

(一)管理费用的账务处理

企业在筹建期间内发生的开办费,包括人员工资、办公费、培训费、差旅费、印刷费、注册登记费以及不计入固定资产成本的借款费用等在实际发生时,借记"管理费用"科目,贷记"应付利息""银行存款"等科目。

行政管理部门人员的职工薪酬,借记"管理费用"科目,贷记"应付职工薪酬"科目。

行政管理部门计提的固定资产折旧,借记"管理费用"科目,贷记"累计折旧"科目。

行政管理部门发生的办公费、水电费、业务招待费、聘请中介机构费、咨询费、诉讼费、技术转让费、企业研究费用,借记"管理费用"科目,贷记"银行存款""研发支出"等科目。

【例5-43】 甲公司2019年6月发生下列经济业务,分别作出会计分录。

(1) 以银行存款购买办公用品200元。

借:管理费用　　　　　　　　　　　　　　　　　200
　　贷:银行存款　　　　　　　　　　　　　　　　　200

(2) 职工李东因公出差,预借差旅费3 000元,以现金支付。

借:其他应收款　　　　　　　　　　　　　　　3 000
　　贷:库存现金　　　　　　　　　　　　　　　　3 000

(3) 职工李东出差回来,报销差旅费2 500元,交回现金余款500元。

借:管理费用　　　　　　　　　　　　　　　　2 500
　　库存现金　　　　　　　　　　　　　　　　　500
　　贷:其他应收款　　　　　　　　　　　　　　　3 000

(4) 分配公司行政管理部门人员工资20 000元,计提职工福利费2 800元。

借:管理费用　　　　　　　　　　　　　　　　22 800
　　贷:应付职工薪酬——工资　　　　　　　　　20 000
　　　　　　　　　　——职工福利　　　　　　　2 800

(5) 公司行政管理部门固定资产计提折旧100 000元。

借:管理费用　　　　　　　　　　　　　　　100 000
　　贷:累计折旧　　　　　　　　　　　　　　100 000

(二)销售费用的账务处理

企业在销售商品的过程中发生的包装费、保险费、展览费和广告费、运输费、装卸费等费用,借记"销售费用"科目,贷记"库存现金""银行存款"等科目。

企业发生的为销售本企业商品而专设的销售机构的职工薪酬、业务费等费用,借记"销售费用"科目,贷记"应付职工薪酬""银行存款""累计折旧"等科目。

【例5-44】 某企业2019年6月分配专设销售机构人员工资30 000元,用银行存款支付产品销售的广告费35 000元,增值税2 100元,包装、展览费15 000元,增值税900元。

编制会计分录。

　　借：销售费用　　　　　　　　　　　　　　　　　　　　　　　80 000
　　　　应交税费——应交增值税（进项税额）　　　　　　　　　　　3 000
　　　　贷：应付职工薪酬——工资　　　　　　　　　　　　　　　　30 000
　　　　　　银行存款　　　　　　　　　　　　　　　　　　　　　　53 000

（三）财务费用的账务处理

企业发生的财务费用，借记"财务费用"科目，贷记"银行存款""应付利息"等科目。发生的应冲减财务费用的利息收入、汇兑损益、现金折扣，借记"银行存款""应付账款"等科目，贷记"财务费用"科目。

【例 5 - 45】 某公司2019年8月发生如下经济业务，分别作出会计分录。

①支付本月承担的短期借款利息费用2 000元，支付银行转账手续费100元，编制会计分录如下：

　　借：财务费用　　　　　　　　　　　　　　　　　　　　　　　2 100
　　　　贷：银行存款　　　　　　　　　　　　　　　　　　　　　　2 100

②本月取得银行存款利息收入500元，编制会计分录如下：

　　借：银行存款　　　　　　　　　　　　　　　　　　　　　　　　500
　　　　贷：财务费用　　　　　　　　　　　　　　　　　　　　　　　500

第八节　利润形成与分配业务的账务处理

一、利润形成的账务处理

（一）利润的形成

利润是指企业在一定会计期间的经营成果，包括收入减去费用后的净额、直接计入当期损益的利得和损失等。利润由营业利润、利润总额和净利润三个层次构成。

1. 营业利润

营业利润这一指标能够比较恰当地反映企业管理者的经营业绩，其计算公式如下：

$$营业利润 = 营业收入 - 营业成本 - 税金及附加 - 销售费用 - \\ 管理费用 - 研发费用 - 财务费用 - 资产减值损失 - \\ 信用减值损失 + 公允价值变动收益（或 - 公允价值变动损失）+ \\ 投资收益（或 - 投资损失）+ 其他收益 + 资产处置收益 \\ （或 - 资产处置损失）$$

其中：

$$营业收入 = 主营业务收入 + 其他业务收入$$
$$营业成本 = 主营业务成本 + 其他业务成本$$

2. 利润总额

利润总额，又称税前利润，是营业利润加上营业外收入减去营业外支出后的金额，其计算公式如下：

$$利润总额 = 营业利润 + 营业外收入 - 营业外支出$$

3. 净利润

净利润，又称税后利润，是利润总额扣除所得税费用后的净额，其计算公式如下：

净利润 = 利润总额 − 所得税费用

所得税费用 = 应纳税所得额 × 所得税税率

（二）账户设置

企业通常设置"投资收益""营业外收入""营业外支出""资产处置损益""所得税费用""本年利润"等账户对利润形成业务进行会计核算。

1. "投资收益"账户

"投资收益"账户属于损益类账户，用以核算企业确认的投资收益或投资损失。该账户贷方登记实现的投资收益和期末转入"本年利润"账户的投资净损失；借方登记发生的投资损失和期末转入"本年利润"账户的投资净收益。期末结转后，该账户无余额。该账户可按投资项目设置明细账户，进行明细分类核算。

2. "营业外收入"账户

"营业外收入"账户属于损益类账户，用以核算企业发生的各项营业外收入，主要包括非流动资产处置利得、非货币性资产交换利得、债务重组利得、政府补助、盘盈利得、捐赠利得等。该账户贷方登记营业外收入的实现，即营业外收入的增加额；借方登记会计期末转入"本年利润"账户的营业外收入额。期末结转后，该账户无余额。

该账户可按营业外收入项目设置明细账户，进行明细分类核算。

3. "营业外支出"账户

"营业外支出"账户属于损益类账户，用以核算企业发生的各项营业外支出，包括非流动资产处置损失、非货币性资产交换损失、债务重组损失、公益性捐赠支出、非常损失、盘亏损失等。该账户借方登记营业外支出的发生，即营业外支出的增加额；贷方登记期末转入"本年利润"账户的营业外支出额。期末结转后，该账户无余额。

该账户可按支出项目设置明细账户，进行明细分类核算。

4. "资产处置损益"账户

"资产处置损益"账户反映企业出售划分为持有待售的非流动资产（金融工具、长期股权投资和投资性房地产除外）或处置组（子公司和业务除外）时确认的处置利得或损失，以及处置未划分为持有待售的固定资产、在建工程、生产性生物资产及无形资产的处置利得或损失，还包括债务重组中因处置非流动资产产生的利得或损失和非货币性资产交换中换出非流动资产产生的利得和损失。

5. "所得税费用"账户

"所得税费用"账户属于损益类账户，用以核算企业确认的应从当期利润总额中扣除的所得税费用。该账户借方登记企业应计入当期损益的所得税；贷方登记企业期末转入"本年利润"账户的所得税。期末结转后，该账户无余额。

6. "本年利润"账户

"本年利润"账户属于所有者权益类账户，用以核算企业当期实现的净利润（或发生的净亏损）。企业期（月）末结转利润时，应将各损益类账户的金额转入本账户，结平各损益类账户。

会计期末（月末或年末）结转各项收入时，借记"主营业务收入""其他业务收入""营业外收入"等科目，贷记"本年利润"科目；结转各项支出时，借记"本年利润"科目，贷记"主营业务成本""税金及附加""其他业务成本""管理费用""财务费用""销售费用""资产减值损失""营业外支出""所得税费用"等科目。

上述结转完成后，余额如在贷方，即为当期实现的净利润；余额如在借方，即为当期发生的净亏损。年度终了，应将本年收入和支出相抵后结出的本年实现的净利润（或发生的净亏损），转入"利润分配——未分配利润"账户贷方（或借方），结转后，本账户无余额。损益类账户结转如图5-1所示。

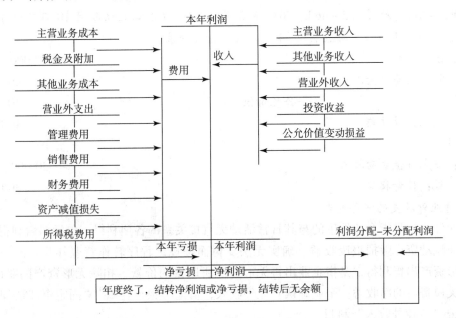

图5-1 损益类账户结转

（三）账务处理

1. 投资收益的账务处理

为了核算交易性金融资产（企业以赚取价差为目的，从二级市场购入的股票、债券、基金等）的取得、收取现金股利或利息、出售等业务，设置"交易性金融资产""公允价值变动损益""投资收益"等科目。

企业取得交易性金融资产时，应当按照该金融资产取得时的公允价值作为其初始确认的金额，计入"交易性金融资产——成本"科目。

资产负债表日，交易性金融资产应当按照公允价值计量，公允价值与账面余额之间的差额计入当期损益，借记或贷记"交易性金融资产——公允价值变动"，贷记或借记"公允价值变动损益"。

出售交易性金融资产时，应当将该金融资产出售时的公允价值与其账面价值之间的差额确认为投资收益，同时调整公允价值变动损益。

【例5-46】 2018年9月10日，甲公司从证券市场购入A公司股票1万股，每股买入价20元，发生交易费用2 000元，取得的增值税专用发票上注明的增值税为120元。股票作为交易性金融资产管理。编制会计分录。

借：交易性金融资产——成本	200 000
投资收益	2 000
应交税费——应交增值税（进项税额）	120
贷：银行存款	202 120

【例5-47】承【例5-46】，2018年12月31日，甲公司9月10日从证券市场购入A公司股票1万股，股价从每股20元涨为每股23元。编制会计分录。

借：交易性金融资产——公允价值变动	30 000
贷：公允价值变动损益	30 000

【例5-48】承【例5-46】，2019年2月20日，甲公司出售9月10日从证券市场购入的A公司股票1万股，每股售价24元。编制会计分录。

借：银行存款	240 000
贷：交易性金融资产——成本	200 000
——公允价值变动	30 000
投资收益	10 000

同时，

借：公允价值变动损益	30 000
贷：投资收益	30 000

2. 营业外收支的账务处理

营业外收入是指企业发生的与其日常活动无直接关系的各项利得。包括捐赠利得、盘盈利得、非流动资产毁损报废收益、确实无法支付而按规定程序转作营业外收入的应付款项等。无形资产出售利得，是指企业出售无形资产所取得的价款，扣除无形资产的账面价值、出售相关税费后的净收益。企业确认营业外收入，借记"银行存款""固定资产清理"等科目，贷记"营业外收入"科目。

营业外支出是指企业发生的与其日常活动无直接关系的各项损失。包括捐赠支出、盘盈损失、罚款支出、非流动资产毁损报废损失等。企业发生营业外支出，借记"营业外支出"科目，贷记"银行存款""固定资产清理"等科目。

【例5-49】某企业将出售固定资产的净收益5 000元转入营业外收入。编制会计分录。

借：固定资产清理	5 000
贷：营业外收入	5 000

【例5-50】2018年12月8日，华仁公司开出银行转账支票，通过慈善机构向贫困地区的小学捐款100 000元。取得捐赠专用收据及银行付款通知，编制会计分录。

借：营业外支出	100 000
贷：银行存款	100 000

【例5-51】某企业用银行存款支付税收滞纳金800元。编制会计分录。

借：营业外支出	800
贷：银行存款	800

3. 本年利润结转的账务处理

会计期末（月末或年末）结转各项收入时，借记"主营业务收入""其他业务收入"

"营业外收入"等科目,贷记"本年利润"科目;结转各项支出时,借记"本年利润"科目,贷记"主营业务成本""税金及附加""其他业务成本""管理费用""财务费用""销售费用""资产减值损失""营业外支出""所得税费用"等科目。

【例5-52】 兴仁公司2018年12月31日损益类账户的年末余额如表5-9所示。要求将各损益类账户余额进行结转。编制会计分录。

表5-9 兴仁公司2018年年末损益类账户余额　　　　　　　　　　元

科目名称	借方余额	贷方余额
主营业务收入		200 000
主营业务成本	100 000	
税金及附加	2 000	
销售费用	4 000	
管理费用	6 000	
财务费用	3 000	
其他业务收入		15 000
其他业务成本	9 000	
投资收益		6 000
营业外收入		4 000
营业外支出	1 000	

①收入、利得类账户的结转,编制会计分录如下:

借:主营业务收入　　　　　　　　　　　　　　　　　　200 000
　　其他业务收入　　　　　　　　　　　　　　　　　　 15 000
　　营业外收入　　　　　　　　　　　　　　　　　　　 4 000
　　投资收益　　　　　　　　　　　　　　　　　　　　 6 000
　　贷:本年利润　　　　　　　　　　　　　　　　　　 225 000

②费用、损失类账户的结转,编制会计分录如下:

借:本年利润　　　　　　　　　　　　　　　　　　　　125 000
　　贷:主营业务成本　　　　　　　　　　　　　　　　100 000
　　　　税金及附加　　　　　　　　　　　　　　　　　 2 000
　　　　销售费用　　　　　　　　　　　　　　　　　　 4 000
　　　　管理费用　　　　　　　　　　　　　　　　　　 6 000
　　　　财务费用　　　　　　　　　　　　　　　　　　 3 000
　　　　其他业务成本　　　　　　　　　　　　　　　　 9 000
　　　　营业外支出　　　　　　　　　　　　　　　　　 1 000

兴仁公司本年度的利润总额=225 000-125 000=100 000(元)

4. 所得税的账务处理

【例5-53】 兴仁公司本年度的利润总额为100 000元,企业所得税税率为25%。假设无纳税调整事项。要求计算兴仁公司应交所得税并作会计分录。

应纳企业所得税费 = 100 000 × 25% = 25 000（元），编制会计分录如下：

借：所得税费用　　　　　　　　　　　　　　　　　25 000
　　贷：应交税费——应交所得税　　　　　　　　　　　　25 000
借：本年利润　　　　　　　　　　　　　　　　　　25 000
　　贷：所得税费用　　　　　　　　　　　　　　　　　25 000

结转所得税费用后，企业本年度实现的净利润 = 100 000 − 25 000 = 75 000（元）

二、利润分配的账务处理

利润分配是指企业根据国家有关规定和企业章程、投资者协议等，对企业当年可供分配利润指定其特定用途和分配给投资者的行为。利润分配的过程和结果不仅关系到每个股东的合法权益是否得到保障，而且关系到企业未来的发展。

（一）利润分配的顺序

企业向投资者分配利润，应按一定的顺序进行。按照我国《公司法》的有关规定，利润分配应按下列顺序进行：

1. 计算可供分配的利润

企业在利润分配前，应根据本年净利润（或亏损）与年初未分配利润（或亏损）、其他转入的金额（如盈余公积弥补的亏损）等项目，计算可供分配的利润，计算公式如下：

$$可供分配的利润 = 净利润（或亏损） + 年初未分配利润 - 弥补以前年度的亏损 + 其他转入的金额$$

如果可供分配的利润为负数（即累计亏损），则不能进行后续分配；如果可供分配的利润为正数（即累计盈利），则可进行后续分配。

2. 提取法定盈余公积

按照《公司法》的有关规定，公司应当按照当年净利润（抵减年初累计亏损后）的10%提取法定盈余公积，提取的法定盈余公积累计额超过注册资本50%以上的，可以不再提取。

3. 提取任意盈余公积

公司提取法定盈余公积后，经股东会或者股东大会决议，还可以从净利润中提取任意盈余公积。

4. 向投资者分配利润（或股利）

企业可供分配的利润扣除提取的盈余公积后，形成可供投资者分配的利润，即：

$$可供投资者分配的利润 = 可供分配的利润 - 提取的盈余公积$$

企业可采用现金股利、股票股利和财产股利等形式向投资者分配利润（或股利）。

（二）账户设置

企业通常设置"利润分配""盈余公积""应付股利"等账户对利润分配业务进行会计核算。

1. "利润分配"账户

"利润分配"账户属于所有者权益类账户，用以核算企业利润的分配（或亏损的弥补）和历年分配（或弥补）后的余额。

该账户借方登记实际分配的利润额，包括提取的盈余公积和分配给投资者的利润，以及年末从"本年利润"账户转入的全年发生的净亏损;贷方登记用盈余公积弥补的亏损额等其他转入数,以及年末从"本年利润"账户转入的全年实现的净利润。年末,应将"利润分配"账户下的其他明细账户的余额转入"未分配利润"明细账户,结转后,除"未分配利润"明细账户可能有余额外,其他各个明细账户均无余额。"未分配利润"明细账户的贷方余额为历年累积的未分配利润(即可供以后年度分配的利润),借方余额为历年累积的未弥补亏损(即留待以后年度弥补的亏损)。

该账户应当分别按"提取法定盈余公积""提取任意盈余公积""应付现金股利或利润""转作股本的股利""盈余公积补亏"和"未分配利润"等进行明细核算。

2. "盈余公积"账户

"盈余公积"账户属于所有者权益类账户,用以核算企业从净利润中提取的盈余公积。

该账户贷方登记提取的盈余公积,即盈余公积的增加额,借方登记实际使用的盈余公积,即盈余公积的减少额。期末余额在贷方,反映企业结余的盈余公积。

该账户应当分别按"法定盈余公积""任意盈余公积"进行明细核算。

3. "应付股利"账户

"应付股利"账户属于负债类账户,用以核算企业分配的现金股利或利润。

该账户贷方登记应付给投资者股利或利润的增加额;借方登记实际支付给投资者的股利或利润,即应付股利的减少额。期末余额在贷方,反映企业应付未付的现金股利或利润。

该账户可按投资者进行明细核算。

(三)账务处理

企业利润分配如图5-2所示。

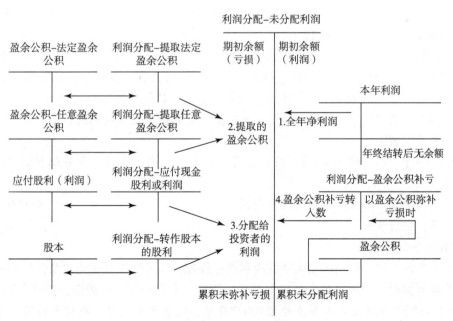

图5-2 企业利润分配

1. 净利润转入利润分配

会计期末,企业应将当年实现的净利润转入"利润分配——未分配利润"科目,即借记"本年利润"科目,贷记"利润分配——未分配利润"科目,如为净亏损,则做相反的会计分录。

结转前,如果"利润分配——未分配利润"明细科目的余额在借方,上述结转当年所实现净利润的会计分录同时反映了当年实现的净利润自动弥补以前年度亏损的情况。因此,在用当年实现的净利润弥补以前年度亏损时,不需另行编制会计分录。

【例5-54】 承【例5-53】,兴仁公司将净利润75 000元转入"利润分配——未分配利润"账户,假设该账户期初无余额。编制会计分录。

借:本年利润　　　　　　　　　　　　　　　　　　　　　　75 000
　　贷:利润分配——未分配利润　　　　　　　　　　　　　　　　75 000

2. 提取盈余公积

企业提取的法定盈余公积,借记"利润分配——提取法定盈余公积"科目,贷记"盈余公积——法定盈余公积"科目;提取的任意盈余公积,借记"利润分配——提取任意盈余公积"科目,贷记"盈余公积——任意盈余公积"科目。

【例5-55】 承【例5-54】,兴仁公司股东大会决议,按净利润的10%提取法定盈余公积,按净利润的5%提取任意盈余公积。编制会计分录。

提取法定盈余公积=75 000×10%=7 500(元)

提取任意盈余公积=75 000×5%=3 750(元)

借:利润分配——提取法定盈余公积　　　　　　　　　　　　7 500
　　　　　　　——提取任意盈余公积　　　　　　　　　　　　3 750
　　贷:盈余公积——法定盈余公积　　　　　　　　　　　　　7 500
　　　　　　　——任意盈余公积　　　　　　　　　　　　　　3 750

3. 向投资者分配利润或股利

企业根据股东大会或类似机构审议批准的利润分配方案,按应支付的现金股利或利润,借记"利润分配——应付现金股利"科目,贷记"应付股利"等科目;以股票股利转作股本的金额,借记"利润分配——转作股本股利"科目,贷记"股本"等科目。

董事会或类似机构通过的利润分配方案中拟分配的现金股利或利润,不做账务处理,但应在附注中予以披露。

【例5-56】 承【例5-54】,兴仁公司股东大会决议,向投资者分配利润50 000元。编制会计分录。

借:利润分配——应付现金股利或利润　　　　　　　　　　　50 000
　　贷:应付股利　　　　　　　　　　　　　　　　　　　　　50 000

4. 盈余公积补亏

企业发生的亏损,除用当年实现的净利润弥补外,还可使用累积的盈余公积弥补。以盈余公积弥补亏损时,借记"盈余公积"科目,贷记"利润分配——盈余公积补亏"科目。

【例5-57】 光明公司本年度亏损100 000元,经董事会决定,将往年的盈余公积用于弥补亏损。编制会计分录。

借:盈余公积　　　　　　　　　　　　　　　　　　　　　　100 000

　　　　贷：利润分配——盈余公积补亏　　　　　　　　　　　　　　　　　　100 000

5. 企业未分配利润的形成

年度终了，企业应将"利润分配"科目所属其他明细科目的余额转入该科目"未分配利润"明细科目，即借记"利润分配——未分配利润""利润分配——盈余公积补亏"等科目，贷记"利润分配——提取法定盈余公积""利润分配——提取任意盈余公积""利润分配——应付现金股利""利润分配——转作股本股利"等科目。结转后，"利润分配"科目中除"未分配利润"明细科目外，所属其他明细科目无余额。"未分配利润"明细科目的贷方余额表示累积未分配的利润，该科目如果出现借方余额，则表示累积未弥补的亏损。

【例 5-58】 承【例 5-54】【例 5-55】【例 5-56】，年度终了，兴仁公司将"利润分配"科目所属其他明细科目的余额转入"利润分配——未分配利润"科目，编制会计分录。

　　借：利润分配——未分配利润　　　　　　　　　　　　　　　　　　　　61 250
　　　　贷：利润分配——提取法定盈余公积　　　　　　　　　　　　　　　　7 500
　　　　　　　　——提取任意盈余公积　　　　　　　　　　　　　　　　　　3 750
　　　　　　　　——应付现金股利或利润　　　　　　　　　　　　　　　　 50 000

兴仁公司 2018 年年末进行利润分配后，"利润分配——未分配利润"账户的期末余额 = 75 000 − 61 250 = 13 750（元），结转后，"利润分配"科目中除"未分配利润"明细科目外，所属其他明细科目无余额。

【例 5-59】 华仁企业 2019 年度实现净利润 300 000 元，经董事会决议，按 10% 计提法定盈余公积，按 5% 计提任意盈余公积，并向投资者分配利润 100 000 元，企业"利润分配——未分配利润"科目期初余额为 50 000 元。2019 年年末企业按规定进行利润分配。编制会计分录。

①2019 年年末将"本年利润"账户的贷方余额结转"利润分配——未分配利润"账户。编制会计分录如下：

　　借：本年利润　　　　　　　　　　　　　　　　　　　　　　　　　　 300 000
　　　　贷：利润分配——未分配利润　　　　　　　　　　　　　　　　　 300 000

②2019 年年末按 10% 提取法定盈余公积，按 5% 提取任意盈余公积。编制会计分录如下：

　　借：利润分配——提取法定盈余公积　　　　　　　　　　　　　　　　 30 000
　　　　　　　　——提取任意盈余公积　　　　　　　　　　　　　　　　　15 000
　　　　贷：盈余公积——法定盈余公积　　　　　　　　　　　　　　　　　30 000
　　　　　　　　　　——任意盈余公积　　　　　　　　　　　　　　　　　15 000

③2019 年年末分配给投资者利润 100 000 元。编制会计分录如下：

　　借：利润分配——应付现金股利或利润　　　　　　　　　　　　　　　100 000
　　　　贷：应付股利　　　　　　　　　　　　　　　　　　　　　　　　100 000

④2019 年年末企业将"利润分配"账户所属的各有关明细账户的借方余额结转"利润分配——未分配利润"账户。

　　借：利润分配——未分配利润　　　　　　　　　　　　　　　　　　　145 000
　　　　贷：利润分配——提取法定盈余公积　　　　　　　　　　　　　　 30 000
　　　　　　　　——提取任意盈余公积　　　　　　　　　　　　　　　　 15 000
　　　　　　　　——应付股利　　　　　　　　　　　　　　　　　　　　100 000

2019年年末分配利润后,"利润分配——未分配利润"科目贷方余额为:
50 000 +(300 000 – 145 000)= 205 000(元)

思考练习题

第一部分　资金筹集业务

一、单项选择题

1. 短期借款的期限通常是（　　）。
   A. 一年以上　　　　　　　　　B. 一年以下（含一年）
   C. 一年以下（不含一年）　　　D. 一个经营周期以内
2. 企业按季计提银行借款利息时，应贷记（　　）账户核算。
   A. 短期借款　　　　　　　　　B. 应付利息
   C. 财务费用　　　　　　　　　D. 其他应付款
3. "短期借款"账户的借方登记（　　）。
   A. 偿还的短期借款　　　　　　B. 租入包装物的押金
   C. 借入的短期借款　　　　　　D. 尚未偿还的短期借款
4. 企业短期借款发生的利息支出，应计入（　　）科目核算。
   A. 其他业务支出　　　　　　　B. 管理费用
   C. 财务费用　　　　　　　　　D. 营业外支出
5. 固定资产达到预定可使用状态后发生的长期借款利息支出，应计入（　　）账户核算。
   A. 管理费用　　　　　　　　　B. 财务费用
   C. 在建工程　　　　　　　　　D. 固定资产
6. "短期借款"账户的期初余额为贷方10万元，本期偿还借款3万元，该账户的期末余额为（　　）。
   A. 贷方7万元　　　　　　　　B. 借方7万元
   C. 贷方13万元　　　　　　　D. 借方13万元
7. 某企业2019年6月1日从银行借入3个月的短期借款8 000 000元，年利率为9%，7月31日，企业对该短期借款计提月利息时，正确的账务处理是（　　）。
   A. 借：应付利息　　　　　　　　　　　　　　　　　　60 000
   　　　贷：财务费用　　　　　　　　　　　　　　　　　　60 000
   B. 借：财务费用　　　　　　　　　　　　　　　　　　60 000
   　　　贷：应付利息　　　　　　　　　　　　　　　　　　60 000
   C. 借：财务费用　　　　　　　　　　　　　　　　　　60 000
   　　　贷：短期借款　　　　　　　　　　　　　　　　　　60 000
   D. 借：财务费用　　　　　　　　　　　　　　　　　　120 000
   　　　贷：应付利息　　　　　　　　　　　　　　　　　　120 000
8. "应付利息"账户的余额一般在（　　）。

  A. 无余额   B. 贷方
  C. 借方   D. 借方或贷方

9. "长期借款"账户借方登记（　　）。
  A. 借入的本金及计提利息   B. 偿还的本金和利息
  C. 借入的本金   D. 偿还的本金

10. 为购建固定资产而专门借入的款项所发生的利息，在所购建的固定资产达到预定可使用状态之前发生的，应（　　）。
  A. 借记"在建工程"   B. 贷记"在建工程"
  C. 借记"财务费用"   D. 贷记"财务费用"

11. 企业按季支付已预提的银行短期借款利息时，应借记（　　）账户核算。
  A. 应付利息   B. 短期借款
  C. 财务费用   D. 预付账款

12. 有关"实收资本"账户的说法错误的是（　　）。
  A. 其属于所有者权益的账户   B. 其借方登记按规定减少的资本
  C. 其贷方登记投资者投入的资本   D. 期末无余额

13. 接受投资方的实物投资，确认的资产价值超过其在注册资本中所占份额部分，应计入（　　）账户核算
  A. 实收资本   B. 营业外收入
  C. 资本公积   D. 投资收益

14. （　　）是指企业实际收到投资人投入的资本。
  A. 实收资本   B. 盈余公积
  C. 资本公积   D. 未分配利润

15. 甲公司成立时收到某投资者投入的原材料一批，双方确认的价值为 100 000 元（不含税），增值税税额为 16 000 元（准许抵扣），甲公司注册资本为 800 000 元，该投资者出资占注册资本的 10%，甲公司进行账务处理时，应计入资本公积的金额正确的是（　　）元。
  A. 20 000   B. 0
  C. 36 000   D. 16 000

二、多项选择题

1. 投资者投入企业的资产可为（　　）。
  A. 货币资金   B. 机器设备
  C. 长期待摊费用   D. 专利技术

2. 企业到期偿还短期借款本金时，应（　　）。
  A. 借记"银行存款"   B. 贷记"短期借款"
  C. 借记"短期借款"   D. 贷记"银行存款"

3. 企业短期借款预提利息时，应（　　）。
  A. 借记"财务费用"   B. 贷记"应付利息"
  C. 借记"应付利息"   D. 贷记"财务费用"

4. 企业为购置生产线取得长期借款，到期一次还本付息，则企业在所购置的固定资产

达到预定使用状态之后发生的借款利息，应（　　）。
　　A. 借记"长期借款"　　　　　　B. 贷记"财务费用"
　　C. 借记"财务费用"　　　　　　D. 贷记"长期借款"

5. 企业为购置固定资产取得长期借款，到期一次还本付息，则到期时，应（　　）。
　　A. 借记"长期借款"　　　　　　B. 贷记"银行存款"
　　C. 借记"银行存款"　　　　　　D. 贷记"长期借款"

6. 企业为购置生产线取得长期借款，到期一次还本付息，则企业在所购置的固定资产达到预定使用状态之前发生的借款利息，应（　　）。
　　A. 借记"长期借款"　　　　　　B. 贷记"在建工程"
　　C. 借记"在建工程"　　　　　　D. 贷记"长期借款"

7. 企业收到投资者投入的流动资金时，应（　　）。
　　A. 借记"银行存款"　　　　　　B. 贷记"实收资本"
　　C. 借记"实收资本"　　　　　　D. 贷记"银行存款"

8. 企业实收资本减少的两种主要原因是（　　）。
　　A. 资本过剩　　　　　　　　　B. 资本不足
　　C. 发生重大亏损　　　　　　　D. 分配股利

三、判断题

1. 短期借款是指将在1年或超过1年的一个营业周期内偿还的借款。　（　　）
2. "短期借款"及"长期借款"账户的余额表示企业尚未归还的借款及利息。（　　）
3. 企业长期借款的利息支出均应通过"财务费用"账户核算。　　　（　　）
4. 长期借款的偿还期限在一年以上。　　　　　　　　　　　　　（　　）
5. "长期借款"账户反映企业向银行或其他金融机构借入的期限在1年以上（含1年）的各项借款。　　　　　　　　　　　　　　　　　　　　　　　　　（　　）
6. 企业预提短期借款利息时，应计入"应付利息"账户的贷方。　　（　　）
7. 如果长期借款是用于正常经营所需流动资金的，应将其发生的利息支出计入当期损益。　　　　　　　　　　　　　　　　　　　　　　　　　　　　（　　）
8. 企业的长期借款到期归还本金时，应计入"长期借款"的贷方。　（　　）
9. 企业取得长期借款时，应计入"长期借款"账户的贷方。　　　　（　　）
10. 为购建固定资产而专门借入的款项，所发生的利息，在所购建的固定资产达到预定使用状态之后发生的，应当在发生当期确认为管理费用。　　　（　　）

四、业务题

1. 根据以下发生的交易或事项，编制会计分录：

（1）甲、乙、丙三位投资者共同出资，成立厦门建雄有限责任公司，注册资本为3 000 000元，甲、乙、丙三位投资者分别投入资本1 500 000元、900 000元和600 000元。厦门建雄有限责任公司已如期收到各投资者的款项。

（2）收到丙公司投入的材料一批，经评估确认的价值为226 000元，其中增值税进项税额为26 000元。

（3）收到乙公司投入企业的设备一台和专利权一项，设备评估确认价值为300 000元，专利权评估确认的价值为100 000元。

(4) 经有关部门批准，将资本公积 100 000 元转增注册资本。

(5) 因资本过剩，减少资本 400 000 元，款项已通过银行支付给投资者。

2. 甲公司于 2019 年 7 月 1 日从银行取得偿还期限为 4 个月的借款 120 000 元，年利率为 9%，借款到期一次还本付息。请编制从借款到还款的有关会计分录。

3. 某公司于 2017 年年初向银行借入期限为 4 年的款项 600 000 元，用于固定资产的建造，该借款年利率为 8%，按单利计算，到期一次还本付息，款项已由银行直接拨入企业存款账户，该项固定资产的建造期为 2 年，于 2019 年年初完工。到期时，企业按期偿还该笔借款。请编制从借款到还款的有关会计分录。

第二部分　固定资产业务

一、单项选择题

1. 用支票购买一台设备价值为 50 000 元（不考虑增值税），其会计分录为（　　）。

  A. 借：原材料　　　　　　　　　　　　　　50 000
    贷：银行存款　　　　　　　　　　　　　　　　50 000
  B. 借：库存商品　　　　　　　　　　　　　　50 000
    贷：银行存款　　　　　　　　　　　　　　　　50 000
  C. 借：固定资产　　　　　　　　　　　　　　50 000
    贷：银行存款　　　　　　　　　　　　　　　　50 000
  D. 借：制造成本　　　　　　　　　　　　　　50 000
    贷：银行存款　　　　　　　　　　　　　　　　50 000

2. "固定资产"账户的借方余额为 200 000 元，累计折旧期末贷方余额为 20 000 元，则固定资产净值为（　　）元。

  A. 180 000　　　　　　　　　　B. 200 000
  C. 220 000　　　　　　　　　　D. 无法确定

3. 固定资产清理的净损失，若属于自然灾害原因造成的损失，应（　　）。

  A. 借记"营业外支出——非常损失"
  B. 贷记"营业外支出——非常损失"
  C. 借记"营业外支出——处置固定资产净损失"
  D. 贷记"营业外支出——处置固定资产净损失"

4. 企业计提固定资产折旧时，应（　　）。

  A. 借记"累计折旧"　　　　　　B. 贷记"累计折旧"
  C. 借记"固定资产"　　　　　　D. 贷记"固定资产"

5. 企业出租的固定资产，应由（　　）折旧。

  A. 出租单位计提　　　　　　　　B. 租入单位计提
  C. 出租和租入单位均计提　　　　D. 出租和租入单位均不需计提

二、多项选择题

1. 甲企业购入不需安装的生产用设备并投入使用，价款 30 万元，进项税额 4.8 万元。甲企业以银行存款支付 20 万元，余款以商业汇票承付。对于该项经济业务的会计处理，正确的有（　　）。

A. 借记"固定资产"科目 34.8 万元　　B. 借记"固定资产"科目 30 万元
C. 贷记"应付票据"科目 14.8 万元　　D. 贷记"银行存款"科目 20 万元

2. 下列应当计入固定资产原始价值核算的是（　　）。
A. 包装费　　　　　　　　　　B. 安装成本
C. 买价　　　　　　　　　　　D. 运输费

3. 购入车间生产用设备的入账价值包括（　　）。
A. 买价　　　　　　　　　　　B. 运输费
C. 增值税　　　　　　　　　　D. 包装费

三、判断题

1. 车间厂房计提的折旧计入"生产成本"账户，设备计提的折旧计入"制造费用"账户，行政部门的固定资产计提的折旧计入"管理费用"账户。（　　）
2. 固定资产是指为生产产品、提供劳务、出租或经营管理而持有的、使用期限超过一年、单位价值较高的资产。（　　）
3. 生产车间设备的使用磨损，应直接减少固定资产，增加费用。（　　）
4. 固定资产在全部使用年限内的应提折旧额，就是固定资产的原价。（　　）
5. 当月增加的固定资产当月计提折旧，当月减少的固定资产当月不提折旧。（　　）

四、业务题

1. 2019 年 6 月，某企业购入不需要安装的车间生产用设备一台，价款 20 000 元，支付增值税 2 600 元，另支付运输费 1 200 元（不考虑相关税费），款项均以银行存款支付，请作出会计分录。

2. 某企业购入一台需要安装的非生产用设备，买价为 20 000 元，增值税额为 3 400 元，运输费 600 元，以上款项均以银行存款支付。设备已运到并验收，为安装该设备，领用生产用原材料 1 000 元，支付安装费用 800 元。设备安装完毕投入使用。编制会计分录。

3. 某企业生产车间的一项固定资产的原价为 200 000 元，预计使用年限为 5 年，残值率为 5%。要求计算年折旧率及年折旧额，并作出计提折旧的账务处理。

4. 某企业 6 月份计提固定资产折旧 60 000 元，其中：生产车间机器设备折旧额为 40 000 元，办公用房折旧为 15 000 元，专设销售机构用房及设备折旧为 5 000 元，请作出会计分录。

5. 乙企业有运输卡车一辆，原价 150 000 元，已提折旧 50 000 元，在一次事故中报废，收回过失人赔偿款 30 000 元并存入银行，计算应由保险公司赔偿的损失为 40 000 元，卡车残料变价收入 5 000 元并存入银行。按下面要求编制会计分录。

（1）设备转入清理的会计分录。
（2）收回过失人赔款的会计分录。
（3）计算保险公司赔款的会计分录。
（4）取得变价收入的会计分录。
（5）结转清理净损益的会计分录。

第三部分 材料采购业务

一、单项选择题

1. 下列不能计入材料采购成本的是（　　）。
   A. 买价	B. 运输费
   C. 运输途中的合理损耗	D. 广告费

2. 材料按实际成本计价时，对于已付款材料尚未到达的情况应通过（　　）账户核算。
   A. 材料采购	B. 材料成本差异
   C. 在途物资	D. 应付账款

3. 某一般纳税人企业购进材料一批，货款为70 000元，增值税为9 100元，对方代垫运输费为500元，则该笔业务"原材料"的入账价值为（　　）元。
   A. 82 400	B. 70 500
   C. 70 000	D. 81 900

4. 甲企业从乙企业购买A材料一批，增值税专用发票记载的货款为20 000元，增值税为2 600元，乙企业代垫运输费为500元，全部款项以转账支票付讫，材料已验收入库，甲企业采用实际成本核算法，甲企业编制的正确的会计分录是（　　）。

   A. 借：原材料——A材料　　　　　　　　　　　　　　　20 000
   　　　应交税费——应交增值税（进项税额）　　　　　　2 600
   　　贷：银行存款　　　　　　　　　　　　　　　　　　22 600

   B. 借：原材料——A材料　　　　　　　　　　　　　　　20 500
   　　　应交税费——应交增值税（进项税额）　　　　　　2 600
   　　贷：银行存款　　　　　　　　　　　　　　　　　　23 100

   C. 借：材料采购——A材料　　　　　　　　　　　　　　20 500
   　　　应交税费——应交增值税（进项税额）　　　　　　2 600
   　　贷：银行存款　　　　　　　　　　　　　　　　　　23 100

   D. 借：原材料——A材料　　　　　　　　　　　　　　　20 000
   　　　应交税费——应交增值税（进项税额）　　　　　　2 600
   　　　管理费用　　　　　　　　　　　　　　　　　　　500
   　　贷：银行存款　　　　　　　　　　　　　　　　　　23 100

5. 某企业为增值税小规模纳税人，外购一批原材料，实际支付的价款为3 000元，支付增值税510元，同时发生运输费50元，合理损耗20元，入库前的挑选整理费30元，则原材料的入账价值为（　　）元。
   A. 3 590	B. 3 100
   C. 3 610	D. 3 000

6. "应付账款"账户的贷方登记（　　）。
   A. 偿还的应付账款
   B. 开出商业汇票抵付应付账款的款项
   C. 冲销无法支付的应付账款
   D. 企业购买材料物资所形成的应付未付款项

二、多项选择题

1. 企业根据合同规定向销货方预付货款时，应（   ）。
   A. 借记"预付账款"   B. 贷记"银行存款"
   C. 借记"银行存款"   D. 贷记"预付账款"

2. 以下属于"存货"的是（   ）。
   A. 在途物资   B. 库存商品
   C. 生产成本   D. 工程物资

3. 企业开出商业汇票抵付应付账款时，应（   ）。
   A. 借记"应付账款"   B. 贷记"应付票据"
   C. 借记"应付票据"   D. 贷记"应付账款"

4. 下列项目中，应计入存货成本的有（   ）。
   A. 入库前的挑选整理费用   B. 买价
   C. 运输途中的合理损耗   D. 一般纳税人购入材料支付的增值税

5. 下列关于应交增值税说法正确的有（   ）。
   A. 一般纳税人的应纳增值税额，根据当期增值税销项税额减去进项税额计算确定
   B. 进项税额是企业采购物资或接受增值税应税劳务时，收取的增值税专用发票上注明的可以抵扣的增值税额
   C. 增值税的纳税人是在我国境内销售货物、进口货物，或提供加工、修理修配劳务的单位和个人
   D. 小规模纳税人应纳增值税额，按照销售额和规定的征收率计算确定

三、判断题

1. 在计划成本法下，企业已支付货款，但尚在运输中或尚未验收入库的材料，应通过"在途物资"这个科目来核算。（   ）

2. 企业在采购材料时，收料在先，付款在后；若材料发票凭证都已收到，可通过"应收账款"核算。（   ）

3. 材料已收到，但月末结算凭证仍未到的业务，不能计入"原材料"账户核算。（   ）

4. 在盘存日期，只有存放在本企业内的存货才视为企业的存货。（   ）

四、业务题

1. 某企业 2019 年 6 月发生下列业务，请编制会计分录。

（1）6 月 6 日，向甲公司购入原材料一批，买价 30 000 元，增值税进项税额 3 900 元，材料已经验收入库，全部款项尚未支付。

（2）6 月 7 日，购入甲材料一批，价款 100 000 元，增值税进项税额 13 000 元，材料已验收入库，款项用银行存款支付。

（3）6 月 10 日，用银行存款支付本月 6 日购入的原材料款 35 100 元。

（4）6 月 10 日，向华兴公司购入甲、乙两种材料，其中甲材料 800 公斤，单价 12 元，乙材料 700 公斤，单价 10 元，增值税两种材料共发生运输费 900 元（按重量分配运输费，不考虑增值税）。运输费已经通过银行支付，材料款尚未支付，材料已验收入库。

（5）6月11日，购入A材料50千克，每千克100元，计价款5 000元，增值税进项税额650元，均已用银行存款支付，材料尚未到达。

（6）6月20日，本月11日购入的A材料到达并验收入库。

2. 某企业采用计划成本法核算材料，2019年5月10日购入乙材料一批，发票及结算凭证已收到，增值税专用发票中注明价款30 000元，增值税3 900元，款项已由银行存款支付，材料尚未到达，材料计划成本为31 000元。该批材料于5月19日验收入库。编制会计分录。

第四部分　生产业务

一、单项选择题

1. 分配车间直接参加产品生产工人的职工薪酬时，应借记的账户是（　　）。
   A. 生产成本　　　　　　　　　B. 制造费用
   C. 管理费用　　　　　　　　　D. 应付职工薪酬

2. 应在"应付职工薪酬"账户贷方登记的是（　　）。
   A. 本月实际支付的工资数　　　B. 本月应分配的工资总额
   C. 本月结转的代扣款项　　　　D. 本月多支付的工资数

3. 能够计入产品成本的工资费用是（　　）。
   A. 车间管理人员工资　　　　　B. 在建工程人员工资
   C. 专设销售机构人员工资　　　D. 企业管理部门人员工资

4. 不能计入产品成本的费用是（　　）。
   A. 生产产品发生的原材料费用　B. 行政管理人员的工资费用
   C. 车间管理人员的工资费用　　D. 车间生产人员的工资费用

5. 下列项目中，不属于生产成本的是（　　）。
   A. 生产产品领用的材料　　　　B. 生产工人的工资
   C. 生产用固定资产折旧　　　　D. 厂部管理人员工资

6. 为了反映工资结算业务和工资费用的分配情况，企业应设置（　　）账户。
   A. 管理费用　　　　　　　　　B. 应付福利费
   C. 应付职工薪酬　　　　　　　D. 销售费用

7. "应付职工薪酬——工资"的借方登记（　　）。
   A. 应付未付的工资　　　　　　B. 本月发生的应分配工资数额
   C. 实际支付的工资数　　　　　D. 实际多支付的工资数

8. 应付职工薪酬是指企业根据有关规定应付给职工的各种薪酬，其中不包括下列各项中的（　　）
   A. 工会经费、职工教育经费用　B. 非货币性福利费用
   C. 各类商业保险　　　　　　　D. 住房公积金

9. 某公司2019年4月计提车间管理人员工资，对该项经济业务进行账务处理时，应计入借方账户的是（　　）。
   A. 管理费用　　　　　　　　　B. 生产成本
   C. 销售费用　　　　　　　　　D. 制造费用

10. 某公司2019年5月计算应发放职工工资15 000元,其中:销售人员工资10 000元,管理人员工资5 000元,其会计分录为( )。

A. 借:销售费用　　　　　　　　　　　　　　　　10 000
　　　管理费用　　　　　　　　　　　　　　　　 5 000
　　　贷:应付职工薪酬　　　　　　　　　　　　　　　　15 000

B. 借:销售费用　　　　　　　　　　　　　　　　15 000
　　　贷:应付职工薪酬　　　　　　　　　　　　　　　　15 000

C. 借:管理费用　　　　　　　　　　　　　　　　15 000
　　　贷:银行存款　　　　　　　　　　　　　　　　　　15 000

D. 借:销售费用　　　　　　　　　　　　　　　　15 000
　　　贷:银行存款　　　　　　　　　　　　　　　　　　15 000

二、多项选择题

1. 工业企业的产品成本项目包括( )。
   A. 直接材料　　　　　　　　B. 直接人工
   C. 制造费用　　　　　　　　D. 广告费用

2. 下列各项中属于制造费用的有( )。
   A. 生产车间为组织和管理生产所发生的工资及福利费用
   B. 生产车间为组织和管理生产所发生的设备折旧费
   C. 企业管理部门房屋折旧费
   D. 生产车间为组织和管理生产所发生的办公费

3. 企业分配发生的职工薪酬,借记的账户可以是( )。
   A. 生产成本　　　　　　　　B. 制造费用
   C. 管理费用　　　　　　　　D. 研发支出

4. 企业以其自产产品发给职工作为职工薪酬的,可以借记的账户包括( )。
   A. 制造费用　　　　　　　　B. 管理费用
   C. 生产成本　　　　　　　　D. 应交税费

5. 按《企业会计准则》规定,企业"应付职工薪酬"科目核算的内容包括( )。
   A. 按有关规定向职工支付的工资、奖金、津贴
   B. 支付给职工的货币性及非货币性福利
   C. 因解除与职工的劳动关系而向职工支付的补偿
   D. 向住房公积金管理中心缴存的住房公积金

三、业务题

1. 华星工业公司某月发生下列经济业务,请作出相关的会计分录。

(1) 按银行通知,支付供电公司电费15 000元,其中,生产甲产品负担6 000元,生产乙产品负担4 000元,生产车间负担2 000元,管理部门负担3 000元。

(2) 根据发出材料汇总表分配材料费用,如表5-10所示。

表 5-10 汇总表

项目	A 材料		B 材料		C 材料		金额合计/元
	数量/件	金额/元	数量/件	金额/元	数量/件	金额/元	
甲产品耗用	2 000	30 000	800	25 600	1 500	44 250	99 850
乙产品耗用	1 500	22 500	500	16 000	1 100	32 450	70 950
车间耗用	400	6 000	100	3 200			9 200
管理部门耗用	600	9 000					9 000
合计	4 500	67 500	1 400	44 800	2 600	76 700	189 000

（3）以银行存款支付财产保险费 15 000 元（不考虑相关税费），其中，生产车间财产保险占 80%，管理部门占 20%。

（4）从银行提取现金 73 000 元，准备发放本月工资。

（5）以现金发放本月工资 73 000 元。

（6）分配本月职工工资 73 000 元，其中，甲产品生产工人工资 15 000 元，乙产品生产工人工资 25 000 元，车间管理人员工资 8 000 元，行政管理人员工资 25 000 元。

（7）以银行存款支付电话费 1 000 元（不考虑相关税费），其中，车间电话费 400 元，管理部门电话费 600 元。

（8）计提本月固定资产折旧 10 500 元，其中，生产车间固定资产折旧 8 000 元，行政管理部门固定资产折旧 2 500 元。

（9）汇总本月发生制造费用，按生产工人的工资进行比例分配。

（10）假定甲产品 1 000 件全部完工，产品已经验收入库，乙产品尚未完工，计算并结转甲产品成本。

2. 2019 年 1 月，某空调生产企业决定给 10 名总部管理人员发放自产的空调作为春节福利，该型号空调的市价为 7 000 元/台，成本为 5 000 元/台，增值税税率为 13%。编制计提非货币性福利和发放非货币性福利的会计分录。

第五部分 销售业务

一、单项选择题

1. 某公司销售服装一批，价款 20 000 元，增值税税率为 13%，价税合计 22 600 元，收到转账支票，存入银行。则会计分录正确的是（   ）。

　　A. 借：银行存款　　　　　　　　　　　　　　　　　　　22 600
　　　　　贷：销售收入　　　　　　　　　　　　　　　　　　　22 600
　　B. 借：银行存款　　　　　　　　　　　　　　　　　　　20 000
　　　　　应交税费——应交增值税（销项税额）　　　　　　　2 600
　　　　　贷：主营业务收入　　　　　　　　　　　　　　　　22 600
　　C. 借：银行存款　　　　　　　　　　　　　　　　　　　22 600
　　　　　贷：主营业务收入　　　　　　　　　　　　　　　　20 000
　　　　　　　应交税费——应交增值税（销项税额）　　　　　2 600

D. 借：银行存款　　　　　　　　　　　　　　22 600
　　贷：主营业务收入　　　　　　　　　　　　　　22 600

2. 企业收回应收销货款时，应（　　）。
   A. 借记"应收账款"　　　　　　B. 贷记"银行存款"
   C. 贷记"应收账款"　　　　　　D. 借记"主营业务收入"

3. 企业销售商品时给予购货方的现金折扣，在折扣发生时，应通过（　　）账户核算。
   A. 财务费用　　　　　　　　　B. 管理费用
   C. 其他业务成本　　　　　　　D. 主营业务成本

4. "应收账款"账户不核算（　　）。
   A. 企业销售商品而应收取的款项　　B. 企业提供劳务而应收取的款项
   C. 代购货方垫付的运输费　　　　　D. 应向职工收取的赔款

5. 某公司销售产品一批，货款10 000元，增值税1 300元，代垫运输费1 000元，则企业应（　　）。
   A. 借记"应收账款"12 300元　　　B. 借记"应收账款"11 300元
   C. 借记"应收账款"11 000元　　　D. 贷记"应收账款"11 000元

6. 企业销货时，商品报价扣除（　　）后的实际成交价格才是应收账款的入账金额。
   A. 现金折扣　　　　　　　　　B. 购货折扣
   C. 销货折扣　　　　　　　　　D. 商业折扣

7. 现金折扣的符号"1/20，$n/30$"表示（　　）。
   A. 买方在30天内付款，可给予1%的折扣
   B. 买方在1天内付款，可给予20%的折扣
   C. 可给予买方20%~30%的折扣
   D. 买方在20天付款，给予1%的折扣；企业允许客户最长的付款期限为30天，在21~30天内付款，将不能享受现金折扣

8. 某企业于3月15日销售产品一批，应收账款为100 000元，规定付款条件为"2/10，1/20，$n/30$"。若购货单位于3月22日付款，则企业实际收到的金额为（　　）元。
   A. 90 000　　　　　　　　　　B. 100 000
   C. 98 000　　　　　　　　　　D. 80 000

9. 甲公司于2019年6月7日销售商品一批给B企业，应收账款为50 000元，规定的付款条件为"2/10，1/20，$n/30$"，B企业于同年6月20日付款，甲公司实际收到的金额为（　　）元。
   A. 50 000　　　　　　　　　　B. 49 000
   C. 48 500　　　　　　　　　　D. 49 500

10. 甲公司为增值税一般纳税人，2019年3月5日该公司销售一批产品，按价目表标明的价格为30 000元（不含税）。由于是成批销售，甲公司给予购货方10%的商业折扣，则应收账款的入账金额为（　　）元。
    A. 27 000　　　　　　　　　　B. 30 510
    C. 30 000　　　　　　　　　　D. 35 100

二、多项选择题

1. 企业销售商品时，所涉及的会计科目可能有（　　）。

A. 主营业务收入 B. 应交税费
C. 应收账款 D. 应付账款

2. "应收账款"账户的入账价值包括（ ）。
A. 销售货物的价款 B. 增值税
C. 代购货方垫付的包装费 D. 代购货方垫付的运输费

3. 企业收回代购货单位垫付的运输费时，应（ ）。
A. 借记"其他应收款" B. 贷记"银行存款"
C. 贷记"应收账款" D. 借记"银行存款"

4. 企业通用的折扣办法，包括（ ）。
A. 购货折扣 B. 销货折扣
C. 商业折扣 D. 现金折扣

5. 一笔赊销账款，规定的现金折扣条件为"2/10，1/20，n/30"，其含义为（ ）。
A. 10天内付款，给予2%折扣 B. 第11~20天内付款，给予1%折扣
C. 第21~30天内付款，不给折扣 D. 付款期限为30天

三、判断题

1. 企业销售商品的现金折扣应在实际发生时，冲减销售收入。（ ）
2. 根据现行会计制度规定，对于销货业务，销货单位即使在向客户提供现金折扣的情况下，也应按总价法确认应收账款的入账价值。（ ）
3. 现金折扣使销售企业应收账款的数额随客户的付款时间而异。（ ）
4. 在存在现金折扣的情况下，若采用"总价法"核算，应收账款应按销售收入扣除预计的现金折扣后的金额确认。（ ）
5. 由于商业折扣在销售发生时即已发生，企业只需按扣除商业折扣后的净额确认销售收入和应收账款。（ ）

四、业务题

1. 企业取得商品销售收入100 000元，增值税为13 000元，款项已存入银行。该商品成本为70 000元，请编制销售商品及结转销售成本的会计分录。

2. 甲公司向乙公司销售商品一批，增值税专用发票上注明价款30 000元，增值税为3 900元，以银行存款代垫运输费800元，采用托收承付结算方式，已办妥托收手续。做出甲公司相关的会计分录。

3. 甲公司于2019年12月1日向乙公司销售一批商品，增值税专用发票上注明的价款为30 000元，增值税为3 900元。甲公司为了及早收回货款，在合同中规定的现金折扣条件为"1/10，n/30"。编制甲公司12月1日销售实现和12月9日收到货款时的会计分录。

4. 甲企业生产A、B两种产品，A产品单位成本80元，单价100元；B产品单位成本60元，单价80元。这两种产品的增值税税率为13%，2019年7月10日收到乙企业汇来的预付购货款120 000元；7月15日发往乙企业A产品400件、B产品600件，以银行存款代乙企业垫付运输费2 500元，7月20日，甲企业退还多余款项，以存款支付。请做出下列会计处理：

（1）7月10日预收乙企业货款的会计处理。
（2）7月15日向乙企业销售A、B产品的会计处理。

(3) 7月20日甲企业退还多余款项的会计处理。

(4) 月末结转 A、B 产品销售成本的会计处理。

第六部分　期间费用

一、单选题

1. 企业行政部门固定资产的折旧费应计入（　　）科目。
   A. 其他业务成本　　　　　　　　B. 制造费用
   C. 销售费用　　　　　　　　　　D. 管理费用
2. 广告费应计入（　　）。
   A. 营业外支出　　　　　　　　　B. 销售费用
   C. 财务费用　　　　　　　　　　D. 管理费用
3. 利息费用应计入（　　）。
   A. 营业外支出　　　　　　　　　B. 销售费用
   C. 财务费用　　　　　　　　　　D. 管理费用

二、多选题

1. 期间费用包括（　　）。
   A. 销售费用　　　　　　　　　　B. 制造费用
   C. 财务费用　　　　　　　　　　D. 管理费用
2. 关于"管理费用"账户说法正确的有（　　）。
   A. 该账户借方登记本期发生的各项开支
   B. 该账户贷方登记期末结转"本年利润"的本期各项开支
   C. 该账户结转"本年利润"后，无余额
   D. 该账户应结转至"本年利润"的贷方
3. 工业企业在经营活动中，需要在"销售费用"账户中核算的有（　　）。
   A. 广告费　　　　　　　　　　　B. 展览费
   C. 专设销售机构的人员工资　　　D. 专设销售机构的房屋租金
4. 下列费用应计入管理费用的有（　　）。
   A. 厂部管理人员的工资　　　　　B. 车间管理人员的工资
   C. 厂部房屋的折旧费　　　　　　D. 厂部的办公费
5. 职工出差回来，报销差旅费涉及的账户有（　　）。
   A. 其他应收款　　　　　　　　　B. 库存现金
   C. 其他应付款　　　　　　　　　D. 管理费用

三、业务题

1. 本月发生的办公费 1 200 元，业务招待费 2 000 元，董事会费 10 000 元，均用银行存款支付。编制会计分录。

2. 职工张明因公出差，预借差旅费 2 000 元，会计机构以现金支付。编制会计分录。

3. 职工张明出差回来，报销差旅费 2 200 元，会计机构补付 200 元现金给张明。编制会计分录。

4. 本月发生销售人员薪酬 50 000 元，销售部运输设备折旧费 6 000 元、广告费 1 000 元（用银行存款支付）。编制会计分录。

5. 本月支付借款利息费用 3 000 元，支付银行手续费 100 元。编制会计分录。

6. 本月取得银行存款利息收入 500 元。编制会计分录。

第七部分　利润形成与分配业务

一、单项选择题

1. 企业提取盈余公积时，应编制的会计分录是（　　）。
   A. 借记"本年利润"，贷记"盈余公积"
   B. 借记"利润分配"，贷记"盈余公积"
   C. 借记"盈余公积"，贷记"本年利润"
   D. 借记"盈余公积"，贷记"利润分配"

2. 期末，企业应将"本年利润"账户的累计余额转入（　　）账户。
   A. 营业外收入　　　　　　　　B. 主营业务收入
   C. 资本公积　　　　　　　　　D. 利润分配——未分配利润

3. 下列各账户中，年末结转后可能有余额的是（　　）。
   A. 营业外收入　　　　　　　　B. 主营业务收入
   C. 营业外支出　　　　　　　　D. 利润分配——未分配利润

4. "利润分配——未分配利润"账户贷方余额反映（　　）。
   A. 企业历年积存的未弥补亏损　　B. 企业历年积存的未分配利润
   C. 企业本年的亏损　　　　　　D. 企业本年的利润

5. 会计期末，企业应将（　　）转入"本年利润"的贷方。
   A. 所得税费用　　　　　　　　B. 营业外收入
   C. 营业外支出　　　　　　　　D. 其他业务成本

6. 企业向投资者分配利润时，应（　　）。
   A. 借记"应付股利"
   B. 贷记"利润分配——应付现金股利或利润"
   C. 借记"利润分配——应付现金股利或利润"
   D. 借记"利润分配——未分配利润"

7. 企业利润分配终了，应将"利润分配——提取盈余公积"明细账户转入（　　）。
   A. 利润分配——未分配利润　　B. 利润分配——应付现金股利或利润
   C. 本年利润　　　　　　　　　D. 盈余公积

8. 期末，企业应将本期的销售收入结转至（　　）账户。
   A. 本年利润　　　　　　　　　B. 利润分配
   C. 资本公积　　　　　　　　　D. 盈余公积

9. 与计算营业利润无关的因素是（　　）。
   A. 所得税费用　　　　　　　　B. 销售费用
   C. 管理费用　　　　　　　　　D. 财务费用

10. 与计算营业利润有关的项目是（　　）。
    A. 管理费用   B. 营业外收入
    C. 所得税费用   D. 营业外支出
11. 企业计算所得税费用时，正确的会计分录是（　　）。
    A. 借：本年利润
          贷：所得税费用
    B. 借：管理费用
          贷：所得税费用
    C. 借：所得税费用
          贷：银行存款
    D. 借：所得税费用
          贷：应交税费——应交所得税
12. 下列经济活动中，将导致企业所有者权益总额发生变动的是（　　）。
    A. 分配现金股利   B. 提取盈余公积
    C. 派发股票股利   D. 用盈余公积弥补亏损
13. 盈余公积在转增企业资本时，按规定保留的余额应不少于注册资本的（　　）。
    A. 20%   B. 10%
    C. 25%   D. 30%
14. 企业的营业外支出是指企业发生的与其生产经营无直接关系的各项支出，下列各项中，不属于营业外支出的是（　　）。
    A. 出售无形资产净损失   B. 非常损失
    C. 出租固定资产折旧费用   D. 捐赠支出、罚款支出
15. 公司用盈余公积弥补亏损时，正确的处理是（　　）。
    A. 借记"利润分配——未分配利润"科目，贷记"本年利润"科目
    B. 借记"本年利润"科目，贷记"利润分配——未分配利润"科目
    C. 借记"盈余公积"科目，贷记"利润分配——未分配利润"科目
    D. 无须做专门的账务处理

二、多项选择题

1. 属于营业利润构成要素的项目有（　　）。
   A. 主营业务收入   B. 主营业务成本
   C. 所得税费用   D. 其他业务收入
   E. 营业外收入
2. 财务成果的计算和处理一般包括（　　）。
   A. 收入、支出、费用、成本的计算 B. 利润的计算
   C. 所得税的计算和交纳   D. 利润分配或亏损弥补
3. 下列各项中，作为当期营业利润扣除项目的有（　　）。
   A. 增值税   B. 无形资产摊销
   C. 企业行政管理部门设备折旧费   D. 企业借款的利息支出
4. 下列各账户中，年末结转后无余额的账户有（　　）。

A. 其他业务成本 B. 利润分配——未分配利润
C. 营业税金及附加 D. 其他业务收入

5. 会计期末，企业结转"本年利润"的贷方余额时，应（   ）。
   A. 借记"本年利润" B. 贷记"利润分配——未分配利润"
   C. 借记"利润分配——未分配利润" D. 贷记"本年利润"

6. 企业提取法定盈余公积金时，应（   ）。
   A. 借记"利润分配——提取盈余公积" B. 借记"利润分配——未分配利润"
   C. 贷记"盈余公积——法定盈余公积" D. 贷记"盈余公积——任意盈余公积"

7. 关于"利润分配——未分配利润"说法正确的有（   ）。
   A. 其期末余额一定在贷方
   B. 其期末余额可能在借方也可能在贷方
   C. 期末余额在贷方，表示未分配利润的数额
   D. 期末余额在借方，表示未弥补亏损的数额

8. 属于企业利润总额的组成部分有（   ）。
   A. 营业利润 B. 所得税费用
   C. 营业外收入 D. 营业外支出

9. 下列各账户中，在期末应结转至"本年利润"账户的有（   ）。
   A. 投资收益 B. 税金及附加
   C. 销售费用 D. 管理费用

10. 关于"本年利润"账户的说法正确的有（   ）。
    A. 该账户是损益类账户
    B. 该账户借方登记期末成本费用或支出类账户的转入数额
    C. 该账户贷方登记期末各收益类账户的转入数额
    D. 该账户结转入"利润分配——未分配利润"账户后，应无余额

11. 营业利润与（   ）有关。
    A. 主营业务收入 B. 其他业务收入
    C. 营业外收支净额 D. 投资净收益

12. （   ）账户的期末余额应结转至"本年利润"账户的贷方。
    A. 主营业务收入 B. 主营业务成本
    C. 其他业务收入 D. 其他业务成本

13. 企业的利润一般分为（   ）。
    A. 业务利润 B. 营业利润
    C. 利润总额 D. 净利润

14. 下列各项中，对企业营业利润产生影响的有（   ）。
    A. 资产减值损失 B. 税金及附加
    C. 营业外收入 D. 投资收益

15. 未分配利润是（   ）。
    A. 留待以后年度处理的利润 B. 未指定特定用途的利润
    C. 指定特定用途的利润 D. 本年度还可向投资者分配的利润

三、判断题

1. 未弥补亏损可以用以后年度实现的税前利润弥补,弥补期限不超过5年。（　）
2. 企业当期利润总额减去向国家交纳所得税费用后的余额即为企业的净利润。（　）
3. "利润分配"是损益类账户。（　）
4. "利润分配——未分配利润"账户的期末余额可能在借方,也可能在贷方。（　）
5. 企业提取的法定盈余公积累计超过其注册资本30%的,可不再提取。（　）
6. 年度终了,企业应将"本年利润"的金额转入"利润分配——未分配利润"。（　）
7. 利润总额=营业利润+投资净收益+营业外收入-营业外支出。（　）
8. 营业利润=营业收入-营业成本-税金及附加-销售费用-管理费用-财务费用。（　）
9. "利润分配——未分配利润"的贷方余额表明企业本年累计尚未分配的利润,借方余额表明本年累计尚未弥补的亏损。（　）
10. 企业年末资产负债表中的未分配利润的金额一定等于"利润分配"科目的年末余额。（　）

四、业务题

1. 甲公司全年利润总额为1 000 000元,所得税税率为25%,没有其他纳税调整事项,当年用银行存款实际缴纳所得税250 000元。

要求:
（1）计算甲公司本年度应纳税所得额。
（2）编制甲公司确认应交所得税会计分录。
（3）编制实际缴纳所得税会计分录。
（4）编制年末结转所得税的会计分录。

2. 南方公司某会计期间内损益类账户发生额资料如表5-11所示。

表5-11　南方公司某会计期间内损益类账户发生额资料　　　　　　元

科目名称	借方	贷方
主营业务收入		800 000
主营业务成本	600 000	
税金及附加	10 000	
投资收益	500	
管理费用	40 000	
销售费用	3 500	
财务费用	3 000	
营业外收入		20 000
营业外支出	10 000	

该公司所得税税率为25%,假设无其他纳税调整事项。

要求：

根据上述资料分别计算该公司在该会计期间内下列有关项目的金额（要求列出计算过程）。

(1) 营业利润是多少？

(2) 利润总额是多少？

(3) 所得税费用是多少？

(4) 净利润是多少？

3. 新地有限责任公司 2019 年全年实现的净利润为 2 000 000 元（无纳税调整事项，且年初无未分配利润）。当年年末发生下列经济业务：

(1) 年终将本年实现净利润转入"利润分配——未分配利润"账户。

(2) 董事会决定提取法定盈余公积 200 000 元，任意盈余公积 100 000 元。

(3) 董事会决定向投资者分配利润 400 000 元，但尚未支付。

(4) 将已分配的净利润转入"利润分配——未分配利润"账户。

要求：

根据上述资料，编制相关会计分录。

第六章

会计凭证

知识目标

1. 了解会计凭证的概念与作用
2. 了解会计凭证的传递
3. 熟悉原始凭证与记账凭证的种类
4. 熟悉会计凭证的保管
5. 掌握原始凭证的填制
6. 掌握记账凭证的填制
7. 掌握原始凭证与记账凭证的审核

第一节 会计凭证概述

一、会计凭证的概念

(一) 会计凭证的概念

会计凭证是记录经济业务事项发生或完成情况的书面证明，也是登记账簿的依据。如购买货物由供货单位开具的发票、收到现金开给支付方的收据等。会计凭证只有经过相关人员审核无误后，才能作为记账的依据。填制和审核会计凭证是会计核算的一种专门方法，也是会计工作的起点和基础。

(二) 会计凭证的分类

会计凭证按其填制程序和用途可以分为原始凭证和记账凭证。

二、会计凭证的作用

(一) 记录经济业务，提供记账依据

会计凭证是登记账簿的依据，会计凭证所记录的有关信息是否真实、可靠、及时，对于能否保证会计信息质量，具有至关重要的影响。

（二）明确经济责任，强化内部控制

每一项经济业务都要由经办部门的有关人员办理凭证手续，并在凭证上签名盖章，对经济业务的真实性和合法性负完全责任，一旦发现问题，也能根据凭证查清责任。同时通过凭证审核还可以及时发现经营管理上的薄弱环节，以便总结经验教训，采取措施，强化内部控制。

（三）监督经济活动，控制经济运行

通过审核凭证可以检查该项业务是否符合有关政策、法令、制度的规定，有无违法乱纪或铺张浪费等行为。对于查出的问题，应积极采取措施予以纠正，实现对经济活动的事中控制，保证经济活动的健康运行。

第二节 原始凭证

一、原始凭证的概念

原始凭证，又称单据，是指在经济业务发生或完成时取得或填制的，用以记录或证明经济业务的发生或完成情况的原始凭据。各单位在办理现金收付、款项结算、财产收发、成本计算、产品生产、产品销售等经营业务时，都必须取得或填制原始凭证，以证明经营业务已经发生或完成，并作为会计核算的依据。如购买货物时取得的发票和结算凭证、材料验收入库时填写的收料单、车间或其他用料部门领用材料时填制的领料单等。凡不能证明经济业务发生或完成情况的各种单证，不能作为原始凭证并据以记账，如购销合同、购销申请单等。

二、原始凭证的种类

原始凭证可以按照取得的来源、格式、填制的手续和内容进行分类。

（一）按取得的来源分类

原始凭证按照取得的来源可分为自制原始凭证和外来原始凭证。

1. 自制原始凭证

自制原始凭证是指由本单位有关部门和人员，在执行或完成某项经济业务时填制的，仅供本单位内部使用的原始凭证。如仓库保管人员填制的收料单、领料部门填制的领料单、出差人员填制的差旅费报销单等。

2. 外来原始凭证

外来原始凭证是指在经济业务发生或完成时，从其他单位或个人处直接取得的原始凭证。外来原始凭证应在企业同外单位发生经济业务时，由外单位的相关人员填制完成。外来原始凭证一般由税务局等部门统一印制，或经税务部门批准由经营单位印制，在填制时加盖出具凭证单位公章方为有效。对于一式多联的原始凭证，必须用复写纸套写或打印机套打。如购货时取得的发票，出差人员报销的车票、飞机票、住宿费发票账单等。

（二）按照格式分类

原始凭证按照格式的不同可分为通用凭证和专用凭证。

1. 通用凭证

通用凭证是指由有关部门统一印制、在一定范围内使用的具有统一格式和使用方法的原始凭证。如某省（市）印制的在该省（市）通用的发票、由人民银行制作的在全国通用的银行转账结算凭证、由国家税务局统一印制的全国通用的增值税专用发票等。

2. 专用凭证

专用凭证是指由单位自行印制、仅在本单位内部使用的原始凭证。如领料单、差旅费报销单、折旧计算表、工资费用分配表、收料单等。

（三）按填制的手续和内容分类

原始凭证按照填制的手续和内容可分为一次凭证、累计凭证和汇总凭证。

1. 一次凭证

一次凭证是指一次填制完成，只记录一笔经济业务且仅一次有效的原始凭证。一次凭证应在经济业务发生或完成时，由相关业务人员一次填制完成。该凭证往往只能反映一项经济业务，或者同时反映若干项同一性质的经济业务。如购进材料收料单、领用材料的领料单、职工借款单等。外来的原始凭证都是一次凭证。

2. 累计凭证

累计凭证是指在一定时期内多次记录发生的同类型经济业务且多次有效的原始凭证。累计凭证应在每次经济业务完成后，由相关人员在同一张凭证上重复填制完成。该凭证能在一定时期内不断重复地反映同类经济业务的完成情况。如制造业的限额领料单是典型的累计凭证。限额领料单格式如表6－1所示。

表6－1 限额领料单

领料部门：××车间　　　　　　　　　　　　　　　　　　　凭证编号：×××
用　　途：　　　　　　　20××年×月份　　　　　　　　　　发料仓库：×××

材料类别	材料编号	材料名称及规格	计量单位	领用限额	实际领用	单价	金额	备注

供应部门负责人：　　　　　　　　　　　　　　　　生产计划部门负责人：

日期	数量		领料人签章	发料人签章	扣除代用数量	退料		限额结余
	请领	实发				数量	收料人	发料人
合计								

3. 汇总凭证

汇总凭证是指对一定时期内反映经济业务内容相同的若干张原始凭证，按照一定标准综合填制的原始凭证。该凭证只能将类型相同的经济业务进行汇总，不能汇总两类或两类以上的经济业务。如工资汇总表、现金收入汇总表、发料凭证汇总表、差旅费报销单等。

三、原始凭证的基本内容

原始凭证的格式和内容因经济业务和经营管理的不同而有所差异，但应当具备以下基本内容，这些内容也称为原始凭证要素。

（1）原始凭证的名称。如领料单、支票、发货票、工资汇总表等。

（2）填制原始凭证的日期、编号。

（3）接受凭证单位名称。

（4）经济业务内容。包括经济业务所涉及的实物或劳务的品种、数量、计量单位、单位价格和金额等。

（5）填制原始凭证的单位签章。

（6）有关人员（部门负责人、经办人员）签章、填制凭证单位名称或者填制人姓名。

（7）凭证附件。如购物清单、发票小票、验收单等。

四、原始凭证的填制要求

原始凭证是具有法律效力的书面证明，是记账的依据，是会计核算最基础、最重要的原始资料。要保证会计核算工作的质量，原始凭证的填制必须符合下列要求：

（一）记录真实

经办人员在办理经济事项的过程中，应根据经济业务实际发生的内容、数量和金额，如实填写相关原始凭证；对于大额的发票开具，必须有交易单证或结算清单做依据，不得虚开发票，不得开具与实际发生的业务无关的发票，也不得开具本单位营业范围以外的项目发票。

（二）内容完整

原始凭证所要求填列的项目必须逐项填列齐全，不得遗漏和省略，所有要素必须填写完整，经办人及相关印鉴必须齐全。一式几联的原始凭证，只能以一联作为报销凭证，作废时应当加盖"作废"戳记，连同存根一起保存，不得撕毁。

（三）手续完备

单位自制的原始凭证必须有经办单位领导人或者其他指定的人员签名盖章；对外开出的原始凭证，必须加盖本单位公章；从外部取得的原始凭证，必须盖有填制单位的公章；开具增值税专用发票，须由客户提供增值税一般纳税人证明资料，并严格按有关规定开具。

（四）书写清楚、规范

（1）原始凭证要按规定填写，文字要简要，字迹要清楚，易于辨认，不得使用未经国务院公布的简化汉字。

（2）大小写金额必须相符且填写规范，小写金额用阿拉伯数字逐个书写，不得写连笔字。

（3）需填写大写和小写金额的原始凭证，大写与小写金额必须相符，金额小写合计数前要加人民币"￥"符号。

（4）金额数字一律填写到角、分，无角、分的，写"00"或符号"—"；有角无分的，分位写"0"，不得用符号"—"。

（5）大写金额用汉字壹、贰、叁、肆、伍、陆、柒、捌、玖、拾、佰、仟、万、亿、元、角、分、零、整等，一律用正楷或行书字书写。

（6）大写金额前未印有"人民币"字样的，应加写"人民币"三个字，"人民币"字样和大写金额之间不得留有空白。

（7）大写金额到元或角为止的，后面要写"整"或"正"字；有分的，不写"整"或"正"字。如小写金额为￥2 088.00，大写金额应写成"贰仟零捌拾捌元整"。

（8）发票和收据必须用蓝、黑水笔或双面复写纸全部联次一次性复写（发票和收据本身具备复写纸功能的除外）套写，不得采用红色笔或铅笔填写，多联复写要做到不串行、不串格、不模糊。

（五）连续编号

原始凭证须逐本按编号顺序开具，不得多本同时开具，不得拆本使用，在写坏作废时，应加盖"作废"戳记，妥善保管，不得撕毁。

（六）不得涂改、刮擦、挖补

原始凭证有错误的，应当由出具单位重开或更正，更正处应当加盖出具单位印章。原始凭证金额有错误的，应当由出具单位重开，不得在原始凭证上涂改、刮擦、挖补。

（七）填制及时

各种原始凭证一定要及时填写，并按规定的程序及时送交会计机构、会计人员进行审核，及时进行账务处理。

五、原始凭证的审核

原始凭证送交会计部门后，为了保证会计信息的真实、合法、完整和准确，会计人员必须对原始凭证进行严格审核。只有经过审核无误的原始凭证，才能作为编制记账凭证和登记账簿的依据。

（一）原始凭证的审核内容

原始凭证的审核内容主要包括原始凭证的真实性、合法性、合理性、完整性、正确性和及时性。

1. 审核原始凭证的真实性

包括业务发生的日期是否真实、经济业务内容是否真实、数据（单价、金额）是否真实，不得在填写原始凭证时抬高或压低单价、多开或少开金额等。

2. 审核原始凭证的合法性

包括经济业务是否符合国家有关政策、法规、制度的规定，是否有违法乱纪等行为。

3. 审核原始凭证的合理性

包括原始凭证所记录经济业务是否符合企业生产经营活动的需要、是否符合有关的计划和预算等。

4. 审核原始凭证的完整性

原始凭证的内容是否齐全，包括以下几个方面：

（1）原始凭证的内容（构成要素）必须齐备，如凭证的名称、填制凭证的日期、填制和接受凭证的单位或个人、经济业务的内容和有关人员的签章等都应齐备。

（2）从外单位取得的原始凭证必须有填制单位的公章；从个人手里取得的原始凭证，必须有填制人员的签名或盖章。自制原始凭证必须有经办单位负责人或其指定人员的签名或盖章；对外开出的原始凭证，必须加盖本单位公章。

(3）凡填有大写和小写金额的原始凭证，大写与小写金额必须相符。购买实物的原始凭证，必须有数量、单价和金额。金额的计算应当正确，并且有货物的验收证明。支付款项的原始凭证，必须有收款单位和收款人的收款证明。

（4）一式几联的原始凭证，应当注明各联用途，只能以其中的一联作为报销凭证。

（5）发生销货退回时，除填制退货发票外，退款时，必须取得对方的收款收据或汇款银行的结算凭证，不得以退货发票代替收据。

（6）职工因公出差的借款收据，必须附在记账凭证上。收回借款时，应另开收据或退还借据副本，不得退还原借款收据。

（7）经过上级批准的经济业务，应将批准文件作为原始凭证附件。如果批准文件需要单独归档，应在原始凭证上注明批准机关名称、日期和文件字号。

5. 审核原始凭证的正确性

包括数字是否清晰，文字是否工整，书写是否规范，凭证联次是否正确，有无刮擦、涂改和挖补等情况。

6. 审核原始凭证的及时性

为了保证会计信息的时效性，及时反映各项经济业务发生及完成的情况，原始凭证应当及时进行审核，不得积压。

（二）经审核的原始凭证应根据不同情况处理

（1）对于完全符合要求的原始凭证，应及时据以编制记账凭证入账。

（2）对于真实、合法、合理，但内容不够完整、填写有错误的原始凭证，应退回有关经办人员，由其负责将有关凭证补充完整、更正错误或重开后，再办理正式会计手续。

（3）对于不真实、不合法的原始凭证，会计机构和会计人员有权不予接受，并向单位负责人报告。

第三节 记账凭证

一、记账凭证的概念

记账凭证，又称记账凭单，是指会计人员根据审核无误的原始凭证，按照经济业务的内容加以归类，并据以确定会计分录后所填制的凭证，它是登记账簿的直接依据。

二、记账凭证的种类

由于各单位交易或者事项的内容和复杂程度不同，设计和选用的记账凭证也存在着差异。一般来说，记账凭证可以进行如下分类：

（一）按凭证的用途分类，分为专用记账凭证和通用记账凭证

1. 专用记账凭证

专用记账凭证是指分类反映经济业务的记账凭证，按其反映的经济业务内容，可分为收款凭证、付款凭证和转账凭证。

（1）收款凭证。

收款凭证是指用于记录现金和银行存款收款业务的记账凭证。可将收款凭证分为现金收

款凭证、银行存款收款凭证。收款凭证格式如表6-2所示。

表6-2 收款凭证格式

收款凭证

借方科目：银行存款　　　　　　2019年5月14日　　　　　　总号　1　　分号　____

摘　要	贷方科目	明细科目	√	金　额								
				千	百	十	万	千	百	十	元	角	分
销售甲商品	主营业务收入	甲商品	√				1	0	0	0	0	0	0
	应交税费	销项税额	√					1	3	0	0	0	0
合　　计							¥	1	1	3	0	0	0	0

附件 3 张

会计主管 杨六　　记账 王五　　审核 王五　　出纳 李四　　制单 张三

（2）付款凭证。

付款凭证是指用于记录现金和银行存款付款业务的记账凭证。可将付款凭证分为现金付款凭证和银行存款付款凭证。付款凭证格式如表6-3所示。

表6-3 付款凭证格式

付款凭证

贷方科目：银行存款　　　　　　2019年5月22日　　　　　　总号　16　　分号　____

摘　要	借方科目	明细科目	√	金　额								
				千	百	十	万	千	百	十	元	角	分
提取现金备用	库存现金		√					2	0	0	0	0	0
合　　计								¥	2	0	0	0	0	0

附件 1 张

会计主管 杨六　　记账 王五　　审核 王五　　出纳 李四　　制单 张三

（3）转账凭证。

转账凭证是指用于记录不涉及现金和银行存款业务的记账凭证。转账凭证格式如表6-4所示。

表 6-4 转账凭证格式

转账凭证

2019年5月31日

总号 46
分号 _____

摘要	总账科目	明细科目	√	借方金额 千百十万千百十元角分	贷方金额 千百十万千百十元角分	
结转甲商品销售成本	主营业务成本	甲商品	√	3 6 0 0 0 0 0 0		附件
	库存商品	甲商品			3 6 0 0 0 0 0 0	
						张
合　　计				¥ 3 6 0 0 0 0 0 0	¥ 3 6 0 0 0 0 0 0	

会计主管 杨六　　记账 王五　　审核 王五　　制单 张三

2. 通用记账凭证

通用记账凭证是指用来反映所有经济业务的记账凭证，为各类经济业务所共同使用，其格式与转账凭证基本相同。通用记账凭证格式如表 6-5 所示。

表 6-5 通用记账凭证格式

记账凭证

2019年5月14日

总号 29
分号 _____

摘要	总账科目	明细科目	√	借方金额 千百十万千百十元角分	贷方金额 千百十万千百十元角分	
销售甲商品	银行存款		√	1 1 3 0 0 0 0		附件
	主营业务收入	甲商品	√		1 0 0 0 0 0 0	3
	应交税费	销项税额	√		1 3 0 0 0 0	张
合　　计				¥ 1 1 3 0 0 0 0	¥ 1 1 3 0 0 0 0	

会计主管 杨六　　记账 王五　　审核 王五　　出纳 李四　　制单 张三

（二）按凭证的填制方式分类，分为单式记账凭证和复式记账凭证

1. 单式记账凭证

单式记账凭证是指只填制（也写作填列）经济业务所涉及的一个会计科目及其金额的记账凭证。填制借方科目的称为借项凭证，填制贷方科目的称为贷项凭证。

2. 复式记账凭证

复式记账凭证是将每一笔经济业务所涉及的全部科目及其发生额均在同一张记账凭证中反映的一种凭证。

三、记账凭证的基本内容

记账凭证是登记账簿的依据，因其所反映经济业务的内容不同、各单位规模大小不同及其对会计核算繁简程度的要求不同，其内容有所差异，但应当具备以下基本内容：

(1) 记账凭证的名称。如"收款凭证""付款凭证""转账凭证"。
(2) 记账凭证的日期。记账凭证是在哪一天编制的，就写上哪一天。
(3) 记账凭证的编号。记账凭证要根据交易或事项发生的先后顺序按月编号，按编号顺序记账。
(4) 经济业务摘要。摘要能清晰地反映交易或者事项的内容，同时要简明扼要。
(5) 经济业务事项所涉及的会计科目及其记账方向。
(6) 经济业务事项的金额。
(7) 记账标记。
(8) 所附原始凭证张数。
(9) 制证、审核、记账、会计主管等有关人员的签章，收款凭证和付款凭证还应由出纳人员签名或盖章。

四、记账凭证的填制要求

记账凭证根据审核无误的原始凭证或原始凭证汇总表填制。记账凭证填制正确与否，直接影响整个会计系统最终提供信息的质量。与原始凭证的填制相同，记账凭证也有记录真实、内容完整、手续齐全、填制及时等要求。

（一）记账凭证填制的基本要求

1. 记账凭证各项内容必须完整

记账凭证中的会计科目应同时填写总账科目和涉及的明细科目。在编制记账凭证时，要注意借贷符号的使用方向，避免造成差错。记账凭证编制日期一般应为填制记账凭证当天的日期，但在下月月初编制上月末的转账凭证时，应填写上月最后一天的日期。

2. 记账凭证的书写应当清楚、规范

要求与原始凭证填写一致。

3. 除结账和更正错账可以不附原始凭证外，其他记账凭证必须附原始凭证

如果一张原始凭证涉及几张记账凭证，可以把原始凭证附在一张主要的记账凭证后面，并在其他记账凭证上注明附有该原始凭证的记账凭证的编号或者附原始凭证复印件。

4. 记账凭证可以根据每一张原始凭证填制

或根据若干张同类原始凭证汇总填制，也可以根据原始凭证汇总表填制；但不得将不同内容和类别的原始凭证汇总填制在一张记账凭证上。记账凭证所记金额应与经审核无误的原始凭证所载明的金额一致。

5. 记账凭证应连续编号

记账凭证编号以月为单位，编号从1号编起，一笔经济业务需要填制两张以上记账凭证

的，可以采用分数编号法编号。例如，一项交易或者事项需要填写 3 张转账凭证，凭证的序号为转字第 6 号，则这 3 张的编号为转字第 6（1/3）号、第 6（2/3）号、第 6（3/3）号。每月最后一张记账凭证的编号旁边，可加注"全"字，以免凭证散失。

6. 填制记账凭证时若发生错误，应当重新填制

已经登记入账的记账凭证，在当年内发现填写错误时，可以用红字填写一张与原内容相同的记账凭证，在摘要栏注明"冲销某月某日某号凭证"字样，同时再用蓝字重新填制一张正确的记账凭证，注明"更正某月某日某号凭证"字样。如果会计科目没有错误，只是金额错误，也可以将正确数字与错误数字之间的差额，另编一张调整的记账凭证，调增金额用蓝字，调减金额用红字。发现以前年度记账凭证有错误的，应当用蓝字填制一张更正的记账凭证。

7. 记账凭证填制完成后，如有空行，应当自金额栏最后一笔金额数字下的空行处至合计数上的空行处划线注销

（二）专用记账凭证的填制要求

1. 收款凭证的填制要求

收款凭证左上角的"借方科目"按收款的性质填写"库存现金"或"银行存款"；"日期"填写的是填制本凭证的日期；右上角填写填制收款凭证的顺序号；"摘要"填写对所记录的经济业务的简要说明；"贷方科目"填写与收入"库存现金"或"银行存款"相对应的会计科目；"明细科目"是指该凭证已登记账簿的标记，防止经济业务重记或漏记；"金额"是指该项经济业务的发生额；该凭证右边"附件×张"是指本记账凭证所附原始凭证的张数；最下边分别由有关人员签章，以明确经济责任。

【例 6-1】 2019 年 5 月 14 日，民生公司销售甲商品一批，开出的增值税专用发票上注明的价款为 10 000 元，增值税 1 300 元，款项已收存银行。根据该业务编制了 1 号收款凭证。填制收款凭证如表 6-6 所示。

表 6-6 填制收款凭证

收款凭证

总号 1
分号 _____

借方科目：银行存款   2019年5月14日

摘 要	贷方科目	明细科目	√	金 额								
				千	百	十	万	千	百	十	元	角	分
销售甲商品	主营业务收入	甲商品	√				1	0	0	0	0	0	0
	应交税费	销项税额	√					1	3	0	0	0	0
合 计							¥	1	1	3	0	0	0	0

附件 3 张

会计主管 杨六   记账 王五   审核 王五   出纳 李四   制单 张三

2. 付款凭证的填制要求

付款凭证是根据审核无误的有关库存现金和银行存款的付款业务的原始凭证填制的。付款凭证的填制方法与收款凭证基本相同，不同的是在付款凭证的左上角应填写贷方科目，即"库存现金"或"银行存款"科目，"借方科目"栏应填写与"库存现金"或"银行存款"相应的一级科目。

对于涉及"库存现金"和"银行存款"之间的相互划转业务，为了避免重复记账，一般只填制付款凭证，不再填制收款凭证。

出纳人员在办理收款或付款业务后，应在原始凭证上加盖"收讫"或"付讫"的戳记，以免重收重付。

【例 6-2】 2019 年 5 月 22 日，民生公司从银行提取现金 2 000 元备用。根据该业务编制了 16 号凭证。填制付款凭证如表 6-7 所示。

表 6-7 填制付款凭证

付款凭证

2019年5月22日

总号 16
分号 _____

贷方科目：银行存款

摘要	借方科目	明细科目	√	金额 千 百 十 万 千 百 十 元 角 分	
提取现金备用	库存现金		√	2 0 0 0 0 0	附件1张
合 计				¥ 2 0 0 0 0 0	

会计主管 杨六　　记账 王五　　审核 王五　　出纳 李四　　制单 张三

3. 转账凭证的填制要求

转账凭证通常是根据有关转账业务的原始凭证填制的。转账凭证中"总账科目"和"明细科目"栏应填写应借、应贷的总账科目和明细科目，借方科目应记金额应在同一行的"借方金额"栏填写，贷方科目应记金额应在同一行的"贷方金额"栏填写，"借方金额"栏合计数与"贷方金额"栏合计数应相等。

此外，某些既涉及收款业务又涉及转账业务的综合性业务，可分开填制不同类型的记账凭证。

【例 6-3】 2019 年 5 月 31 日，华仁公司结转本月甲商品销售成本 360 000 元。根据该业务编制了 46 号凭证。填制转账凭证如表 6-8 所示。

表 6-8 填制转账凭证

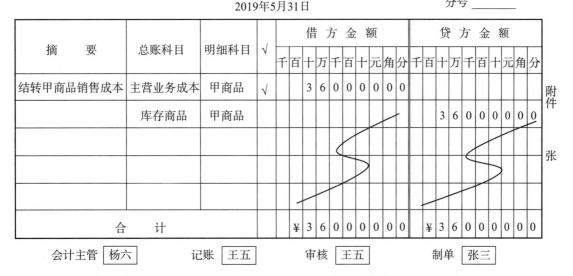

(三) 通用记账凭证的填制要求

通用记账凭证的填制方法与转账凭证相同。采用通用记账凭证时，现金与银行存款之间的收付业务与转账业务一样，只填制一张记账凭证，因而不会出现重复记账。在手工记账方式下，主要用于经营规模不大、收付款业务不多的企业。

【例 6-4】 承【例 6-1】，民生公司编制了 29 号凭证。填制通用记账凭证如表 6-9 所示。

表 6-9 填制通用记账凭证

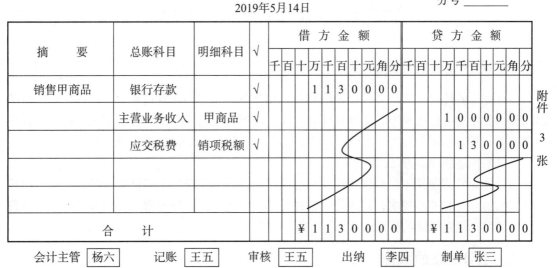

五、记账凭证的审核

为了保证会计信息的质量,在记账之前应由有关稽核人员对记账凭证进行严格的审核,审核的内容主要包括以下六个方面:

(一)内容是否真实

审核记账凭证记录的经济业务是否符合后附的原始凭证所反映的内容,内容是否真实。

(二)项目是否齐全

记账凭证审核人员应检查记账凭证中有关项目的填制是否完备、有关人员的签章是否完备。无论是手工填制还是机制记账凭证,都要加盖制单人员、稽核人员、记账人员、会计机构负责人、会计主管人员印章或者签字。

(三)科目是否正确

记账凭证审核人员应检查应借应贷的会计科目和金额是否正确,账户的对应关系是否清晰、完整,核算内容是否符合会计制度的要求。

(四)金额是否正确

在记账凭证上列示的金额有总分类科目金额,也有明细分类科目金额,记账凭证审核人员应根据借贷记账法的基本原理,检查填制的金额的正确性。

(五)书写是否规范

记账凭证的填写有特定的要求,编制记账凭证必须遵守规定,因此,记账凭证审核人员应检查记账凭证的书写是否正确。

(六)手续是否完备

审核填制凭证人员、稽核人员、记账人员、会计机构负责人、会计主管人员是否有签名或者盖章。收款和付款记账凭证还应当由出纳人员签名或者盖章。

第四节 会计凭证的传递与保管

一、会计凭证的传递

会计凭证的传递是指从会计凭证的取得或填制时起至归档保管过程中,在单位内部有关部门和人员之间的传送程序。会计凭证的传递,应当满足内部控制制度的要求,使传递程序合理有效,同时尽量节约传递时间,减少传递的工作量。各单位应根据具体情况确定每一种会计凭证的传递程序和方法。

会计凭证的传递具体包括传递程序和传递时间。各单位应根据经济业务特点、内部机构设置、人员分工和管理要求,具体规定各种凭证的传递程序;根据有关部门和经办人员办理业务的情况,确定凭证的传递时间。

二、会计凭证的保管

会计凭证的保管是指会计凭证记账后的整理、装订、归档和存查工作。会计凭证作为记账的依据，是重要的会计档案和经济资料。本单位以及其他有关单位，可能因为各种需要查阅会计凭证，特别是发生贪污、盗窃、违法乱纪行为时，会计凭证还是依法处理的有效证据。因此，任何单位在完成经济业务手续和记账后，必须将会计凭证按规定的立卷归档制度形成会计档案资料，妥善保管，防止丢失，不得任意销毁，以便日后随时查阅。会计凭证的保管要求如下：

（1）会计凭证应定期装订成册，防止散失。会计部门在依据会计凭证记账以后，应定期（每天、每旬或每月）对各种会计凭证进行分类整理，将各种记账凭证按照编号顺序，连同所附的原始凭证一起加具封面和封底，装订成册，并在装订线上加贴封签，由装订人员在装订线封签处签名或盖章。

从外单位取得的原始凭证遗失时，应取得原签发单位盖有公章的证明，并注明原始凭证的号码、金额、内容等，由经办单位会计机构负责人（会计主管人员）和单位负责人批准后，才能代作原始凭证。若确实无法取得证明的，如车票丢失，则应由当事人写明详细情况，由经办单位会计机构负责人（会计主管人员）和单位负责人批准后，代作原始凭证。

（2）会计凭证封面应注明单位名称、凭证种类、凭证张数、起止号数、年度、月份、会计主管人员和装订人员等有关事项，会计主管人员和保管人员应在封面上签章。

（3）会计凭证应加贴封条，防止抽换凭证。原始凭证不得外借，其他单位如有特殊原因确实需要使用时，经本单位会计机构负责人（会计主管人员）批准，可以复制。向外单位提供的原始凭证复制件，应在专设的登记簿上登记，并由提供人员和收取人员共同签名、盖章。

（4）原始凭证较多时，可单独装订，但应在凭证封面注明所属记账凭证的日期、编号和种类，同时在所属的记账凭证上应注明"附件另订"及原始凭证的名称和编号，以便查阅。对各种重要的原始凭证，如押金收据、提货单等，以及各种需要随时查阅和退回的单据，应另编目录，单独保管，并在有关的记账凭证和原始凭证上分别注明日期和编号。

（5）每年装订成册的会计凭证，在年度终了时可暂由单位会计机构保管一年，期满后应当移交本单位档案机构统一保管；未设立档案机构的，应当在会计机构内部指定专人保管。出纳人员不得兼管会计档案。

（6）严格遵守会计凭证的保管期限要求，期满前不得任意销毁。

思考练习题

一、单项选择题

1. 下列不能作为填制记账凭证原始依据的是（　　）。
   A. 领料单　　　　　　　　　　B. 成本计算单
   C. 购销申请单　　　　　　　　D. 银行收付款通知单
2. 下列各项中，不属于自制原始凭证的是（　　）。
   A. 单位差旅费报销单　　　　　B. 成本计算单
   C. 发票　　　　　　　　　　　D. 领料单
3. 下列各项中，不属于一次性原始凭证的是（　　）。
   A. 收料单　　　　　　　　　　B. 领料单
   C. 耗用材料汇总表　　　　　　D. 发票

4. 下列有关填制会计凭证的规定，正确的是（　　）。
   A. 阿拉伯数字可以连笔写
   B. 在阿拉伯数字前应有相应的货币符号
   C. 大写金额数字到元或角为止的，在元或角之后不再写"整"字
   D. 可以使用个别未经国务院公布的简化字
5. 对原始凭证的处理方法正确的是（　　）。
   A. 作废的发票应当撕毁
   B. 发生退货时，可用退货发票代替收据
   C. 收回职工借款时，应退回原借款收据
   D. 一式几联的收据必须用双面复写纸套写
6. 企业接受的原始凭证有错误，应采用的处理方法是（　　）。
   A. 本单位代替出具单位进行更正
   B. 退回出具单位，不予接受
   C. 向单位负责人报告
   D. 由出具单位重开或更正
7. 下列关于原始凭证的填制与审核要求正确的是（　　）。
   A. 一式几联的原始凭证，不必每联都注明用途
   B. 填制凭证的单位名称不必写明省、市、县和单位的全称，可以简写单位名称
   C. 预先印有号码的凭证，不一定要按顺序连续使用，可以跳号
   D. 发票和收款收据都必须印有开具单位的印章才有效
8. 记账凭证按其用途分类，可以分为（　　）。
   A. 一次性记账凭证和累计记账凭证　　B. 专用记账凭证和通用记账凭证
   C. 单式记账凭证和复式记账凭证　　　D. 单一记账凭证和汇总记账凭证
9. 填制记账凭证时，错误的做法是（　　）。
   A. 根据每一张原始凭证填制
   B. 根据若干张同类原始凭证汇总填制
   C. 将若干张不同内容和类别的原始凭证汇总填制在一张记账凭证上
   D. 根据原始凭证汇总表填制
10. 将现金送存银行，应填制的记账凭证是（　　）。
    A. 现金收款凭证　　　　　　　　　　B. 现金付款凭证
    C. 银行存款收款凭证　　　　　　　　D. 银行存款付款凭证
11. 下列经济业务，应填制现金收款凭证的是（　　）。
    A. 从银行提取现金　　　　　　　　　B. 以现金发放职工工资
    C. 出售报废固定资产收到现金　　　　D. 销售材料收到一张转账支票
12. 下列关于记账凭证填制的基本要求，不正确的是（　　）。
    A. 记账凭证各项内容必须完整，并且应当连续编号
    B. 填制记账凭证时若发生错误，应当重新填制
    C. 记账凭证填制完经济业务事项后，如有空行，应当自金额栏最后一笔金额数字下的空行处至合计数上的空行处划线注销

D. 所有的记账凭证都必须附原始凭证

13. 下列不是自制原始凭证的是（　　）。
    A. 收料单　　　　　　　　　　B. 发票
    C. 领料单　　　　　　　　　　D. 单位差旅费报销单

14. 下列不需在转账凭证上签章的人员是（　　）。
    A. 出纳　　　　　　　　　　　B. 制单
    C. 稽核　　　　　　　　　　　D. 主管

15. 会计凭证按其（　　）不同，可以分为原始凭证和记账凭证。
    A. 填制的方式　　　　　　　　B. 取得的来源
    C. 填制的程序和用途　　　　　D. 适用的经济业务

16. （　　）属于原始凭证。
    A. 材料请购单　　　　　　　　B. 产品销售计划
    C. 经济合同　　　　　　　　　D. 领料单

17. 限额领料单是一种（　　）。
    A. 记账凭证　　　　　　　　　B. 汇总凭证
    C. 一次凭证　　　　　　　　　D. 累计凭证

18. 发料凭证汇总表属于（　　）。
    A. 累计凭证　　　　　　　　　B. 原始凭证汇总表
    C. 一次凭证　　　　　　　　　D. 记账凭证汇总表

19. 对于以现金存入银行的业务，按规定应编制（　　）。
    A. 现金收款凭证　　　　　　　B. 银行存款收款凭证
    C. 现金付款凭证　　　　　　　D. 银行存款付款凭证

20. 下列项目中属于外来原始凭证的是（　　）。
    A. 材料入库单　　　　　　　　B. 银行收款通知单
    C. 产成品出库单　　　　　　　D. 收料凭证汇总表

21. 会计凭证的传递，是指（　　），在本单位各有关部门和人员之间的传递程序和传递时间。
    A. 从取得原始凭证到编制成记账凭证时止
    B. 从取得原始凭证到登记账簿时止
    C. 从填制记账凭证到编制财务报表时止
    D. 从取得或填制会计凭证起到归档保管时止

22. 400 705.90 元的汉字大写金额写法正确的是（　　）。
    A. 肆拾万零柒佰零伍元玖角整　　B. 肆拾万零零柒佰零伍元玖角整
    C. 肆拾万柒佰零伍元玖角整　　　D. 肆拾万零柒佰零伍元玖角零分

23. 下列属于通用原始凭证的是（　　）。
    A. 收料单　　　　　　　　　　B. 折旧计算表
    C. 增值税专用发票　　　　　　D. 差旅费报销单

24. 下列单据或合同中，不是原始凭证的是（　　）。
    A. 发货票　　　　　　　　　　B. 收料单

C. 经济合同　　　　　　　　　　D. 领料单

25. 付款凭证是用来记录（　　）的凭证。
    A. 资产付出业务　　　　　　　B. 现金付出业务
    C. 现金或银行存款付款业务　　D. 银行存款付出业务

26. 记账凭证应当（　　）顺序编号。
    A. 按日　　　　　　　　　　　B. 按月
    C. 按季　　　　　　　　　　　D. 按年

27. 企业购进原材料 50 000 元，款项未付。该笔经济业务应编制的记账凭证是（　　）。
    A. 收款凭证　　　　　　　　　B. 付款凭证
    C. 转账凭证　　　　　　　　　D. 以上均可

28. 下列业务中应该编制收款凭证的是（　　）。
    A. 购买原材料用银行存款支付　B. 收到销售商品的款项
    C. 购买固定资产，款项尚未支付　D. 销售商品，收到商业汇票一张

29. 在一定时期内连续记录若干同类经济业务的会计凭证是（　　）。
    A. 一次凭证　　　　　　　　　B. 累计凭证
    C. 记账凭证　　　　　　　　　D. 汇总原始凭证

30. 出纳人员付出货币资金的依据是审核无误的（　　）。
    A. 收款凭证　　　　　　　　　B. 付款凭证
    C. 转账凭证　　　　　　　　　D. 原始凭证

31. 在审核原始凭证时，对于内容不完整、填写有错误或手续不完备的原始凭证，应该（　　）。
    A. 拒绝办理，并向本单位负责人报告
    B. 予以抵制，对经办人员进行批评
    C. 由会计人员重新编制或予以更正
    D. 予以退回，要求更正、补充，并重新编制

32. 下列关于原始凭证的说法不正确的是（　　）。
    A. 按照来源的不同，分为外来原始凭证和自制原始凭证
    B. 按照格式的不同，分为通用原始凭证和专用原始凭证
    C. 按照填制手续及内容不同，分为一次凭证、累计凭证和汇总凭证
    D. 按照填制方法不同，分为外来原始凭证和自制原始凭证

33. 可以不附原始凭证的记账凭证是（　　）。
    A. 更正错误的记账凭证　　　　B. 从银行提取现金的记账凭证
    C. 以现金发放工资的记账凭证　D. 职工临时性借款的记账凭证

34. 在原始凭证上书写阿拉伯数字，错误的做法是（　　）。
    A. 金额数字前书写货币币种符号
    B. 币种符号与金额数字之间要留有空白
    C. 币种符号与金额数字之间不得留有空白
    D. 数字前写有币种符号的，数字后不再写货币单位

二、多项选择题

1. 原始凭证应具备的基本内容有（　　）。
   A. 填制日期　　　　　　　　　　B. 经济业务涉及的会计科目
   C. 经济业务的内容　　　　　　　D. 所附原始凭证的张数

2. 填制原始凭证时，符合书写要求的有（　　）。
   A. 阿拉伯金额数字前面应当填写货币币种符号
   B. 币种符号与阿拉伯金额之间不得留有空白
   C. 大写金额有分的，分字后面要写"整"或"正"字
   D. 汉字大写金额要以简化字代替

3. 在原始凭证上书写阿拉伯数字，正确的有（　　）。
   A. 所有以元为单位的，一律填写到角分
   B. 无角分的，角位和分位可写"00"，或者符号"—"
   C. 有角无分的，分位应当写"0"
   D. 有角无分的，分位也可以用符号"—"代替

4. 有关原始凭证的完整性，下列说法中正确的有（　　）。
   A. 单位自制原始凭证必须有经办单位负责人或其指定人员的签名或盖章，对外开出的原始凭证必须加盖本单位公章
   B. 发生销货退回时，需填制退货发票，退款时，若对方收款收据或汇款银行的结算凭证无法取得，可以用退货发票代替
   C. 凡有大写和小写金额的原始凭证，大写和小写金额必须相等。购买实物的原始凭证，必须有数量、单价和金额
   D. 一式几联的原始凭证，应当注明各联用途，只能以其中一联作为报销凭证

5. 原始凭证审核的内容包括（　　）。
   A. 经济业务内容是否真实　　　　B. 会计科目使用是否正确
   C. 应借应贷方向是否正确　　　　D. 经济业务是否有违法乱纪行为

6. 下列各项中，对原始凭证的处理正确的有（　　）。
   A. 对于完全符合要求的原始凭证，应当及时编制记账凭证入账
   B. 对于不真实、不合法的原始凭证，会计机构和会计人员有权不予接受，但不一定要向单位负责人报告
   C. 对于真实、合法、合理，但内容不够完整、填写有错误的原始凭证，应退回有关经办人员
   D. 对于不真实、不合法的原始凭证，会计机构和会计人员有权不予接受，并向单位负责人报告

7. 对原始凭证按其填制手续和内容不同进行分类，包括（　　）。
   A. 转账凭证　　　　　　　　　　B. 一次凭证
   C. 原始凭证汇总表　　　　　　　D. 累计凭证

8. 记账凭证按填制方式不同分为（　　）。
   A. 复式记账凭证　　　　　　　　B. 单一记账凭证
   C. 科目汇总表　　　　　　　　　D. 汇总记账凭证

9. 对记账凭证审核的要求有（　　）。
   A. 项目是否齐全　　　　　　　　B. 金额是否正确
   C. 书写是否正确　　　　　　　　D. 内容是否真实

10. 每年装订完成的会计凭证，正确的保管方法有（　　）。
    A. 在年度终了后，可暂由会计机构保管一年
    B. 会计机构保管一年期满后，移交本单位档案机构统一保管
    C. 未设立档案机构的，应当在会计机构内部指定专人保管
    D. 出纳人员不得兼管会计档案

11. 其他单位因特殊原因需要使用本单位的会计凭证，正确的做法有（　　）。
    A. 可以外借
    B. 将外借的会计凭证拆封抽出
    C. 不得外借，但经本单位负责人批准可以复制
    D. 将向外单位提供的凭证复印件在专设的登记簿上登记

12. 会计凭证的作用主要有（　　）。
    A. 用以考核和加强经济管理上的责任制
    B. 记录经济业务，提供记账依据
    C. 用以保护各项财产物资的安全完整
    D. 用以监督经济业务的合法性和合理性

13. 编制收款凭证时，其贷方科目填写的依据是（　　）。
    A. 国家统一会计制度的规定　　　　B. 经济业务的内容
    C. 与借方科目相对应　　　　　　　D. 厂长（经理）的要求

14. 自制原始凭证按其填制手续的不同可分为（　　）。
    A. 一次凭证　　　　　　　　　　　B. 累计凭证
    C. 收、付款凭证　　　　　　　　　D. 转账凭证
    E. 汇总原始凭证

15. 付款凭证左上角的"贷方科目"登记的科目可能是（　　）。
    A. 应付账款　　　　　　　　　　　B. 银行存款
    C. 预付账款　　　　　　　　　　　D. 材料采购
    E. 库存现金

16. 下列属于原始凭证的有（　　）。
    A. 销货发票　　　　　　　　　　　B. 收款凭证
    C. 工资结算单　　　　　　　　　　D. 购料合同
    E. 发料凭证汇总表

17. 下列属于汇总原始凭证的有（　　）。
    A. 科目汇总表　　　　　　　　　　B. 限额领料单
    C. 工资结算汇总表　　　　　　　　D. 收料凭证汇总表
    E. 汇总付款凭证

18. 记账凭证可以根据（　　）填制。
    A. 账簿提供的某些数据　　　　　　B. 原始凭证

C. 原始凭证汇总表 D. 实际发生的经济业务
E. 累计凭证

19. 下列记账凭证中，属于复式记账凭证的有（　　）。
    A. 收款凭证 B. 付款凭证
    C. 转账凭证 D. 通用记账凭证
    E. 单科目记账凭证

20. 原始凭证的填制要求是（　　）。
    A. 所填内容和数字必须真实、可靠、清晰、完整
    B. 填写要工整、规范，不能任意涂改、刮擦、挖补
    C. 凭证应按收款、付款、转账分类连续编号
    D. 按规定签章

21. 限额领料单同时属于（　　）。
    A. 原始凭证 B. 记账凭证
    C. 累计凭证 D. 一次凭证
    E. 自制凭证

22. 下列凭证中，属于自制原始凭证的有（　　）。
    A. 领料单 B. 购货发票
    C. 折旧计算表 D. 银行转账的结算凭证

23. 下列说法正确的是（　　）。
    A. 已经登记入账的记账凭证，在当年内发现填写错误时，直接用蓝字重新填写一张正确的记账凭证即可
    B. 发现以前年度记账凭证有错误的，可以用红字填写一张与原内容相同的记账凭证，再用蓝字重新填写一张正确的记账凭证
    C. 如果会计科目没有错误只是金额错误，也可以将正确数字与错误数字之间的差额，另填制一张调整的记账凭证，调增金额用蓝字，调减金额用红字
    D. 发现以前年度记账凭证有错误的，应当用蓝字填制一张更正的记账凭证

24. 下列属于外来原始凭证的有（　　）。
    A. 本单位开具的销售发票 B. 供货单位开具的发票
    C. 职工出差取得的飞机票和火车票 D. 银行收付款通知单

25. 下列说法正确的是（　　）。
    A. 记账凭证上的日期指的是经济业务发生的日期
    B. 对于涉及"库存现金"和"银行存款"之间的经济业务，一般只编制收款凭证
    C. 出纳人员不能直接依据有关收、付款业务的原始凭证办理收、付款业务
    D. 出纳人员必须根据经会计主管或其指定人员审核无误的收、付款凭证办理收、付款业务

26. 下列属于一次凭证的有（　　）。
    A. 收据 B. 发货票
    C. 工资结算单 D. 工资汇总表

27. 关于收款凭证，下列说法正确的是（　　）。

A. 收款凭证是指用于记录现金和银行存款收款业务的会计凭证
B. 收款凭证分为库存现金收款凭证和银行存款收款凭证两种
C. 从银行提取库存现金的业务应该编制库存现金收款凭证
D. 从银行提取库存现金的业务应该编制银行存款付款凭证

28. 原始凭证的审核内容包括（　　）。
A. 有关数量、单价、金额是否正确无误
B. 是否符合有关的计划和预算
C. 记录的经济业务的发生时间是否正确
D. 有无违反财经制度的行为

29. 对原始凭证发生的错误，正确的更正方法是（　　）。
A. 由出具单位重开或更正
B. 由本单位的会计人员代为更正
C. 金额发生错误的，可由出具单位在原始凭证上更正
D. 金额发生错误的，应当由出具单位重开

三、判断题

1. 填写凭证时不得随意省略。年、月、日必须全部填齐，填制凭证和接收凭证的单位名称必须写明省、市、县和单位的全称。（　　）
2. 企业从外单位取得的原始凭证，必须有填制单位的公章；从个人处取得的原始凭证，必须有填制人员的签名或盖章。（　　）
3. 从外单位取得的原始凭证，可以没公章，但必须有经办人员的签名或盖章。（　　）
4. 会计人员对不真实、不合法的原始凭证有权不予接受，并向单位负责人报告。（　　）
5. 根据规定，记账凭证应当附有原始凭证。但是，结账和更正错误的记账凭证可以不附原始凭证。（　　）
6. 发现以前年度记账凭证有错误，不必用红字冲销，直接用蓝字填制一张更正的记账凭证。（　　）
7. 从外单位取得的原始凭证如果丢失，可由当事人写出详细情况，代作原始凭证。（　　）
8. 对于企业的原始凭证，如果其他单位有特殊原因确实需要使用时，可以提供原件。（　　）
9. 记账凭证的填制日期与原始凭证的填制日期应当相同。（　　）
10. 一切外来原始凭证都是登记账簿的直接依据。（　　）
11. 所有记账凭证一定要有原始凭证附件作支持。（　　）
12. 凡是与记账有关的人员，都要在记账凭证上签章。（　　）
13. 从银行提取现金，只编制现金收款凭证。（　　）
14. 付款凭证只有在银行存款发生付出业务时才填制。（　　）
15. 一切原始凭证都是由本单位经办经济业务的有关人员填制的。（　　）
16. 外来原始凭证都是一次性使用的会计凭证。（　　）
17. 记账凭证都是累计凭证。（　　）

18. 转账凭证只登记与货币资金收付无关的经济业务。（ ）
19. 所有的记账凭证，其格式都有"借方金额""贷方金额"的内容，以便据以登记账簿。（ ）
20. 所有的原始凭证都是根据实际发生的经济业务填制的。（ ）
21. 在所有会计凭证上只要财会人员签字盖章，该凭证便具备合法性、真实性和正确性。（ ）
22. 汇总原始凭证与原始凭证一样，都具有法律效力。（ ）
23. 为了防止涂改，一切会计凭证都应填写大写的金额。（ ）
24. 记账凭证只能根据一张原始凭证编制。（ ）
25. 原始凭证是会计核算的原始资料和重要依据，是登记会计账簿的直接依据。（ ）
26. 对于真实、合法、合理，但内容不够完善、填写有错误的原始凭证，会计机构和会计人员不予接受。（ ）
27. 自制原始凭证都是一次凭证，外来原始凭证绝大多数是一次凭证。（ ）

第七章

会计账簿

知识目标

1. 了解会计账簿的概念与分类
2. 了解会计账簿的更换与保管
3. 熟悉会计账簿的登记要求
4. 熟悉总分类账与明细分类账平行登记的要点
5. 掌握日记账、总分类账及有关明细分类账的登记方法
6. 掌握对账与结账的方法
7. 掌握错账查找与更正的方法

第一节 会计账簿概述

一、会计账簿的概念与作用

(一) 会计账簿的概念

会计账簿是指由一定格式账页组成的,以经过审核的会计凭证为依据,全面、系统、连续地记录各项经济业务事项的簿籍。会计账簿简称"账簿",设置和登记账簿,是编制财务报表的基础,是连接会计凭证和财务报表的中间环节。各单位应当按照国家统一的会计制度的规定和会计业务的需要设置会计账簿。

(二) 设置和登记会计账簿的作用

(1) 记载和储存会计信息;
(2) 分类和汇总会计信息;
(3) 检查和校正会计信息;
(4) 编报和输出会计信息。

二、会计账簿与会计账户的关系

账簿与账户的关系是形式和内容的关系。账簿是由若干账页组成的一个整体,账簿中的

每一张账页就是账户的具体存在形式和载体，没有账簿，账户就无法存在；账簿序时、分类地记录经济业务，是在各个具体的账户中完成的。因此，账簿只是一个外在形式，账户才是它的实质内容。

三、会计账簿的分类

会计账簿的种类很多，不同类别的会计账簿可以提供不同的信息，满足不同的需要。账簿一般可以按其用途、账页格式和外形特征三种标准进行划分。

（一）按用途分类

账簿按其用途不同，可分为序时账簿、分类账簿和备查账簿三种。

1. 序时账簿

序时账簿又称日记账，是按照经济业务发生或完成时间的先后顺序逐日逐笔进行登记的账簿。序时账簿按其记录的内容，可分为普通日记账和特种日记账。普通日记账是对全部经济业务按其发生时间的先后顺序逐日、逐笔登记的账簿；特种日记账是对某一特定种类的经济业务按其发生时间的先后顺序逐日、逐笔登记的账簿。

2. 分类账簿

分类账簿是按照会计要素的具体类别而设置的分类账户进行登记的账簿。分类账簿按其反映经济业务的详略程度，可分为总分类账簿和明细分类账簿。分类账簿提供的核算信息是编制会计报表的主要依据。

（1）总分类账簿，又称总账，是根据总分类账户开设的，能够全面地反映企业的经济活动的账簿。它是提供各种资产、负债、所有者权益、费用、成本、收入、成果等总括核算资料的分类账簿。

在实际工作中，若经济业务比较简单，总分类科目为数不多，也可以把日记账簿和分类账簿结合在一本账簿中进行登记。这种兼有日记账簿和分类账簿性质和作用的账簿，称为联合账簿，如日记总账。

（2）明细分类账簿，又称明细账，是根据明细分类账户开设的，用来提供明细的核算资料的账簿。总账对所属的明细账起统驭作用，明细账对总账进行补充和说明。

3. 备查账簿

备查账簿，又称辅助登记簿或补充登记簿，是指对某些在序时账簿和分类账簿中未能记载或记载不全的经济业务进行补充登记的账簿。例如"租入固定资产登记簿""受托加工材料登记簿""代销商品登记簿""应收（付）票据备查簿"等。

备查账簿只是对其他账簿记录的一种补充，与其他账簿之间不存在严密的依存和钩稽关系。备查账簿根据企业的实际需要设置，没有固定的格式要求。

（二）按账页格式分类

按账页格式的不同，账簿可以分为两栏式账簿、三栏式账簿、多栏式账簿和数量金额式账簿、横线登记式账簿五种。

1. 两栏式账簿

两栏式账簿是指只有借方和贷方两个基本金额栏目的账簿。普通日记账和转账日记账一般采用两栏式。

2. 三栏式账簿

三栏式账簿是设有借方、贷方和余额三个基本栏目的账簿。各种日记账、总分类账以及资本、债权、债务明细账都可采用三栏式。

3. 多栏式账簿

多栏式账簿是在账簿的两个基本栏目借方和贷方按需要分设若干专栏的账簿。收入、成本、费用、利润和利润分配明细账一般均采用这种格式。

4. 数量金额式账簿

数量金额式账簿是在借方、贷方和余额三个栏目内,均分设数量、单价和金额三小栏,用以反映财产物资的实物数量和价值量。如原材料、库存商品、周转材料等存货明细账一般都采用数量金额式。

5. 横线登记式账簿

横线登记式账簿,又称平行式账簿,是指将前后密切相关的经济业务登记在同一行上,以便检查每笔经济业务发生和完成情况的账簿。

(三) 按外形特征分类

账簿按其外形特征不同,可分为订本账、活页账和卡片账三种。

1. 订本账

订本账是在启用前将编有顺序页码的一定数量账页装订成册的账簿。

订本账的优点是能避免账页散失和防止抽换账页。

其缺点是账页固定后不便于分工记账,也不能根据记账需要增减账页。

这种账簿适用于总分类账、现金日记账、银行存款日记账。

2. 活页账

活页账是将一定数量的账页置于活页夹内,可根据记账内容的变化而随时增加或减少部分账页的账簿。当账簿登记完毕之后(通常是一个会计年度结束之后),才将账页予以装订,加具封面,然后对各账页连续编号。

这类账簿的优点是记账时可以根据实际需要,随时将空白账页装入账簿,或抽取不需要的账页,可根据需要增减账页,便于分工记账。

其缺点是如果管理不善,可能会造成账页散失或被故意抽换账页。

3. 卡片账

卡片账是将一定数量的卡片式账页存放于专设的卡片箱中,可以根据需要随时增添账页的账簿。在我国,企业通常对固定资产明细账的核算采用卡片账形式。卡片账实质上也是一种活页账,其优缺点与活页账相同。

第二节 会计账簿的内容、启用与登记规则

一、会计账簿的基本内容

会计账簿的基本内容包括封面、扉页、账页。

(一) 封面

封面(含封底)主要起保护账页的作用,同时封面上标明账簿的名称及单位的名称。

(二) 扉页

主要列明科目索引、账簿启用和经管人员一览表,包括登载账簿启用表和账户目录,明确账簿启用日期、记账人员等内容。

(三) 账页

账页是账簿用来记录经济业务事项的载体,一般包括账户的名称、登记账簿的日期栏、记账凭证的种类和号数栏、摘要栏、金额栏、总页次和分户页次栏。

二、会计账簿的启用

启用会计账簿时,应当在账簿封面上写明单位名称和账簿名称,并在账簿扉页上填写账簿启用及交接表,格式如表7-1所示。启用订本式账簿,应当从第一页到最后一页顺序编定页数,不得跳页、缺号。使用活页式账页,应当按账户顺序编号,并须定期装订成册;装订后再按实际使用的账页顺序编定页码,另加目录,记明每个账户的名称和页次。

表7-1 账簿启用及交接表

机构名称									印鉴	
账簿名称		(第 册)								
账簿编号										
账簿页数		本账簿共计 页								
启用日期		公元 年 月 日								
经管人员	负责人		主办会计		复核			记账		
	姓名	印	姓名	印	姓名		印	姓名		印
交接记录	经管人员		接管			交出				
	职别	姓名	年	月	日	印	年	月	日	印
备注										

三、会计账簿的登记要求

为了保证账簿记录的正确性,必须根据审核无误的会计凭证登记会计账簿,并符合有关法律、行政法规和国家统一的会计准则制度的规定,主要登记要求如下:

(一) 书写完整

登记账簿时,应当将会计凭证日期、编号,业务内容摘要,金额和其他有关资料逐项记入账内,同时记账人员要在记账凭证上签名或者盖章。

（二）注明记账符号

为了防止漏记、重记和错记情况的发生，记账人员在完成记账时，还应在记账凭证上注明已经登账的符号"√"。

（三）书写格式

记账要保持清晰、整洁，记账文字和数字要端正、清楚、书写规范，一般应占账簿格距的1/2，以便留有改错的空间。

（四）用笔规定

登记账簿时，要用蓝黑墨水或者碳素墨水书写，不得用圆珠笔（银行的复写账簿除外）或者铅笔书写。

（五）特殊记账使用红墨水

红色墨水只能用于制度规定的以下情况：
（1）按照红字冲账的记账凭证，冲销错误记录；
（2）在不设借贷等栏的多栏式账页中，登记减少数；
（3）在三栏式账户的余额栏前，如未印明余额方向的，在余额栏内登记负数余额；
（4）结账划线；
（5）划线更正错误；
（6）根据国家统一的会计制度的规定可以用红字登记的其他会计记录。

（六）顺序连续登记

各种账簿要按账页顺序连续登记，不得跳行、隔页。如发生跳行、隔页，应将空行、空页划线注销，或注明"此行空白"或"此页空白"字样，并由记账人员签名或盖章。

（七）结出余额

凡需结出余额的账户，应当定期结出余额。现金日记账和银行存款日记账必须每天结出余额。结出余额后，应在"借"或"贷"栏内写明"借"或"贷"的字样。没有余额的账户，应在"借"或"贷"栏内写"平"字，并在"余额"栏用"0"表示。

（八）过次承前

每一账页登记完毕结转下页时，应当结出本页合计数和余额，写在本页最后一行和下页第一行有关栏内，并在本页的摘要栏内注明"过次页"字样，在次页的摘要栏内注明"承前页"字样。也可以将本页合计数及金额只写在下页第一行有关栏内，并在摘要栏内注明"承前页"字样。

对既不需要结计本月发生额，也不需要结计本年累计发生额的账户，可以只将每页末的余额结转次页。

对需要结计本月发生额的账户，结计"过次页"的本页合计数应当为自本月初起至本页末止的发生额合计数。

对需要结计本年累计发生额的账户，结计"过次页"的本页合计数应当为自年初起至本页末止的累计数。

（九）不得涂改、刮擦、挖补

在记账过程中，发生账簿记录错误，不得使用刮擦、挖补、涂改、药水消除字迹等手段更改错账,也不准更换账页重抄,而应根据错误的具体情况,采用规范的更正方法予以更正。

第三节 会计账簿的格式与登记方法

一、日记账的格式和登记方法

日记账是按照经济业务发生或完成的时间先后顺序逐日逐笔进行登记的账簿。设置日记账的目的是使经济业务的时间顺序清晰地反映在账簿记录中。日记账按其所核算和监督经济业务的范围,可分为特种日记账和普通日记账。在我国,大多数企业一般只设库存现金日记账和银行存款日记账。日记账应由出纳人员登记管理。根据会计法的规定,出纳人员不得兼任稽核、会计档案保管和收入、支出、费用、债权债务账目的登记工作。

(一) 库存现金日记账的格式与登记方法

库存现金日记账是用来核算和监督库存现金日常收、付和结存情况的序时账簿。库存现金日记账的格式主要有三栏式和多栏式两种,库存现金日记账必须使用订本账。

1. 三栏式库存现金日记账

三栏式库存现金日记账是用来登记库存现金的增减变动及其结果的日记账。设借方、贷方和余额三个金额栏目,一般将其分别称为收入、支出和结余三个基本栏目。

三栏式库存现金日记账是由出纳人员根据库存现金收款凭证、库存现金付款凭证以及银行存款的付款凭证,按照库存现金收、付款业务和银行存款付款业务发生时间的先后顺序逐日逐笔登记。现金日记账根据"上日余额+本日收入-本日支出=本日余额"的公式,逐日结出库存现金余额,与库存现金实存数核对,以检查每日库存现金收付是否有误。如果账款不符,应及时查明原因。现金日记账的格式及登记方法如表7-2所示。

2. 多栏式库存现金日记账

多栏式库存现金日记账是在三栏式库存现金日记账的基础上发展起来的。这种日记账的借方(收入)和贷方(支出)金额栏都按对方科目设专栏,也就是按收入的来源和支出的用途设专栏。这种格式在月末结账时,可以结出各收入来源专栏和支出用途专栏的合计数,便于对现金收支的合理性、合法性进行审核分析,便于检查财务收支计划的执行情况,其全月发生额还可以作为登记总账的依据。

(二) 银行存款日记账的格式与登记方法

银行存款日记账是用来核算和监督银行存款每日的收入、支出和结余情况的账簿。银行存款日记账应按企业在银行开立的账户和币种分别设置,每个银行账户设置一本日记账,一般采用三栏式账页。

银行存款日记账的格式与三栏式现金日记账的格式基本相同,由出纳人员根据审核无误的银行存款收款凭证、银行存款付款凭证和现金付款凭证(将现金存入银行的业务),按经济业务发生时间的先后顺序,逐日逐笔进行登记。对于银行存款,每日终了,应分别计算出当日银行存款收入、付出的合计数,结计账面结余额,并注意月末与银行的对账单逐笔核对。银行存款日记账的格式及登记方法如表7-3所示。

表7-2 现金日记账的格式及登记方法

现金日记账

2019年		凭证编号	摘要	对方科目	√	借方(收入)金额	贷方(支出)金额	余额
月	日					千百十万千百十元角分	千百十万千百十元角分	千百十万千百十元角分
1	1		上年结转					6 0 0 0 0 0
	1	付01	提现金备用	银行存款		5 0 0 0 0 0		
	1	付02	购办公用品	管理费用			1 5 0 0 0 0	
	1	付03	王明借支差旅费	其他应收款			6 0 0 0 0 0	
	1	付04	老李困难补助	应付职工薪酬			3 0 0 0 0 0	
	1	收01	销售废品	其他业务收入		2 0 0 0 0 0		
			本日合计			5 2 0 0 0 0	1 0 5 0 0 0 0	7 0 0 0 0 0

表7-3 银行存款日记账的格式及登记方法

银行存款日记账

2019年		凭证编号	摘要	对方科目	√	借方(收入)金额 千百十万千百十元角分	贷方(支出)金额 千百十万千百十元角分	余额 千百十万千百十元角分
月	日							
1	1		上年结转					3 0 0 0 0 0 0
	1	付01	提现金备用	库存现金			1 5 0 0 0 0	
	1	收02	销售商品	主营业务收入等		1 1 7 0 0 0 0 0		
	1	付05	采购A材料	原材料等			9 3 6 0 0 0 0	
			本日合计			1 1 7 0 0 0 0 0	9 5 1 0 0 0 0	5 1 9 0 0 0 0
	17	收03	现销乙产品500件	主营业务收入等		1 4 0 0 0 0 0 0		1 9 1 9 0 0 0 0
	18	付06	支付上月税费	应交税费			2 8 8 6 0 0 0	1 6 3 0 4 0 0 0
	25	付07	采购B材料	原材料等			2 3 7 0 0 0 0	1 3 9 3 4 0 0 0
	28	付08	支付前欠货款	应付账款			8 0 0 0 0 0 0	5 9 3 4 0 0 0
	29	收04	收到上月货款	应收账款		6 0 0 0 0 0 0		1 1 9 3 4 0 0 0
	30	付09	支付本月水电费	制造费用等			6 0 0 0 0 0	1 1 3 3 4 0 0 0
	31	收05	获得赔偿金	营业外收入		2 0 0 0 0 0		1 1 5 3 4 0 0 0
	31		本月合计			3 1 9 0 0 0 0 0	2 3 3 6 6 0 0 0	1 1 5 3 4 0 0 0

二、总分类账的格式和登记方法

(一) 总分类账的格式

总分类账是按照总分类账户分类登记以提供总括会计信息的账簿。总分类账只采用货币计量单位进行登记。总分类账最常用的格式为三栏式,设置借方、贷方和余额三个基本金额栏目。总分类账的格式如表7-4所示。

(二) 总分类账的登记方法

总分类账是按每一个总分类科目开设账页,进行分类登记的账簿,它能总括地反映各会计要素具体内容的增减变动和变动结果,编制会计报表就是以这些分类账所提供的资料为依据的。它一般采用三栏式账页格式。

总分类账的登记方法因登记的依据不同而有所不同。经济业务少的小型单位的总分类账,可以根据记账凭证逐笔登记;经济业务多的大中型单位的总分类账,可以根据记账凭证汇总表(又称科目汇总表)或汇总记账凭证等定期登记。

三、明细分类账的格式与登记方法

(一) 明细分类账的格式

明细分类账是根据有关明细分类账户设置并登记的账簿。它能提供交易或事项比较详细、具体的核算资料,以补充总账所提供核算资料的不足。因此,各企业单位在设置总账的同时,还应设置必要的明细账。明细分类账一般采用活页式账簿、卡片式账簿。

明细分类账除主要以货币计量单位进行登记外,有的明细账还兼用实物计量单位。其格式有三栏式、多栏式、数量金额式和横线登记式(或称平行式)等多种。

1. 三栏式明细分类账(简称三栏式明细账)

三栏式账页是设有借方、贷方和余额三个栏目,用以分类核算各项经济业务,提供详细核算资料的账簿,其格式与三栏式总账格式相同。它适用于那些只需要进行金额核算而不需要进行数量核算的账户,一般适用于资本、债权、债务类账户的明细核算,如应收账款、应付账款、短期借款、实收资本、应交税费等账户的明细核算。其格式如表7-5所示。

2. 多栏式明细分类账(简称多栏式明细账)

多栏式账页是将属于同一个总账科目的各个明细科目合并在一张账页上进行登记的账簿,即在这种格式账页的借方或贷方金额栏内按照明细项目设若干专栏。这种格式适用于收入、成本、费用类科目的明细核算,如主营业务收入、生产成本、制造费用、管理费用等账户的明细核算。

由于各种多栏式明细分类账所记录的经济业务内容不同,所需要核算的指标也不同,因此,栏目的设置也不尽相同。如果是只设借方的多栏式明细分类账,当登记减少时,应该使用红字登记;如果是只设贷方的多栏式明细分类账,当登记减少时,也应该使用红字登记。以生产成本明细账为例,其格式如表7-6所示。

表7-4 总分类账的格式

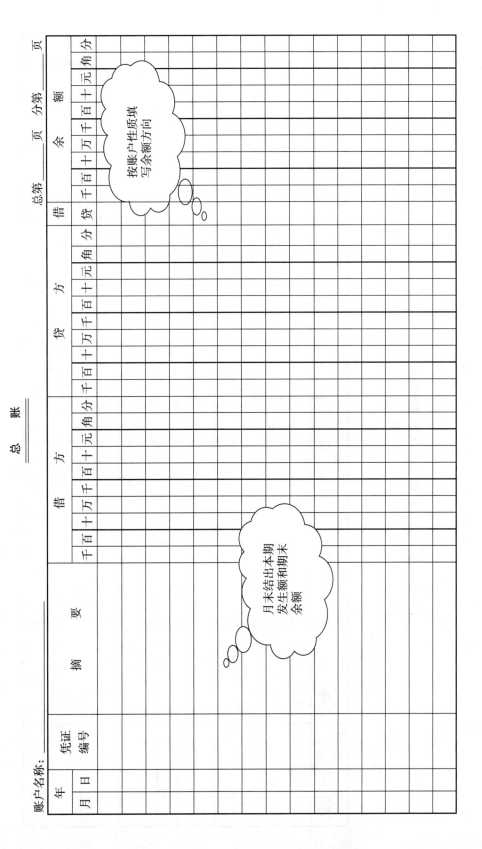

表7-5 三栏式明细账格式

明 细 账

二级科目：_____
三级科目：_____

总第____页 分第____页

年		凭证编号	摘要	对方科目	借方 千百十万千百十元角分	贷方 千百十万千百十元角分	借贷	余额 千百十万千百十元角分
月	日						∨	

表 7 – 6 多栏式明细账格式

生产成本明细分类账

_____:

年		记账凭证		摘要	借方				贷方	余额
月	日	字	号		直接材料	直接人工	制造费用	合计		

3. 数量金额式明细分类账（简称数量金额式明细账）

数量金额式账页适用于既要进行金额核算又要进行数量核算的账户，如原材料、库存商品等存货账户，其借方（收入）、贷方（发出）和余额（结存）都分别设有数量、单价和金额三个专栏。其格式如表 7 – 7 所示。

数量金额式账页提供了企业有关财产物资数量和金额收、发、存的详细资料，从而能加强财产物资的实物管理和使用监督，保证这些财产物资的安全完整。

4. 横线登记式明细分类账（简称横线登记式明细账）

横线登记式账页是采用横线登记，即将每一相关的业务登记在一行，从而可依据每一行各个栏目的登记是否齐全来判断该项业务的进展情况。这种格式适用于登记材料采购、在途物资、应收票据和一次性备用金业务。

（二）明细分类账的登记方法

明细分类账，是指按照明细分类账户进行分类登记的账簿，是根据单位开展经济管理的需要，对经济业务的详细内容进行的核算，是对总分类账进行的补充反映。明细分类账是按照明细科目开设的用来分类登记某一类经济业务，提供明细核算资料的分类账户。明细分类账所提供的有关经济活动的详细资料，是对总分类账所提总括核算资料的必要补充，同时也是编制会计报表的依据。

不同类型经济业务的明细分类账，可根据管理需要，依据记账凭证和相应的原始凭证逐日逐笔或定期汇总登记。固定资产、债权、债务等明细账应逐日逐笔登记；库存商品、原材料、周转材料收发明细账以及收入、费用明细账可以逐笔登记，也可定期汇总登记。

表7-7 数量金额式明细账格式

明 细 账

货号：＿＿＿＿＿ 品名：＿＿＿＿＿ 计量单位：＿＿＿＿＿ 总第＿＿＿页 分第＿＿＿页

年		记账凭证		摘要	借方			贷方			结存		
月	日	字	号		数量	单价	金额（百十万千百十元角分）	数量	单价	金额（百十万千百十元角分）	数量	单价	金额（百十万千百十元角分）

第四节 对账与结账

一、对账

(一) 对账的概念

对账就是核对账目,是对账簿记录所进行的核对工作,是指在会计核算中,为保证账簿记录正确可靠,对账簿中的有关数据进行检查和核对的工作。

(二) 对账的内容

对账一般可以分为账证核对、账账核对和账实核对。对账应当定期将会计账簿记录的有关数字与库存实物、货币资金、有价证券往来单位或个人等进行相互核对,保证账证相符、账账相符、账实相符,对账工作每年至少进行一次。

1. 账证核对

账簿是根据经过审核之后的会计凭证登记的,但实际工作中仍有可能发生账证不符的情况,记账后,应将账簿记录与会计凭证核对,核对账簿记录与原始凭证、记账凭证的时间、凭证字号、内容、金额等是否一致,记账方向是否相符,做到账证相符。

会计期末,如果发现账账不符,也可以再将账簿记录与有关会计凭证进行核对,以保证账证相符。

2. 账账核对

(1) 总分类账簿之间的核对。

①总分类账簿有关账户的余额核对。

总账资产类账户余额 = 总账负债账户余额 + 总账所有者权益账户余额。

②总分类账簿有关账户的发生额核对。

总账全部账户借方发生额合计 = 总账全部账户贷方发生额合计。

(2) 总分类账簿与所属明细分类账簿之间的核对。

①总分类账户期初余额 = 总账所属明细分类账户期初余额合计。

②总分类账户期末余额 = 总账所属明细分类账户期末余额合计。

③总账各账户借方发生额 = 总账所属明细账户借方发生额合计。

④总账各账户贷方发生额 = 总账所属明细账户贷方发生额合计。

(3) 总分类账簿与序时账簿之间的核对。

①库存现金总分类账余额 = 库存现金日记账余额。

②银行存款总分类账余额 = 银行存款日记账余额。

(4) 明细分类账簿之间的核对。

会计部门财产物资明细分类账期末余额与财产物资保管和使用部门的有关财产物资明细分类账期末余额应核对相符。

3. 账实核对

账实核对是指各项财产物资账面余额与实有数额之间的核对,包括以下内容:

(1) 库存现金日记账账面余额与库存现金实际库存数逐日核对是否相符。

(2) 银行存款日记账账面余额与银行对账单的余额定期核对是否相符。

(3) 各项财产物资明细账账面余额与财产物资的实有数额定期核对是否相符。
(4) 有关债权债务明细账账面余额与对方单位的账面记录核对是否相符。

二、结账

(一) 结账的概念

结账是一项将账簿记录定期结算清楚的账务工作。在一定时期结束时（如月末、季末或年末），为了编制财务报表，需要进行结账，具体包括月结、季结和年结。结账的内容通常包括两个方面：一是结清各种损益类账户，并据以计算确定本期利润；二是结出各资产、负债和所有者权益账户的本期发生额合计和期末余额。

(二) 结账的程序

(1) 结账前，将本期发生的经济业务全部登记入账，并保证其正确性。对于发现的错误，应采用适当的方法进行更正。

(2) 在本期经济业务全面入账的基础上，根据权责发生制的要求，调整有关账项，合理确定应计入本期的收入和费用。

(3) 将各损益类账户余额全部转入"本年利润"账户，结平所有损益类账户。

(4) 结出资产、负债和所有者权益账户的本期发生额和余额，并转入下期。

上述工作完成后，就可以根据总分类账和明细分类账的本期发生额和期末余额，分别进行试算平衡。

(三) 结账的方法

结账时应当根据不同的账户记录，分别采用不同的方法：

(1) 对不需按月结计本期发生额的账户，如各项应收、应付款明细账和各项财产物资明细账等，每次记账以后，都要随时结出余额，每月最后一笔余额即为月末余额。月末结账时，只需在最后一笔经济业务记录之下通栏划红单线，不需再结计一次余额。

(2) 现金、银行存款日记账和需要按月结计发生额的收入、费用等明细账，每月结账时，要在最后一笔经济业务记录下面通栏划出单红线，结出本月发生额和余额，在摘要栏内注明"本月合计"字样，在下面通栏划单红线。

(3) 需要结计本年累计发生额的某些明细账户，如收入、成本、费用明细账，每月结账时，应在"本月合计"行下结出自年初起至本月末止的累计发生额，登记在月份发生额下面，在摘要栏内注明"本年累计"字样，并在下面通栏划红单线。12月末的"本年累计"就是全年累计发生额，全年累计发生额下通栏划红双线。

(4) 总账账户平时只需结出月末余额。年终结账时，将所有总账账户结出全年发生额和年末余额，在摘要栏内注明"本年合计"字样，并在合计数下通栏划红双线。

通常在每季度的最后一个月月结的下一行，在"摘要"栏内注明"本季合计"或"本季度发生额及余额"，同时结出借、贷方发生总额及季末余额。然后，在这一行下面划一条通栏单红线，表示季结的结束。

(5) 年度终了结账时，有余额的账户，要将余额结转下年，并在摘要栏内注明"结转下年"字样，在下一会计年度新建有关会计账簿的第一行余额栏内填写上年结转的余额，并在摘要栏注明"上年结转"字样。

第五节　错账查找与更正的方法

一、错账查找方法

错账查找的方法主要有差数法、尾数法、除 2 法及除 9 法等。这些方法一般适用于一笔业务的错误，主要是为查找错账指明方向，减轻错账查找的工作量。但是，如果出现两个及以上同类或不同类型的错账，上述的错账查找方法一般不宜使用。

（一）差数法

差数法是指按照错账的差数查找错账的方法。例如，在核对库存现金总账与明细账时，发现总账余额比明细账少了 2 元，通过核对，发现现付 3 号凭证注明的报销费用为 952.89 元，但是总账按金额 950.89 元记录，于是推断错账所在。

（二）尾数法

尾数法是指对于发生的差错只查找末位数，以提高查错效率的方法。这种方法适合于借贷方金额其他位数都一致，而只有末位数出现差错的情况。例如，在核对库存现金总账与明细账时，发现总账余额比明细账多了 0.64 元，通过对记账凭证尾数的查找，发现现收 1 号凭证数据尾数有 "0.64"，于是推断错账所在。

（三）除 2 法

除 2 法是指以差数除以 2 来查找错账的方法。当某个借方金额错记入贷方（或相反）时，出现错账的差数表现为错误的 2 倍，将此差数用 2 去除，得出的商即是反向的金额。例如，在核对银行存款总账与明细账时，发现总账余额比明细账少了 800 元，出纳人员判断可能是记错方向引起的，查找时，将 800÷2＝400（元），查找有 "400 元" 的记账栏，发现现收 2 号凭证记错方向，于是推断错账所在。

（四）除 9 法

除 9 法是指以差数除以 9 来查找错账的方法，适用于以下三种情况：

（1）将数字写小；
（2）将数字写大；
（3）邻数颠倒。

例如，在核对管理费用总账与明细账时，发现总账余额比明细账少了 5 400 元，记账人员初步判断可能是将数字写小了，于是将 5 400÷9＝600（元），发现能整除，查找总账有"600 元"的记账栏，发现现收 4 号凭证将 600 元记成了 6 000 元，于是推断错账所在。

二、错账更正方法

账簿记录应做到整洁，记账应力求正确，如果发现账簿记录有错误，应按规定的方法进行更正，不得涂改、挖补或用化学试剂消除字迹。错账的更正方法有划线更正法、红字更正法、补充登记法三种。

（一）划线更正法

划线更正法又称红线更正法。在结账前发现账簿记录有文字或数字错误，而其所依据的记账凭证没有错误，采用划线更正法进行更正。更正时，可在错误的文字或数字上划一条红线，在红线的上方填写正确的文字或数字，使原来错误的数字或文字的字迹仍可识别，并由记账人员及相关人员在更正处盖章。对于错误的数字，应全部划红线更正，不得只更正其中的错误数字，如将 65 865 元错记为 65 685 元，应将 65 685 元全部划去，不得只改 68 两个数字。对于文字错误，可只划去错误的部分。

（二）红字更正法

红字更正法又称红字冲销法，是会计核算中用红字冲销或冲减原记数额，以更正或调整账簿记录的一种方法。它是针对在当年内发现的，在登账后的记账错误而采用的更正方法，以前年度的记账错误不能使用该方法。红字更正适用于以下两种情况。

（1）记账后发现记账凭证中的应借应贷会计科目有错误所引起的记账错误。更正的方法如下：

① 先用红字填制一张与原错误记账凭证内容完全相同的记账凭证，并据以用红字登记入账，冲销原有错误的账簿记录。

② 再用蓝字填制一张正确的记账凭证，并据以用蓝字登记入账。

【例 7-1】 某企业生产车间领用一批材料用于生产商品，共计 5 000 元，填制记账凭证时，误写应借科目为"管理费用"，并已登记入账。原错误的会计分录如下：

借：管理费用　　　　　　　　　　　　　　　　　　　　　　　　　5 000
　　贷：原材料　　　　　　　　　　　　　　　　　　　　　　　　　　　5 000

发现这种错误时，应先用红字填制一张记账凭证，其会计分录如下：

借：管理费用　　　　　　　　　　　　　　　　　　　　　　　　　|5 000|
　　贷：原材料　　　　　　　　　　　　　　　　　　　　　　　　　　　|5 000|

用以冲销原错误分录（带框数字表示红字金额，下同）。同时，再用蓝字填制一张正确的记账凭证，其会计分录如下：

借：生产成本　　　　　　　　　　　　　　　　　　　　　　　　　5 000
　　贷：原材料　　　　　　　　　　　　　　　　　　　　　　　　　　　5 000

（2）在登账后，发现记账凭证的应借应贷方向和会计科目正确，而所记金额大于应记金额，应采用红字更正法更正。更正时，只将正确数字与错误数字之间的差额，用红字金额填制一张应借应贷科目与错误凭证相同的记账凭证，在摘要栏注明"冲销某月某日第×号凭证多记金额"，并据以用红字金额过账，以示冲销多记的金额。

【例 7-2】 某企业从银行提取现金 30 000 元，备发工资。误作下列记账凭证，并已登记入账。

借：库存现金　　　　　　　　　　　　　　　　　　　　　　　　50 000
　　贷：银行存款　　　　　　　　　　　　　　　　　　　　　　　　　50 000

发现错误后，应将多记的金额用红字作与上述科目相同的会计分录。会计分录如下：

借：库存现金　　　　　　　　　　　　　　　　　　　　　　　　|20 000|
　　贷：银行存款　　　　　　　　　　　　　　　　　　　　　　　　　|20 000|

（三）补充登记法

补充登记法又称蓝字补记法，是用增记差额更正账簿记录错误的一种方法。记账后，发现记账凭证中应借应贷的会计科目和记账方向都没有错误，只是所记金额小于应记的正确金额，应采用补充登记法。更正的方法是将少记的金额用蓝字填制一张与原错误记账凭证所记载的借贷方向、应借应贷会计科目相同的记账凭证，并据以登记入账，以补记少记金额，求得正确金额。

【例 7-3】 某企业向银行取得短期借款 200 000 元存入银行，编制记账凭证时，将金额写为 20 000 元，并登记入账。其错误的会计分录如下：

借：银行存款　　　　　　　　　　　　　　　　　　　　　　　　20 000
　　贷：短期借款　　　　　　　　　　　　　　　　　　　　　　　　20 000

为了更正有关账户中少记的 180 000 元的错误，应用蓝字填制一张记账凭证。其会计分录如下：

借：银行存款　　　　　　　　　　　　　　　　　　　　　　　　180 000
　　贷：短期借款　　　　　　　　　　　　　　　　　　　　　　　　180 000

第六节　会计账簿的更换与保管

一、会计账簿的更换

会计账簿的更换通常在新会计年度建账时进行。总账、日记账和多数明细账应每年更换一次。但有些财产物资明细账和债权债务明细账，由于材料品种、规格和往来单位较多，要更换新账，重抄一遍，工作量较大，因此，可以跨年度使用（如固定资产明细账等），不必每年更换一次。各种备查簿也可以连续使用。

二、会计账簿的保管

会计账簿是会计档案的重要组成部分，每个单位必须按照国家统一的会计制度规定，建立管理制度，妥善保管，保管期满，按规销毁。账簿管理分为日常账簿管理和旧账归档保管两部分。

（一）日常账簿管理的要求

（1）各种账簿的管理要分工明确，指定专人管理，账簿经管人员既要负责本账簿的记账、对账、结账等工作，又要负责保证账簿安全、完整。

（2）会计账簿未经会计负责人或有关人员批准，非经管人员不得随意翻阅、查看、摘抄和复制等。

（3）会计账簿除需要与外单位核对外，一般能携带外出，对携带外出的账簿，会计负责人要指定专人负责，办理手续并如期归还。

（4）会计账簿不能随意交给其他人员管理，以保证账簿安全、完整和防止任意篡改、毁坏账簿等问题的发生。

（二）旧账归档保管的要求

在年度终了更换并启用新账簿后，会计人员必须将各种活页账簿连同"账簿和经管人员一览表"装订成册，加上封皮，统一编号。与各种订本式账簿一起形成的会计档案，可暂由会计机构保管一年，期满之后，应当由会计机构编制移交清册，移交本单位档案机构统一保管；未设立档案机构的，应当在会计机构内部指定专人保管。

各种账簿应当按年度分类归档，编造目录，妥善保管。既保证在需要时迅速查阅，又保证各种账簿的安全和完整。保管期满后，还要按照规定的审批程序经批准后才能销毁。

三、会计账簿的销毁

会计账簿保管期满需要销毁时，由本单位档案机构会同会计机构提出销毁意见，编制账簿档案销毁清册。列明销毁档案的名称、卷号、册数、起止年度和档案编号，以及应保管期限、已保管期限、销毁时间等内容。单位负责人应当在账簿档案销毁清册上签署意见。销毁会计账簿时，应当由档案机构和会计机构共同派员监销。监销人员在销毁会计账簿前，应当按照会计账簿销毁清册所列内容清点核对所要销毁的会计账簿。销毁后，应当在会计账簿销毁清册上签章，并将监销情况报告本单位负责人。

思考练习题

一、单项选择题

1. 下列项目中，（　　）是连接会计凭证和会计报表的中间环节。
   A. 复式记账　　　　　　　　　B. 设置会计科目和账户
   C. 设置和登记账簿　　　　　　D. 编制会计分录
2. 按照（　　）可以把账簿分为序时账簿、分类账簿和备查账簿三类。
   A. 账户用途　　　　　　　　　B. 账页格式
   C. 外形特征　　　　　　　　　D. 账簿的性质
3. 能够提供企业某一类经济业务增减变化总括会计信息的账簿是（　　）。
   A. 明细分类账　　　　　　　　B. 总分类账
   C. 备查账　　　　　　　　　　D. 日记账
4. 能够提供企业某一类经济业务增减变化详细会计信息的账簿是（　　）。
   A. 明细分类账　　　　　　　　B. 总分类账
   C. 备查账　　　　　　　　　　D. 日记账
5. 能够序时反映企业某一类经济业务会计信息的账簿是（　　）。
   A. 明细分类账　　　　　　　　B. 总分类账
   C. 备查账　　　　　　　　　　D. 日记账
6. 一般情况下，不需根据记账凭证登记的账簿有（　　）。
   A. 明细分类账　　　　　　　　B. 总分类账
   C. 备查账　　　　　　　　　　D. 日记账
7. 生产成本明细账的格式一般采用（　　）。
   A. 三栏式　　　　　　　　　　B. 多栏式
   C. 数量金额式　　　　　　　　D. 两栏式
8. 总分类账一般采用（　　）。
   A. 活页式账簿　　　　　　　　B. 自己认为合适的账簿
   C. 卡片式账簿　　　　　　　　D. 订本式账簿
9. 现金日记账的账簿形式应该是（　　）。

A. 三栏式活页账簿 B. 多栏式活页账簿
C. 两栏式订本序时账簿 D. 三栏式订本序时账簿

10. 下列账簿中，可以采用卡片式账簿的是（　　）。
    A. 现金日记账 B. 原材料总账
    C. 固定资产总账 D. 固定资产明细账

11. 债权、债务等往来款项一般适用的明细账种类为（　　）。
    A. 多栏式活页账簿 B. 数量金额式明细账
    C. 两栏式明细账 D. 三栏式明细账

12. 备查账是企业（　　）。
    A. 必设账簿 B. 根据需要设置的账簿
    C. 固定格式账簿 D. 外部账簿

13. 银行存款日记账是根据（　　）逐日逐笔登记的。
    A. 银行存款收、付款凭证 B. 转账凭证
    C. 现金收款凭证 D. 银行对账单

14. 应收账款账户应根据（　　）设置明细分类账。
    A. 债务单位或个人名称 B. 债权单位或个人名称
    C. 收款期限 D. 付款期限

15. 记账以后，发现记账凭证和账簿中所记金额大于应记金额，而应借应贷的会计科目并无错误，应采用（　　）进行更正。
    A. 划线更正法 B. 红字冲销法
    C. 红字差额冲销法 D. 补充登记法

16. 记账以后，发现记账凭证和账簿所记金额小于应记金额，而应借应贷的会计科目并无错误，应采用（　　）进行更正。
    A. 划线更正法 B. 红字冲销法
    C. 红字差额冲销法 D. 补充登记法

17. 记账以后，发现记账凭证无误，而账簿中的应借应贷会计科目有错误，应采用（　　）进行更正。
    A. 划线更正法 B. 红字更正法
    C. 蓝字更正法 D. 补充登记法

18. 采用划线更正法，是因为（　　），导致账簿记录错误。
    A. 记账凭证上会计科目或记账方向错误
    B. 记账凭证正确，在记账时发生错误
    C. 记账凭证上会计科目或记账方向正确，所记金额大于应记金额
    D. 记账凭证上会计科目或记账方向正确，所记金额小于应记金额

19. 下列说法错误的是（　　）。
    A. 凡需要结出余额的账户，结出余额后，应当在"借"或"贷"等栏内写明"借"或者"贷"字样
    B. 没有余额的账户，应当在"借"或"贷"等栏内写"—"，并在余额栏内用"0"表示

C. 现金日记账必须逐日结出余额

D. 银行存款日记账必须逐日结出余额

20. 下列说法错误的是（   ）。

   A. 出纳人员主要负责登记现金日记账和银行存款日记账

   B. 现金日记账由出纳人员根据现金的收、付款凭证，逐日逐笔顺序登记

   C. 银行存款日记账应该定期或者不定期与开户银行提供的对账单进行核对，每月至少核对三次

   D. 现金日记账和银行存款日记账，应该定期与会计人员登记的现金总账和银行存款总账核对

二、多项选择题

1. 账簿按用途，可以分为（   ）。

   A. 序时账簿   B. 订本账簿
   C. 分类账簿   D. 备查账簿

2. 账簿按其外表形式，可以分为（   ）。

   A. 订本账簿   B. 活页账簿
   C. 卡片账簿   D. 三栏式账簿

3. 账簿按账页格式分类，可分为（   ）账簿。

   A. 三栏式   B. 多栏式
   C. 数量金额式   D. 两栏式

4. 任何会计主体都必须设置的账簿有（   ）。

   A. 日记账   B. 明细分类账簿
   C. 总分类账簿   D. 备查账

5. 数量金额式账页适用于（   ）账户。

   A. 库存商品   B. 生产成本
   C. 材料采购   D. 原材料

6. 多栏式明细账的账页格式一般适用于（   ）账户所进行的明细核算。

   A. 资产类   B. 收入类
   C. 费用类   D. 成本类

7. 出纳人员可以登记和保管的账簿有（   ）。

   A. 现金日记账   B. 银行存款日记账
   C. 现金总账   D. 银行存款总账

8. 必须逐日结出余额的账簿是（   ）。

   A. 现金总账   B. 银行存款总账
   C. 现金日记账   D. 银行存款日记账

9. 账簿中每个账页的主要内容包括（   ）。

   A. 登记日期栏   B. 摘要栏和金额栏
   C. 凭证种类和号数栏   D. 账户名称

10. 以下属于备查账簿的有（   ）。

    A. 原材料明细账   B. 代销商品登记簿

C. 受托加工材料登记簿　　　　　　　　D. 租入固定资产登记簿
11. 登记银行存款日记账的记账依据为（　　）。
　　A. 银行收款凭证　　　　　　　　　　　B. 银行付款凭证
　　C. 部分现金收款凭证　　　　　　　　　D. 部分现金付款凭证
12. 对账工作的主要内容包括（　　）。
　　A. 账证核对　　　　　　　　　　　　　B. 账账核对
　　C. 账实核对　　　　　　　　　　　　　D. 账表核对
13. 账证核对指的是核对会计账簿记录与原始凭证、记账凭证的（　　）是否一致，记账方向是否相符。
　　A. 时间　　　　　　　　　　　　　　　B. 凭证字号
　　C. 内容　　　　　　　　　　　　　　　D. 金额
14. 对账时，账账核对包括（　　）。
　　A. 总账各账户的余额核对　　　　　　　B. 总账与明细账之间的核对
　　C. 总账与备查账之间的核对　　　　　　D. 总账与日记账的核对
15. 下列属于账实核对的是（　　）。
　　A. 现金日记账账面余额与现金实际库存数的核对
　　B. 银行存款日记账账面余额与银行对账单的核对
　　C. 财产物资明细账账面余额与财产物资实存数额的核对
　　D. 应收、应付款明细账账面余额与债务、债权单位核对
16. 下列各项中，属于账账核对内容的有（　　）。
　　A. 所有总分类账借方余额合计数与贷方余额合计数应核对相符
　　B. 所有总分类账借方发生额合计数与贷方发生额合计数应核对相符
　　C. 总分类各账户的期末余额与所属各明细分类账户的期末余额之和应核对相符
　　D. 银行存款日记账的账面余额与开户银行对账单核对相符
17. 错账更正的方法有（　　）。
　　A. 红字更正法　　　　　　　　　　　　B. 划线更正法
　　C. 补充登记法　　　　　　　　　　　　D. 刮擦法
18. 对于划线更正法，下列说法正确的是（　　）。
　　A. 划红线注销时必须使原有字迹仍可辨认
　　B. 对于错误的数字，可以只更正其中的错误数字
　　C. 对于文字错误，可只划去错误的部分
　　D. 对于错误的数字，应当全部划红线更正，不得只更正其中的错误数字
19. 下列原因导致的错账应该采用红字更正法的是（　　）。
　　A. 记账凭证没有错误，登记账簿时发生错误
　　B. 记账凭证的会计科目错误
　　C. 记账凭证应借应贷的会计科目没有错误，所记金额大于应记金额
　　D. 记账凭证应借应贷的会计科目没有错误，所记金额小于应记金额
20. 关于活页账簿，下列说法正确的是（　　）。
　　A. 账页不够时，可随时插入，比较灵活

B. 账页可分可合,便于分工

C. 账页容易丢失或被抽换,账簿记录的安全性、完整性较差

D. 空白账页使用后不用连续编号

21. 下列符合登记会计账簿基本要求的有（　　）。

    A. 文字和数字的书写应占格距的 1/3

    B. 不得使用圆珠笔书写

    C. 应连续登记,不得跳行、隔页

    D. 无余额的账户,在"借"或"贷"栏内写"平"

22. 关于账簿启用,下列说法正确的有（　　）。

    A. 启用时,应详细登记账簿扉页的"账簿启用和经管人员一览表"

    B. 每一本账簿均应编号并详细记录其册数、共计页数和启用日期

    C. 调换记账人员,便应立即换用新账簿

    D. 账簿交接时,交接双方都应签名盖章,以分清责任,会计主管应该监交并签章

23. 下列情况中,可以用红色墨水记账的有（　　）。

    A. 按照红字冲账的记账凭证,冲销错误记录

    B. 在不设借贷等栏的多栏式账页中,登记减少数

    C. 在三栏式账簿的余额栏前,如未印明余额方向的,在余额栏内登记负数余额

    D. 根据国家统一会计制度的规定,可以用红字登记的其他会计记录

24. 结账时计算、登记的"本期发生额"是指一个会计期间的（　　）。

    A. 经济业务金额之和
    B. 借方发生额之和

    C. 贷方发生额之和
    D. 借方减去贷方的发生额之差

    E. 借方加上贷方的发生额之和

25. 下列有关结账方法,叙述正确的是（　　）。

    A. 对不需按月结计本期发生额的账户,每次记账以后,都要随时结出余额,每月最后一笔余额即为月末余额

    B. 对需按月结计发生额的明细账,每月结账时,要在最后一笔经济业务记录下面通栏划出红单线,结出本月发生额和余额,在摘要栏内注明"本月合计"字样,在下面通栏划出单红线

    C. 总账账户平时只需结出月末余额

    D. 年度终了结账时,有余额的账户,要将其余额结转至下年

三、判断题

1. 使用订本账时,要为每一账户预留若干空白账页。（　　）
2. 结账时,没有余额的账户,应当在"借"或"贷"栏内用"0"表示。（　　）
3. 总分类账户及其明细分类账户必须在同一会计期间内登记。（　　）
4. 明细账必须逐日逐笔登记,总账必须定期汇总登记。（　　）
5. 现金日记账和银行存款日记账,一般用订本式账簿。（　　）
6. 期末对账时,也包括账证核对,即会计账簿与原始凭证、记账凭证核对。（　　）
7. 账簿是重要的经济档案和历史资料,必须长期保存,不得销毁。（　　）
8. 登记账簿要用蓝黑墨水笔或者碳素墨水笔书写,绝不能使用圆珠笔或者铅笔书写。

（　　）

9. 各种明细账的登记依据，既可以是原始凭证，也可以是记账凭证。　　　　（　）

10. 为便于管理，"应收账款""应付账款"的明细账必须采用多栏式明细分类账格式。
　　　　　　　　　　　　　　　　　　　　　　　　　　　　　　　　　　（　）

11. 发现记账凭证科目正确，但所记金额小于应记金额，可以将少记金额用红字填制一张记账凭证登记入账。　　　　　　　　　　　　　　　　　　　　　　　　（　）

12. 年终结账时，有余额的账户，应将其余额直接记入新账余额栏内，不需要编制记账凭证。　　　　　　　　　　　　　　　　　　　　　　　　　　　　　　　　（　）

13. 各种账簿必须按事先编好的页码，逐页逐行按顺序连续登记，不得隔页、跳行。如不慎发生这种状况，在空页或空行处用红色墨水对角线注销，注明"此行空白""此页空白"字样即可。　　　　　　　　　　　　　　　　　　　　　　　　　　　（　）

14. 由于编制的记账凭证会计科目错误，导致账簿记录错误，更正时，可以将错误的会计科目划红线注销，然后，在划线上方填写正确的会计科目。　　　　　　　（　）

15. 登记账簿的目的仅仅在于把会计凭证所提供的大量、分散的会计资料加以归纳整理，为企业提供各种总括的核算资料。　　　　　　　　　　　　　　　　　（　）

16. 登记现金日记账要求"日清"，是指每日终了须结出该账户的余额，并与实际库存现金额加以核对。　　　　　　　　　　　　　　　　　　　　　　　　　　（　）

17. 为了实行钱账分管原则，通常由出纳人员填制收款凭证和付款凭证，由会计人员登记现金日记账和银行存款日记账。　　　　　　　　　　　　　　　　　　　（　）

18. 在填制记账凭证时，误将 9 800 元记为 8 900 元，并已登记入账。月终结账前发现错误，更正时应采用划线更正法。　　　　　　　　　　　　　　　　　　　（　）

19. 期末对账时，也包括账证核对，即会计账簿记录与原始凭证、记账凭证的时间、凭证字号、内容、金额是否一致，记账方向是否相符。　　　　　　　　　　（　）

20. 年末结算时，应当在全年累计发生额下面划通栏的双红线。　　　　　　（　）

第八章

账务处理程序

知识目标

1. 了解企业账务处理程序的概念与意义
2. 熟悉账务处理程序的一般步骤
3. 掌握企业账务处理程序的种类
4. 掌握记账凭证账务处理程序的内容
5. 掌握汇总记账凭证账务处理程序的内容
6. 掌握科目汇总表账务处理程序的内容

第一节 账务处理程序概述

一、账务处理程序的概念与意义

(一) 账务处理程序的概念

账务处理程序也称会计核算组织程序或会计核算形式,是指会计凭证、会计账簿、财务报表相结合的方式,包括记账程序和账簿组织。

1. 记账程序

记账程序是指由填制、审核原始凭证到填制、审核记账凭证,登记日记账、明细分类账和总分类账,编制财务报表的工作程序和方法等。记账程序的基本模式可以概括为:原始凭证→记账凭证→会计账簿→会计报表。

2. 账簿组织

账簿组织是指会计凭证和会计账簿的种类、格式,会计凭证与账簿之间的联系方法。不同的账簿组织、记账程序的相互结合,就构成了不同的账务处理程序。

(二) 账务处理程序的意义

科学、合理地选择账务处理的程序,主要有如下意义:

(1) 有利于规范会计工作,保证会计信息加工过程的严密性,提高会计信息质量;

(2) 有利于保证会计记录的完整性和正确性，增强会计信息的可靠性；

(3) 有利于减少不必要的会计核算环节，提高会计工作的效率，保证会计信息的及时性。

二、账务处理程序的种类

各会计主体根据各自的不同生产经营与管理特点，选择不同的账务处理程序。

（一）选择账务处理程序应注意的问题

(1) 要与生产经营活动的特点、企业规模大小、交易或者事项的简繁程度相适应；

(2) 要符合经济管理的要求，全面、及时、准确地反映经济活动情况；

(3) 要使提高会计信息质量和合理简化核算手续相结合。

（二）常用的账务处理程序

(1) 记账凭证账务处理程序；

(2) 汇总记账凭证账务处理程序；

(3) 科目汇总表账务处理程序。

不同的账务处理程序的主要区别在于：总分类账的登记依据和方法不同。

第二节　不同种类账务处理程序的内容

会计凭证、会计账簿和会计报表之间的结合方式不同，形成不同的账务处理程序，不同的账务处理程序有不同的方法、特点和适用范围。

一、记账凭证账务处理程序

记账凭证账务处理程序是指对发生的经济业务事项，都要根据原始凭证或汇总原始凭证编制记账凭证，然后直接根据记账凭证逐笔登记总分类账的一种账务处理程序。它是基本的账务处理程序。

（一）凭证组织与账簿组织

1. 凭证组织

在记账凭证账务处理程序下，凭证组织既可采用收款凭证、付款凭证和转账凭证，也可采用通用记账凭证。

2. 账簿组织

账簿组织包括设置现金日记账、银行存款日记账、总分类账、明细分类账。

（二）记账程序

记账凭证账务处理程序的一般步骤为：

(1) 根据原始凭证填制汇总原始凭证；

(2) 根据原始凭证或汇总原始凭证，编制记账凭证；

(3) 根据收款凭证和付款凭证逐笔登记库存现金日记账和银行存款日记账；

(4) 根据记账凭证（参考有关原始凭证及汇总原始凭证），登记各种明细分类账；

(5) 根据记账凭证逐笔登记总分类账；

(6) 期末,将库存现金日记账、银行存款日记账和明细分类账的余额同有关总分类账的余额核对相符;

(7) 期末,根据总分类账和明细分类账的记录,编制财务报表。

记账凭证账务处理程序如图8-1所示。

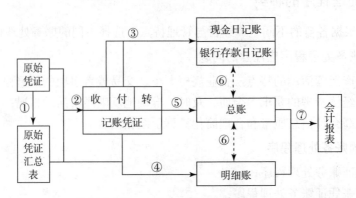

图8-1 记账凭证账务处理程序

(三) 记账凭证账务处理程序的特点、优缺点及适用范围

1. 特点

直接根据记账凭证对总分类账进行逐笔登记。

2. 优点

记账凭证账务处理程序简单明了,易于理解,总分类账可以较详细地反映经济业务的发生情况,便于检查与分析。

3. 缺点

如果会计主体的交易或事项繁杂、数量大,则登记总分类账的工作量较大。

4. 适用范围

该账务处理程序适用于规模较小、交易或者事项较为简单、经济业务量较少、会计凭证较少的单位。

(四) 记账凭证账务处理程序举例

【例8-1】 甲公司2019年5月初的总分类账户和明细分类账户有关余额如表8-1和表8-2所示。

表8-1 总分类账户余额表

2019年5月1日   元

账户名称	金额	账户名称	金额
库存现金	6 000	累计折旧	50 000
银行存款	50 000	短期借款	50 000
原材料	44 000	长期借款	80 000
生产成本	20 000	实收资本	500 000

续表

账户名称	金额	账户名称	金额
库存商品	300 000	盈余公积	10 000
固定资产	300 000	未分配利润	30 000
合计	720 000	合计	720 000

表8-2 明细分类账户余额表 元

账户名称	计量单位	数量	单价	金额
原材料——A材料	千克	4 400	10	44 000
生产成本——A产品	件			20 000
库存商品——A产品	件	20 000	15	300 000

甲公司2019年5月份发生的经济业务如下（假定除下列经济业务外，该公司未发生其他业务事项）：

（1）5月2日，销售A产品20 000件，单位售价20元，开出增值税专用发票，注明价款为400 000元，增值税52 000元。货物已发出，收到购货方开来的452 000元的转账支票一张。

（2）5月6日，李某出差预借差旅费3 000元，以现金支付。

（3）5月10日，购入A材料30 000千克，单价10元，取得增值税专用发票，注明价款为300 000元，增值税39 000元。材料已验收入库，货款以银行存款支付。

（4）5月15日，银行存款支付工资总额为65 000元，其中：生产工人工资40 000元，车间管理人员工资5 000元，管理人员工资10 000元，销售人员工资10 000元。

（5）5月16日，为生产A产品领用A材料3 000千克，单价10元，共计30 000元。

（6）5月18日，李某出差回来，报销差旅费2 500元，归还多余款500元。

（7）5月19日，以银行存款购买办公用品费用200元。

（8）5月20日，以银行存款支付借款利息1 800元。

（9）5月31日，计提本月应交增值税13 000元（上月没有未交增值税及留抵税款）。

（10）5月31日，计提本月应交城市维护建设税、应交教育费附加费1 300元。

（11）5月31日，结转已售A产品成本，成本共计300 000元。

（12）5月31日，计提本月固定资产折旧2 500元，其中：车间固定资产折旧2 000元，管理部门固定资产折旧500元。

（13）5月31日，将制造费用7 000元转入生产成本。

（14）5月31日，将本月主营业务收入400 000元转入"本年利润"科目贷方，将本月主营业务成本300 000元、税金及附加1 300元、销售费用10 000元、财务费用1 800元、管理费用13 200元转入"本年利润"科目借方。

（15）5月31日，计算期应交所得税18 325元（所得税税率为25%，假定1—4月没亏损、没盈利，也没有其他调整利润项目）。

(16) 5月31日，将本月所得税18 425元转入"本年利润"科目借方。

(17) 5月31日，将本年利润余额55 275元转入"利润分配——未分配利润"科目。

以上业务的会计分录如表8-3所示。按记账凭证账务处理程序登记总账，如表8-4～表8-24所示。

表8-3 业务会计分录表　　　　　　　　　　　　　　　　　　　　元

2019年度		凭证号	摘要	总分类科目	明细分类科目	金额	
月	日					借方	贷方
5	2	银收1	销售A产品	银行存款		452 000	
				主营业务收入			400 000
				应交税费	销项税额		52 000
5	6	现付1	李某借差旅费	其他应收款	李某	3 000	
				库存现金			3 000
5	10	银付1	购A材料	原材料	A材料	300 000	
				应交税费	进项税额	39 000	
				银行存款			339 000
5	15	银付2	支付工资	应付职工薪酬	职工工资	65 000	
				银行存款			65 000
5	15	转1	工资分配	生产成本	A产品	40 000	
				制造费用		5 000	
				管理费用		10 000	
				销售费用		10 000	
				应付职工薪酬	职工工资		65 000
5	16	转2	生产领用A材料	生产成本	A产品	30 000	
				原材料	A材料		30 000
5	18	现收1	李某差旅费报销	库存现金		500	
				其他应收款	李某		500
5	18	转3	李某差旅费报销	管理费用	差旅费	2 500	
				其他应收款	李某		2 500
5	19	银付3	购买办公用品	管理费用	办公费	200	
				银行存款			200
5	20	银付4	支付借款利息	财务费用	银行利息	1 800	
				银行存款			1 800
5	31	转4	计提未交增值税	应交税费	未交税金	13 000	
				应交税费	转出未交增值税		13 000

续表

2019年度		凭证号	摘要	总分类科目	明细分类科目	金额	
月	日					借方	贷方
5	31	转5	计提附加税费	税金及附加		1 300	
				应交税费			1 300
5	31	转6	结转A产品销售成本	主营业务成本		300 000	
				库存商品	A产品		300 000
5	31	转7	计提折旧	制造费用		2 000	
				管理费用		500	
				累计折旧			2 500
5	31	转8	结转制造费用	生产成本	A产品	7 000	
				制造费用			7 000
5	31	转10	结转损益	主营业务收入		400 000	
				本年利润			400 000
5	31	转11	结转损益	本年利润		326 300	
				主营业务成本			300 000
				税金及附加			1 300
				管理费用			13 200
				财务费用			1 800
				销售费用			10 000
5	31	转12	计提所得税费用	所得税费用		18 425	
				应交税费	应交所得税		18 425
5	31	转13	所得税转入本年利润	本年利润		18 425	
				所得税费用			18 425
5	31	转14	结转本年利润	本年利润		55 275	
				利润分配	未分配利润		55 275

表8-4 记账凭证（1）
现金日记账

2019年		凭证编号	摘要	对方科目	√	借方(收入)金额 千 百 十 万 千 百 十 元 角 分	贷方(支出)金额 千 百 十 万 千 百 十 元 角 分	余额 千 百 十 万 千 百 十 元 角 分
月	日							
5	1		承前页					6 0 0 0 0
	6	现付1	李某借差旅费	其他应收款			3 0 0 0 0	3 0 0 0 0
	18	现收1	李某差旅费报销			5 0 0 0 0		3 5 0 0 0
			本月合计			5 0 0 0 0	3 0 0 0 0	3 5 0 0 0

表8-5 记账凭证（2）
银行存款日记账

2019年		凭证编号	摘要	对方科目	√	借方(收入)金额 千 百 十 万 千 百 十 元 角 分	贷方(支出)金额 千 百 十 万 千 百 十 元 角 分	余额 千 百 十 万 千 百 十 元 角 分
月	日							
5	1		承前页					5 0 0 0 0 0
	2	银收1	销售A产品	主营业务收入等		4 5 2 0 0 0 0		5 0 2 0 0 0 0
	10	银付1	购A材料	原材料等			3 3 9 0 0 0	1 6 3 0 0 0 0
	15	银付2	支付工资	应付职工薪酬			6 5 0 0 0 0	9 8 0 0 0 0
	19	银付3	购买办公用品	管理费用			2 0 0 0	9 7 8 0 0 0
	20	银付4	支付借款利息	财务费用			1 8 0 0 0	9 6 0 0 0 0
			本月合计			4 5 2 0 0 0 0	4 0 6 0 0 0 0	9 6 0 0 0 0

表8-6 记账凭证（3）

总 账

账户名称：库存现金　　　　　　　　　　　　　　　　　　　　　　总页____ 分页____

2019年		凭证编号	摘要	借方	贷方	借或贷	余额
月	日						
5	1		承前页			借	6 000.00
	6	现付1	李某借差旅费		3 000.00	贷	3 000.00
	18	现收1	李某借差旅费报销	500.00		借	3 500.00
	31		本月合计	500.00	3 000.00	借	3 500.00

表8-7 记账凭证（4）

总 账

账户名称：银行存款　　　　　　　　　　　　　　　　　　　　　　总页____ 分页____

2019年		凭证编号	摘要	借方	贷方	借或贷	余额
月	日						
5	1		承前页			借	50 200.00
	2	银收1	销售A产品	33 900.00		借	163 000.00
	10	银付1	购A材料		6 500.00	借	98 000.00
	15	银付2	支付工资		20 000.00	借	97 800.00
	19	银付3	购买办公用品		1 800.00	借	96 000.00
	20	银付4	支付借款利息		600.00	借	96 000.00
	31		本月合计	45 200.00	40 600.00	借	96 000.00

表8-8 记账凭证（5）

总账

账户名称：其他应收款　　　　　　　　　　　　总第___页 分第___页

2019年		凭证编号	摘要	借方 千百十万千百十元角分	贷方 千百十万千百十元角分	借或贷	余额 千百十万千百十元角分
月	日						
5	6	现付1	李某借差旅费	3 0 0 0 0 0		借	3 0 0 0 0 0
	18	现收1	李某差旅费报销		2 5 0 0 0	借	2 5 0 0 0
	18	转3	李某差旅费报销		3 0 0 0 0	平	0
	31		本月合计	3 0 0 0 0 0	3 0 0 0 0 0	平	0

表8-9 记账凭证（6）

总账

账户名称：原材料　　　　　　　　　　　　　　总第___页 分第___页

2019年		凭证编号	摘要	借方 千百十万千百十元角分	贷方 千百十万千百十元角分	借或贷	余额 千百十万千百十元角分
月	日						
5	1		承前页			借	4 4 0 0 0 0
	10	银付1	购A材料	3 0 0 0 0 0		借	3 1 4 0 0 0 0
	16	转2	生产领用A材料		3 0 0 0 0 0	借	3 1 4 0 0 0 0
	31		本月合计	3 0 0 0 0 0	3 0 0 0 0 0	借	3 1 4 0 0 0 0

表8-10 记账凭证（7）

总　账

账户名称：制造费用　　　　　　　　　　　　　　　　　总第　　　页　分第　　　页

2019年		凭证编号	摘要	借方 千百十万千百十元角分	贷方 千百十万千百十元角分	借或贷	余额 千百十万千百十元角分
月	日						
5	15	转1	工资分配	5 0 0 0 0 0		借	
	31	转7	计提折旧	2 0 0 0 0 0		借	
	31	转8	结转制造费用		7 0 0 0 0 0	平	
	31		本月合计	7 0 0 0 0 0	7 0 0 0 0 0	平	0

表8-11 记账凭证（8）

总　账

账户名称：生产成本　　　　　　　　　　　　　　　　　总第　　　页　分第　　　页

2019年		凭证编号	摘要	借方 千百十万千百十元角分	贷方 千百十万千百十元角分	借或贷	余额 千百十万千百十元角分
月	日						
5	1		承前页			借	2 0 0 0 0 0
	15	转1	工资分配	4 0 0 0 0 0		借	6 0 0 0 0 0
	16	转2	生产领用A材料	3 0 0 0 0 0		借	9 0 0 0 0 0
	31	转8	结转制造费用	7 0 0 0 0		借	9 7 0 0 0 0
	31		本月合计	7 7 0 0 0 0		借	9 7 0 0 0 0

表8-12 记账凭证（9）

账户名称：库存商品　　　　　　　　　　　　　　　　　　　　　　　总　账　　　　　　　第　　　页

2019年		凭证编号	摘要	借方									贷方									借贷	余额								
月	日			千	百	十	万	千	百	十	元	角	分	千	百	十	万	千	百	十	元	角	分		千	百	十	万	千	百	十	元	角	分
5	1		承前页																					借				3	0	0	0	0	0	0
	31	转6	结转A产品销售成本					3	0	0	0	0	0											贷						0	0	0	0	0
	31		本月合计					3	0	0	0	0	0											平										0
																								平										0

表8-13 记账凭证（10）

账户名称：累计折旧　　　　　　　　　　　　　　　　　　　　　　　总　账　　　　　　　第　　　页

2019年		凭证编号	摘要	借方									贷方									借贷	余额								
月	日			千	百	十	万	千	百	十	元	角	分	千	百	十	万	千	百	十	元	角	分		千	百	十	万	千	百	十	元	角	分
5	1		承前页																					贷			5	0	0	0	0	0	0
	31	转7	计提折旧														2	5	0	0	0	0		贷			7	0	0	0	0	0	0
	31		本月合计														2	5	0	0	0	0		借			5	2	5	0	0	0	0

表8-14 记账凭证（11）

总　账

账户名称：应付职工薪酬　　　　　　　　　　　　　　总　页　第　　页

2019年		凭证编号	摘要	借方	贷方	借贷平	余额
月	日			千百十万千百十元角分	千百十万千百十元角分		千百十万千百十元角分
5	15	银付2	支付工资	6 5 0 0 0 0		平	0 0
	15	转1	分配工资		6 5 0 0 0 0	贷	6 5 0 0 0 0
	31		本月合计	6 5 0 0 0 0	6 5 0 0 0 0	平	0

表8-15 记账凭证（12）

总　账

账户名称：应交税费　　　　　　　　　　　　　　　　总　页　第　　页

2019年		凭证编号	摘要	借方	贷方	借贷	余额
月	日			千百十万千百十元角分	千百十万千百十元角分		千百十万千百十元角分
5	2	银收1	销售A产品		5 2 0 0 0 0	贷	5 2 0 0 0 0
	10	银付1	购A材料	3 9 0 0 0 0		贷	1 3 0 0 0 0
	31	转4	计提未交增值税	1 3 0 0 0 0			0 0
	31	转4	计提未交增值税		1 3 0 0 0 0	贷	1 3 0 0 0 0
	31	转5	计提附加税费		1 4 3 0 0	贷	1 4 4 3 0 0
	31	转13	计提所得税费用		1 8 4 2 5 0	贷	3 2 7 2 5 0
	31		本月合计	5 2 0 0 0 0	8 4 7 2 5 0	贷	3 2 7 2 5 0

表8-16 记账凭证（13）

账户名称：主营业务收入

总账 总第___页 分第___页

2019年		凭证编号	摘要	借方 千百十万千百十元角分	贷方 千百十万千百十元角分	借或贷	余额 千百十万千百十元角分
月	日						
5	2	银收1	销售A产品		4 0 0 0 0 0	贷	4 0 0 0 0 0
	31	转10	结转损益	4 0 0 0 0 0		平	0
	31		本月合计	4 0 0 0 0 0	4 0 0 0 0 0	平	0

表8-17 记账凭证（14）

账户名称：管理费用

总账 总第___页 分第___页

2019年		凭证编号	摘要	借方 千百十万千百十元角分	贷方 千百十万千百十元角分	借或贷	余额 千百十万千百十元角分
月	日						
5	15	转1	分配工资	1 0 0 0 0 0		借	1 0 0 0 0 0
	18	转3	李某差旅费报销	2 5 0 0 0		借	1 2 5 0 0 0
	19	银付3	购买办公用品	2 0 0 0		借	1 2 7 0 0 0
	31	转7	计提折旧	5 0 0 0		借	1 3 2 0 0 0
	31	转11	结转损益		1 3 2 0 0 0	平	0
	31		本月合计	1 3 2 0 0 0	1 3 2 0 0 0	平	0

表8-18 记账凭证(15)

总　账

账户名称：财务费用　　　　　　　　　　　　　　　　　　　　　总第　　　页　第　　　页

2019年		凭证编号	摘要	借方							贷方							借贷平	余额						
月	日			千	百	十	万	千	百	十	元	角	分	千	百	十	万	千	百	十	元	角	分		千	百	十	万	千	百	十	元	角	分
5	20	银付4	支付借款利息					1	8	0	0	0	0											借					1	8	0	0	0	0
	31	转11	结转损益															1	8	0	0	0	0	平									0	
	31		本月合计					1	8	0	0	0	0					1	8	0	0	0	0	平									0	

表8-19 记账凭证(16)

总　账

账户名称：销售费用　　　　　　　　　　　　　　　　　　　　　总第　　　页　第　　　页

2019年		凭证编号	摘要	借方							贷方							借贷平	余额						
月	日			千	百	十	万	千	百	十	元	角	分	千	百	十	万	千	百	十	元	角	分		千	百	十	万	千	百	十	元	角	分
5	15	转1	工资分配				1	0	0	0	0	0	0											借				1	0	0	0	0	0	0
	31	转11	结转损益														1	0	0	0	0	0	0	平									0	
	31		本月合计				1	0	0	0	0	0	0				1	0	0	0	0	0	0	平									0	

表8-20 记账凭证（17）

总　账　　　　　　　　　　总第　　页 分第　　页

账户名称：主营业务成本

2019年		凭证编号	摘要	借方								贷方								借或贷	余额							
月	日			千	百	十	万	千	百	十	元	角	分	千	百	十	万	千	百	十	元	角	分		千	百	十	万	千	百	十	元	角	分
5	31	转6	结转A产品销售成本					3	0	0	0	0	0											借					3	0	0	0	0	0
	31	转11	结转损益															3	0	0	0	0	0	平									0	
	31		本月合计					3	0	0	0	0	0					3	0	0	0	0	0	平									0	

表8-21 记账凭证（18）

总　账　　　　　　　　　　总第　　页 分第　　页

账户名称：税金及附加

2019年		凭证编号	摘要	借方										贷方										借或贷	余额									
月	日			千	百	十	万	千	百	十	元	角	分	千	百	十	万	千	百	十	元	角	分		千	百	十	万	千	百	十	元	角	分
5	31	转5	计提税金及附加					1	3	0	0	0	0											借					1	3	0	0	0	0
	31	转11	结转损益															1	3	0	0	0	0	平									0	
	31		本月合计					1	3	0	0	0	0					1	3	0	0	0	0	平									0	

表8-22 记账凭证（19）

总 账

账户名称：所得税费用　　　　　　　　　　　　　　　　　　　　　　　总第　　页　分第　　页

2019年		凭证编号	摘要	借方									贷方									借或贷	余额								
月	日			千	百	十	万	千	百	十	元	角	分	千	百	十	万	千	百	十	元	角	分		千	百	十	万	千	百	十	元	角	分
5	31	转12	计提所得税费用				1	8	4	2	5	0	0											借				1	8	4	2	5	0	0
	31	转13	所得税转入本年利润														1	8	4	2	5	0	0	平									0	
	31		本月合计				1	8	4	2	5	0	0				1	8	4	2	5	0	0	平									0	

表8-23 记账凭证（20）

总 账

账户名称：本年利润　　　　　　　　　　　　　　　　　　　　　　　　总第　　页　分第　　页

2019年		凭证编号	摘要	借方									贷方									借或贷	余额								
月	日			千	百	十	万	千	百	十	元	角	分	千	百	十	万	千	百	十	元	角	分		千	百	十	万	千	百	十	元	角	分
5	31	转10	结转损益													4	0	0	0	0	0	0	0	贷			4	0	0	0	0	0	0	0
	31	转11	结转损益		3	2	6	3	0	0	0	0	0										贷				7	3	7	0	0	0	0
	31	转13	所得税转入本年利润				1	8	4	2	5	0	0										贷				5	5	2	7	5	0	0
	31	转14	结转本年利润				5	5	2	7	5	0	0										平									0	
	31		本月合计			4	0	0	0	0	0	0	0			4	0	0	0	0	0	0	0	平									0	

表8-24 记账凭证(21)

总　账

账户名称：利润分配　　　　　　　　　　　　　　　　　　　　总第___页　分第___页

2019年		凭证编号	摘要	借方									贷方									借贷	余额								
月	日			千	百	十	万	千	百	十	元	角	分	千	百	十	万	千	百	十	元	角	分		千	百	十	万	千	百	十	元	角	分
5	1		承前页																					贷				3	0	0	0	0	0	0
	31	转14	结转本年利润														5	5	2	7	5	0	0	贷				8	5	2	7	5	0	0
	31		本月合计														5	5	2	7	5	0	0	贷				8	5	2	7	5	0	0

二、汇总记账凭证账务处理程序

汇总记账凭证账务处理程序是根据原始凭证或汇总原始凭证编制记账凭证，定期根据记账凭证分类编制汇总收款凭证、汇总付款凭证和汇总转账凭证三类汇总记账凭证，再根据汇总记账凭证登记总分类账的一种账务处理程序。

（一）凭证组织与账簿组织

1. 凭证组织

在汇总记账凭证账务处理程序下，需要对记账凭证按收款、付款、转账的不同类别分别进行汇总，因此，凭证组织只能采用收款凭证、付款凭证和转账凭证格式，不能采用通用格式的记账凭证。收付转凭证均不能采用多借多贷形式。收款凭证只能采用一借一贷或一借多贷的形式，付款凭证和转账凭证只能采用一借一贷或多借一贷的形式。

（1）汇总收款凭证是根据一定时期内的收款凭证，按借方科目（库存现金或银行存款）设置，按贷方科目汇总，计算出每一贷方科目相对应的发生额合计数。

（2）汇总付款凭证是根据一定时期内的付款凭证，按贷方科目（库存现金或银行存款）设置，按借方科目汇总，计算出每一借方科目相对应的发生额合计数。因此，而不能采用一借多贷的形式。

（3）汇总转账凭证是根据一定时期内的转账凭证，按贷方科目设置，按借方科目汇总，计算出每一借方科目相对应的发生额合计数，并用来作为总分类账登记依据的一种汇总凭证。

2. 账簿组织

账簿组织包括设置现金日记账、银行存款日记账、总分类账、明细分类账。

（二）记账程序

（1）根据原始凭证填制汇总原始凭证。

（2）根据原始凭证或汇总原始凭证，填制收款凭证、付款凭证和转账凭证，也可以填制通用记账凭证。

（3）根据收款凭证、付款凭证逐笔登记库存现金日记账和银行存款日记账。

（4）根据原始凭证、汇总原始凭证和记账凭证，登记各种明细分类账。

（5）根据各种记账凭证编制有关汇总记账凭证。

（6）根据各种汇总记账凭证登记总分类账。

（7）期末，将库存现金日记账、银行存款日记账和明细分类账的余额与有关总分类账的余额核对相符。

（8）期末，根据总分类账和明细分类账的记录，编制财务报表。

汇总记账凭证账务处理程序如图8-2所示。

（三）汇总记账凭证账务处理程序的特点、优缺点与适用范围

1. 特点

先根据记账凭证编制汇总记账凭证，再根据汇总记账凭证登记总分类账。

2. 优点

减轻了登记总分类账的工作量，能够清晰地反映账户之间的对应关系。

3. 缺点

按每一贷方科目编制汇总转账凭证，不利于会计核算的日常分工，当转账凭证较多时，

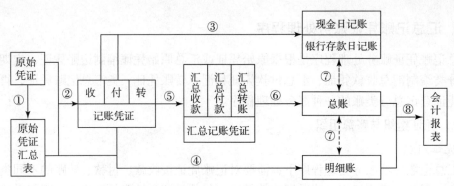

图 8-2 汇总记账凭证账务处理程序

编制汇总转账凭证的工作量较大。

4. 适用范围

该账务处理程序适用于规模较大、经济业务较多的单位。

(四) 汇总记账凭证账务处理程序举例

【例 8-2】 根据【例 8-1】的资料,编制汇总收款凭证、汇总付款凭证及汇总转账凭证,如表 8-25~表 8-30 所示(其余的略),然后根据汇总记账凭证登记总账,如表 8-31~表 8-34 所示。

表 8-25 汇总收款凭证 (1)

借方科目:银行存款　　　　　　　　2019 年 5 月　　　　　　　　汇收 1

贷方科目	金额				过账	
	1—10 日	11—20 日	21—31 日	本月合计	借方	贷方
主营业务收入	400 000			400 000		
应交税费	52 000			52 000		
合计	452 000			452 000		

会计主管:　　　　　　记账:　　　　　　复核:　　　　　　制证:

表 8-26 汇总收款凭证 (2)

借方科目:库存现金　　　　　　　　2019 年 5 月　　　　　　　　汇收 2

贷方科目	金额				过账	
	1—10 日	11—20 日	21—31 日	本月合计	借方	贷方
其他应收款		500		500		
合计		500		500		

会计主管:　　　　　　记账:　　　　　　复核:　　　　　　制证:

表 8-27 汇总付款凭证（1）

贷方科目：库存现金　　　　　　　　　　2019 年 5 月　　　　　　　　　　　　　　汇付 1

借方科目	金额				过账	
	1—10 日	11—20 日	21—31 日	本月合计	借方	贷方
其他应收款	3 000			3 000		
合计	3 000			3 000		

会计主管：　　　　　　记账：　　　　　　复核：　　　　　　制证：

表 8-28 汇总付款凭证（2）

贷方科目：银行存款　　　　　　　　　　2019 年 5 月　　　　　　　　　　　　　　汇付 2

借方科目	金额				过账	
	1—10 日	11—20 日	21—31 日	本月合计	借方	贷方
原材料	300 000			300 000		
应交税费	39 000			48 000		
应付职工薪酬		65 000		65 000		
管理费用		200		200		
财务费用		1 800		1 800		
合计	339 000	67 000		406 000		

会计主管：　　　　　　记账：　　　　　　复核：　　　　　　制证：

表 8-29 汇总转账凭证（1）

贷方科目：应付职工薪酬　　　　　　　　2019 年 5 月　　　　　　　　　　　　　　汇转 1

借方科目	金额				过账	
	1—10 日	11—20 日	21—31 日	本月合计	借方	贷方
生产成本		40 000		40 000		
制造费用		5 000		5 000		
管理费用		10 000		10 000		
销售费用		10 000		10 000		
合计		65 000		65 000		

会计主管：　　　　　　记账：　　　　　　复核：　　　　　　制证：

表 8-30 汇总转账凭证（2）

贷方科目：原材料　　　　　　　　　　　2019 年 5 月　　　　　　　　　　　　　　汇转 2

借方科目	金额				过账	
	1—10 日	11—20 日	21—31 日	本月合计	借方	贷方
生产成本		30 000		30 000		
合计		30 000		30 000		

会计主管：　　　　　　记账：　　　　　　复核：　　　　　　制证：

表8-31 汇总记账凭证(1)

总账

账户名称：库存现金 总第___页 分第___页

2019年		凭证编号	摘要	借方 千百十万千百十元角分	贷方 千百十万千百十元角分	借或贷	余额 千百十万千百十元角分
月	日						
5	1		承前页			借	6 0 0 0 0 0 0
	31	汇收2	1—31	5 0 0 0 0 0 0		借	6 5 0 0 0 0 0
	31	汇付1	1—31		3 0 0 0 0 0 0	借	3 5 0 0 0 0 0
	31		本月合计	5 0 0 0 0 0 0	3 0 0 0 0 0 0	借	3 5 0 0 0 0 0

表8-32 汇总记账凭证(2)

总账

账户名称：银行存款 总第___页 分第___页

2019年		凭证编号	摘要	借方 千百十万千百十元角分	贷方 千百十万千百十元角分	借或贷	余额 千百十万千百十元角分
月	日						
5	1		承前页			借	5 0 0 0 0 0 0
	31	汇收1	1—31	4 5 2 0 0 0 0		借	5 2 8 7 0 0 0
	31	汇付2	1—31		4 1 5 0 0 0 0	借	8 7 0 0 0 0 0
	31		本月合计	4 5 2 0 0 0 0	4 1 5 0 0 0 0	借	8 7 0 0 0 0 0

表8-33 汇总记账凭证(3)

账户名称：应付职工薪酬　　　　　　　　　　　　　总账　　　　　　　　　　　　总第___页　分第___页

2019年		凭证编号	摘要	借方								贷方								借或贷	余额							
月	日			千	百	十	万	千	百	十	元	角	分	千	百	十	万	千	百	十	元	角	分		千	百	十	万	千	百	十	元	角	分
5	31	汇付2	1—31				6	5	0	0	0	0	0											借					6	5	0	0	0	0
	31	汇转1	1—31														6	5	0	0	0	0	0	平							0			
	31		本月合计				6	5	0	0	0	0	0				6	5	0	0	0	0	0	平										

表8-34 汇总记账凭证(4)

账户名称：原材料　　　　　　　　　　　　　总账　　　　　　　　　　　　总第___页　分第___页

2019年		凭证编号	摘要	借方								贷方								借或贷	余额							
月	日			千	百	十	万	千	百	十	元	角	分	千	百	十	万	千	百	十	元	角	分		千	百	十	万	千	百	十	元	角	分
5	1		承前页																					借				4	4	0	0	0	0	0
	31	汇付2	1—31				3	0	0	0	0	0	0											借				3	4	4	0	0	0	0	0
	31	汇转2	1—31														3	0	0	0	0	0	0	借				3	1	4	0	0	0	0	0
	31		本月合计				3	0	0	0	0	0	0				3	0	0	0	0	0	0	借				3	1	4	0	0	0	0	0

三、科目汇总表账务处理程序

科目汇总表账务处理程序又称记账凭证汇总表账务处理程序,它是根据记账凭证定期编制科目汇总表,再根据科目汇总表登记总分类账的一种账务处理程序。

(一) 凭证组织与账簿组织

1. 凭证组织

凭证组织可采用收款凭证、付款凭证、转账凭证,也可采用通用记账凭证。

2. 账簿组织

账簿组织包括设置现金日记账、银行存款日记账、总分类账、明细分类账。

(二) 记账程序

(1) 根据原始凭证填制汇总原始凭证。
(2) 根据原始凭证或汇总原始凭证填制记账凭证。
(3) 根据收款凭证、付款凭证逐笔登记库存现金日记账和银行存款日记账。
(4) 根据原始凭证、汇总原始凭证和记账凭证,登记各种明细分类账。
(5) 根据各种记账凭证编制科目汇总表。
(6) 根据科目汇总表登记总分类账。
(7) 期末,将库存现金日记账、银行存款日记账和明细分类账的余额同有关总分类账的余额核对相符。
(8) 期末,根据总分类账和明细分类账的记录,编制财务报表。

科目汇总表账务处理程序如图 8-3 所示。

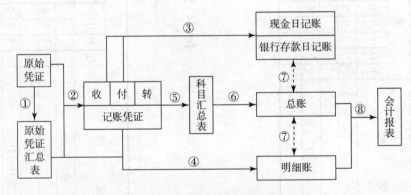

图 8-3 科目汇总表账务处理程序

(三) 科目汇总表账务处理程序的特点、优缺点和适用范围

1. 特点

先将所有记账凭证汇总编制成科目汇总表,然后以科目汇总表为依据登记总分类账。

2. 优点

科目汇总表账务处理程序减轻了登记总分类账的工作量,易于理解,方便学习,并可做到试算平衡。

3. 缺点

科目汇总表不能反映各个账户之间的对应关系,不利于对账目进行检查。

4. 适用范围

适用于经济规模较大、交易或者事项较为复杂、会计凭证较多的单位。

(四) 科目汇总表账务处理程序举例

【例8-3】 根据【例8-1】的资料，编制科目汇总表如表8-35所示，然后根据汇总记账凭证登记总账（部分），如表8-36~表8-39所示。

表8-35 科目汇总表

2019年5月1日至31日　　　　　　　　　　　　　　　　　　　科汇1

元

会计科目	借方金额	贷方金额
库存现金	500.00	3 000.00
银行存款	452 000.00	406 000.00
其他应收款	3 000.00	3 000.00
原材料	300 000.00	30 000.00
生产成本	77 000.00	
制造费用	7 000.00	7 000.00
库存商品		300 000.00
累计折旧		2 500.00
应付职工薪酬	65 000.00	65 000.00
应交税费	52 000.00	84 725.00
本年利润	400 000.00	400 000.00
利润分配		55 275.00
主营业务收入	400 000.00	400 000.00
主营业务成本	300 000.00	300 000.00
税金及附加	1 300.00	1 300.00
管理费用	13 200.00	13 200.00
销售费用	10 000.00	10 000.00
财务费用	1 800.00	1 800.00
所得税费用	18 425.00	18 425.00
合计	2 101 225.00	2 101 225.00

表8-36 汇总记账凭证（5）

账户名称：库存现金　　　　　　　　　　　　　　　　　　总　账　　　　　　　　　　　　　　　　　　总第　　页　分第　　页

2019年		凭证编号	摘要	借方								贷方								借或贷	余额							
月	日			千	百	十	万	千	百	十	元	角	分	千	百	十	万	千	百	十	元	角	分		千	百	十	万	千	百	十	元	角	分
5	1		承前页																					借				6	0	0	0	0	0	0
	31	科汇1	1—31						5	0	0	0	0					3	0	0	0	0	0	借				3	5	0	0	0	0	0
	31		本月合计						5	0	0	0	0					3	0	0	0	0	0	借				3	5	0	0	0	0	0

表8-37 汇总记账凭证（6）

账户名称：银行存款　　　　　　　　　　　　　　　　　　总　账　　　　　　　　　　　　　　　　　　总第　　页　分第　　页

2019年		凭证编号	摘要	借方								贷方								借或贷	余额							
月	日			千	百	十	万	千	百	十	元	角	分	千	百	十	万	千	百	十	元	角	分		千	百	十	万	千	百	十	元	角	分
5	1		承前页																					借				5	0	0	0	0	0	0
	31	科汇1	1—31					4	5	2	0	0	0					4	0	6	0	0	0	借					9	6	0	0	0	0
	31		本月合计					4	5	2	0	0	0					4	0	6	0	0	0	借					9	6	0	0	0	0

表8-38 汇总记账凭证(7)

账户名称：应付职工薪酬

总账

总第____页

2019年		凭证编号	摘要	借方							贷方							借或贷	余额						
月	日			千	百	十	万	千	百	十	元	角	分	千	百	十	万	千	百	十	元	角	分		
5	31	科汇1	1—31					6	5	0	0	0	0											平	
	31		本月合计					6	5	0	0	0	0											平	0

表8-39 汇总记账凭证(8)

账户名称：原材料

总账

总第____页

2019年		凭证编号	摘要	借方										贷方										借或贷	余额							
月	日			千	百	十	万	千	百	十	元	角	分	千	百	十	万	千	百	十	元	角	分		千	百	十	万	千	百	十	元	角	分
5	1		承前页																					借				4	4	0	0	0	0
	31	科汇1	1—31				3	0	0	0	0	0					3	0	0	0	0	0		借				3	1	4	0	0	0
	31		本月合计				3	0	0	0	0	0					3	0	0	0	0	0		借				3	1	4	0	0	0

四、三种账务处理程序的比较

以上三种记账凭证账务处理程序，都是由账簿组织、记账程序和记账方法构成的，具有共同点，也有不同点。三种账务处理程序比较如表8-40所示。

表8-40 三种账务处理程序比较

比较项目		账务处理程序		
		记账凭证账务处理程序	汇总记账凭证账务处理程序	科目汇总表账务处理程序
不同点	登记总账的依据	记账凭证	汇总记账凭证	科目汇总表（记账凭证汇总表）
	凭证组织	可采用专用凭证，也可采用通用记账凭证	只能采用专用凭证	可采用专用凭证，也可采用通用记账凭证
	优点	简单明了，易于理解，总分类账可以较详细地反映经济业务的发生情况	减轻了登记总分类账的工作量，能够清晰地反映账户之间的对应关系	减轻了登记总分类账的工作量，易于理解，方便学习，并可做到试算平衡
	缺点	登记总分类账的工作量较大	按每一贷方科目编制汇总转账凭证，不利于会计核算的日常分工，当转账凭证较多时，编制汇总转账凭证的工作量较大	不能反映各个账户之间的对应关系，不利于对账目进行检查
	适用范围	适用于规模较小、经济业务量较少的单位	适用于规模较大、经济业务较多的单位	适用于经济业务较多的单位
相同点	登记明细账的依据	均为记账凭证		
	账簿组织	均为日记账、总分类账、明细分类账		

思考练习题

一、单选题

1. 记账凭证账务处理程序适用于（　　）的单位。
   A. 规模较小、业务量较少　　　　　　　B. 规模较小、业务量较多
   C. 规模较大、业务量较少　　　　　　　D. 规模较大、业务量较多

2. 科目汇总表账务处理程序的优点是（　　）。
   A. 详细反映经济业务的发生情况　　　　B. 可以做到试算平衡
   C. 便于了解账户之间的对应关系　　　　D. 便于查对账目

3. 科目汇总表账务处理程序的特点是（　　）。
   A. 根据记账凭证直接登记总分类账　　　B. 根据科目汇总表登记总分类账
   C. 根据汇总记账凭证登记总分类账　　　D. 根据记账凭证逐笔登记日记总账

4. 汇总记账凭证账务处理程序的适用范围是（   ）。
   A. 规模较大、经济业务比较少的会计主体
   B. 规模小、经济业务量小、使用会计科目不多的会计主体
   C. 规模较大、经济业务量比较多、专用记账凭证也比较多的会计主体
   D. 规模不是很大，但收付款业务比较多的会计主体
5. 科目汇总表账务处理程序与记账凭证账务处理程序的主要不同点在于（   ）。
   A. 登记总账的依据不同
   B. 现金日记账、银行存款日记账的格式设置不同
   C. 登记现金和银行存款日记账的依据不同
   D. 登记各种明细分类账的依据不同
6. 能够保留科目间对应关系的账务处理程序有（   ）。
   A. 科目汇总表   B. 汇总记账凭证
   C. 多栏式日记账   D. 电算会计
7. 汇总记账凭证账务处理程序与科目汇总表账务处理程序的相同点是（   ）。
   A. 登记总账的依据相同   B. 记账凭证的汇总方法相同
   C. 保持了账户间的对应关系 D. 简化了登记总分类账的工作量
8. 关于记账凭证账务处理程序，下列说法中不正确的是（   ）。
   A. 是最基本的账务处理程序
   B. 账务处理程序简单明了
   C. 登记总账的工作量较大
   D. 总账记录不便于了解经济业务的具体内容
9. 在下列会计账务处理程序中，最基本的账务处理程序是（   ）。
   A. 通用日记账账务处理程序   B. 多栏式日记账账务处理程序
   C. 记账凭证汇总表账务处理程序 D. 记账凭证账务处理程序
10. 各种会计账务处理程序之间的主要区别在于（   ）。
    A. 总账的格式不同   B. 明细账的用途不同
    C. 会计凭证的种类不同   D. 登记总账的依据不同
11. 记账凭证汇总表所汇总的范围是（   ）。
    A. 全部科目的借方发生额   B. 全部科目的贷方发生额
    C. 全部科目的借方、贷方发生额 D. 部分科目的借方、贷方发生额
12. 汇总记账凭证账务处理程序适用于（   ）的企业。
    A. 规模较大、交易或事项较多的单位 B. 规模较小、交易或事项较少的单位
    C. 规模较小、交易或事项较多的单位 D. 规模较大、交易或事项较少的单位
13. 记账凭证账务处理程序的主要缺点是（   ）。
    A. 不能体现账户的对应关系 B. 不便于会计合理分工
    C. 方法不易掌握   D. 登记总账的工作量较大
14. 汇总付款凭证是根据（   ）汇总编制而成的。
    A. 原始凭证   B. 汇总原始凭证
    C. 付款凭证   D. 收款凭证

15. 采用科目汇总表账务处理程序，（　　）是其登记总账的直接依据。
    A. 汇总记账凭证　　　　　　　　　B. 科目汇总表
    C. 记账凭证　　　　　　　　　　　D. 原始凭证
16. 常见的三种账务处理程序中会计报表是根据（　　）资料编制的。
    A. 日记账、总账和明细账　　　　　B. 日记账和明细分类账
    C. 明细账和总分类账　　　　　　　D. 日记账和总分类账
17. 以下项目中，属于科目汇总表账务处理程序缺点的是（　　）。
    A. 增加了会计核算的账务处理程序　B. 增加了登记总分类账的工作量
    C. 不能反映账户对应关系　　　　　D. 不便于进行试算平衡
18. 汇总转账凭证的填制方法是以每张转账凭证的（　　）为汇总依据。
    A. 借方科目　　　　　　　　　　　B. 贷方科目
    C. 借贷方科目　　　　　　　　　　D. 借方、贷方发生额合计数
19. 科目汇总表是依据（　　）编制的。
    A. 记账凭证　　　　　　　　　　　B. 原始凭证
    C. 各种总账　　　　　　　　　　　D. 原始凭证汇总表
20. 在凭证组织中，（　　）账务处理程序不能采用通用记账凭证。
    A. 汇总记账凭证　　　　　　　　　B. 记账凭证
    C. 科目汇总表　　　　　　　　　　D. 汇总收款凭证

二、多选题

1. 下列概念中（　　）的内涵是相同的。
    A. 会计账务处理程序　　　　　　　B. 会计核算组织程序
    C. 会计管理体制　　　　　　　　　D. 账务处理程序
2. 在我国，常用的账务处理程序主要有（　　）。
    A. 记账凭证账务处理程序　　　　　B. 汇总记账凭证账务处理程序
    C. 多栏式日记账账务处理程序　　　D. 科目汇总表账务处理程序
3. 在不同的会计核算组织程序下，登记总账的依据有（　　）。
    A. 记账凭证　　　　　　　　　　　B. 汇总记账凭证
    C. 科目汇总表　　　　　　　　　　D. 汇总原始凭证
4. 账务处理程序也叫会计核算形式，它是指（　　）相结合的方式。
    A. 会计凭证　　　　　　　　　　　B. 会计账簿
    C. 会计报表　　　　　　　　　　　D. 会计科目
5. 在记账凭证账务处理程序中编制记账凭证的依据是（　　）。
    A. 原始凭证　　　　　　　　　　　B. 汇总原始凭证
    C. 明细账　　　　　　　　　　　　D. 总账
6. 以下属于记账凭证账务处理程序优点的有（　　）。
    A. 简单明了、易于理解
    B. 减轻了登记总分类账的工作量
    C. 便于进行会计科目的试算平衡
    D. 总分类账可较详细地记录经济业务发生的情况

7. 汇总记账凭证账务处理程序的优点是（   ）。
   A. 增加了登记总分类账的工作量　　B. 便于了解账户之间的对应关系
   C. 减轻了登记总分类账的工作量　　D. 便于试算平衡
8. 科目汇总表账务处理程序的优点是（   ）。
   A. 科目汇总表的编制和使用比较简便
   B. 可大大减少登记总分类账的工作量
   C. 科目汇总表能起到试算平衡的作用，从而保证总账登记的准确性
   D. 能明确反映科目对应关系，便于分析经济业务的来龙去脉
9. 在汇总记账凭证账务处理程序下，登记总分类账的依据是（   ）。
   A. 汇总收款凭证　　　　　　　　B. 汇总付款凭证
   C. 记账凭证汇总表　　　　　　　D. 汇总转账凭证
   E. 累计凭证
10. 记账凭证汇总表的编制依据是（   ）。
    A. 收款凭证　　　　　　　　　　B. 付款凭证
    C. 转账凭证　　　　　　　　　　D. 汇总原始凭证
    E. 汇总记账凭证
11. 在科目汇总表账务处理程序下，可采用的记账凭证有（   ）。
    A. 专用记账凭证　　　　　　　　B. 通用记账凭证
    C. 汇总收款凭证、付款凭证　　　D. 汇总转账凭证
12. 记账凭证账务处理程序一般适用于（   ）的企业。
    A. 规模较小　　　　　　　　　　B. 经济业务量较少
    C. 产销的产品单一　　　　　　　D. 记账凭证不多
13. 以记账凭证为依据，按有关账户的贷方设置，按借方账户归类的有（   ）。
    A. 汇总收款凭证　　　　　　　　B. 汇总转账凭证
    C. 汇总付款凭证　　　　　　　　D. 科目汇总表
14. 在汇总记账凭证账务处理程序下，可以填制（   ）转账凭证。
    A. 一借一贷　　　　　　　　　　B. 一借多贷
    C. 多借一贷　　　　　　　　　　D. 多借多贷
15. 不论在哪种账务处理程序下，期末，有关总分类账的余额应与其相应的（   ）的余额核对相符。
    A. 备查账　　　　　　　　　　　B. 明细分类账
    C. 现金日记账　　　　　　　　　D. 银行存款日记账
16. 从银行提取现金填制（   ），汇总计入（   ）。
    A. 现金收款凭证　　　　　　　　B. 现金汇总收款凭证
    C. 银行付款凭证　　　　　　　　D. 银行汇总付款凭证
17. 汇总收款凭证的编制方法是（   ）。
    A. 按现金、银行存款科目的借方设置
    B. 按现金、银行存款科目的贷方设置
    C. 按与设置科目相对应的贷方科目加以归类、汇总

D. 按与设置科目相对应的借方科目加以归类、汇总

18. 下列有关记账凭证会计处理程序叙述正确的有（   ）。
    A. 直接根据各种记账凭证逐笔登记总分类账
    B. 体现会计核算的基本原理和基本程序，是最基本的账务处理程序
    C. 记账凭证只能采用收、付、转三种凭证，不能采用通用的格式
    D. 优点是比较简单明了，易于理解，在总分类账中能具体反映经济业务的内容，便于查账

19. 下列关于账务处理程序，说法正确的是（   ）。
    A. 记账凭证账务处理程序的缺点是登记总分类账的工作量比较大
    B. 采用科目汇总表账务处理程序，由于其在科目汇总表中不反映科目对应关系，因而不便于分析经济业务的来龙去脉，不便于查账
    C. 采用汇总记账凭证账务处理程序可以大大减少登记总分类账的工作量
    D. 汇总记账凭证账务处理程序一般只适用于规模较大、经济业务量较多、专用记账凭证也比较多的会计主体

20. 记账凭证账务处理程序与汇总记账凭证账务处理程序的相同之处在于（   ）。
    A. 根据原始凭证或汇总原始凭证编制记账凭证
    B. 根据收、付款凭证逐笔登记现金日记账和银行存款日记账
    C. 根据各种记账凭证和有关原始凭证或原始凭证汇总表登记明细账
    D. 根据记账凭证逐笔登记总分类账

三、判断题

1. 会计处理程序的设定与单位经营管理的特点、规模的大小无关。（   ）
2. 采用科目汇总表账务处理程序，既可以减轻登记总分类账的工作量，也可以做到试算平衡。（   ）
3. 科目汇总表账务处理程序要根据科目汇总表来登记明细分类账。（   ）
4. 在各种账务处理程序下，会计报表的编制方法都是相同的。（   ）
5. 采用汇总记账凭证账务处理程序，转账凭证编制的会计分录可以是一贷多借，或者是一借多贷，或者是一借一贷。（   ）
6. 无论采用哪种账务处理程序，记账凭证都可以采用收款凭证、付款凭证和转账凭证三种。（   ）
7. 编制会计报表是账务处理程序的组成部分。（   ）
8. 汇总记账凭证账务处理程序和科目汇总表账务处理程序都适用于经济业务较多的单位。（   ）
9. 在不同的账务处理程序中，登记总账的依据相同。（   ）
10. 汇总转账凭证是按借方科目设置，对贷方发生额定期汇总编制。（   ）
11. 企业应根据各自的规模大小、业务繁简程序、经营业务特点等内容决定采用何种会计账务处理程序。（   ）
12. 记账凭证账务处理程序是账务处理程序的基础。（   ）
13. 科目汇总表账务处理程序不仅可以起到试算平衡的作用，还可以反映账户之间的对应关系。（   ）

14. 所有的账务处理程序，第一步都必须将全部原始凭证汇总编制为汇总原始凭证。
（　　）

15. 汇总记账凭证和记账凭证汇总表都是根据记账凭证编制的，因而可以说二者登记总账的依据相同。（　　）

16. 记账凭证汇总表账务处理程序的记账凭证必须采用专用记账凭证。（　　）

17. 如果采用记账凭证汇总表账务处理程序，那么全部总分类账都应依据记账凭证汇总表来登记。（　　）

18. 记账凭证汇总表账务处理程序的总分类账必须逐日逐笔进行登记。（　　）

19. 采用汇总记账凭证账务处理程序，银行存款日记账可以根据汇总收款、汇总付款凭证进行登记。（　　）

20. 库存现金日记账和银行存款日记账不论在何种账务处理程序下，都是根据收款凭证和付款凭证逐日逐笔顺序登记的。（　　）

第九章

财产清查

知识目标

1. 了解财产清查的意义与种类
2. 熟悉财产清查的一般程序
3. 熟悉货币资金、实物资产和往来款项的清查方法
4. 掌握银行存款余额调节表的编制
5. 掌握财产清查结果的账务处理

第一节 财产清查概述

一、财产清查的概念与意义

（一）财产清查的概念

财产清查是指通过对财产物资、现金的实地盘点和对银行存款、债权债务的查对，来确定财产物资、货币资金和债权债务的实存数，并查明账面结存数与实存数是否相符的一种专门方法。

（二）财产清查的意义

财产清查是会计核算方法中的一项重要内容，也是发挥会计监督职能的一个重要方面，它对促进企业、行政事业单位经济正常运行和保证资产的安全完整起着积极作用。企业应当建立健全财产物资清查制度，加强管理，以保证财产物资核算的真实性和完整性。具体而言，财产清查的意义主要有以下几点：

1. 保证账实相符，提高会计资料的准确性

通过财产清查，可以查明各项财产物资的实有数量，确定实有数量与账面数量之间的差异，查明原因和责任，以便采取有效措施，消除差异，改进工作，从而保证账实相符，提高会计资料的准确性。

2. 切实保障各项财产物资的安全完整

通过财产清查,可以查明各项财产物资的保管情况是否良好,有无因管理不善,造成霉烂、变质、损失浪费,或者被非法挪用、贪污盗窃的情况,以便采取有效措施,改善管理,切实保障各项财产物资的安全完整。

3. 加速资金周转,提高资金使用效益

通过财产清查,可以查明各项财产物资的库存和使用情况,合理安排生产经营活动,充分利用各项财产物资,加速资金周转,提高资金使用效果。

4. 促进企业遵守财经纪律和结算制度

通过财产清查,可以检查企业执行财经法规和结算制度的情况,监督和督促企业遵守财经纪律和结算制度,及时进行债权、债务结算。

二、财产清查的种类

(一) 按财产清查范围,分为全面清查和局部清查

1. 全面清查

全面清查是对所有的财产进行全面的实地盘点和核对。
(1) 全面清查的内容主要包括以下几项:
①库存现金、银行存款、其他货币资金和银行借款等。
②所有的固定资产。
③原材料、在产品、库存商品、在途物资等存货。
④各种有价证券、各项债权、债务等。
⑤委托其他单位加工、保管的各项财产物资。
⑥接受委托代为加工、代管的各项财产物资。
(2) 需要进行全面清查的情况通常有以下几种:
①年终决算之前。
②单位撤销、合并或改变隶属关系前。
③企业破产清算前。
④中外合资、国内合资、企业股份制改制前。
⑤开展全面的资产评估、清产核资前。
⑥单位主要领导调离工作前等。

2. 局部清查

局部清查是指根据需要只对部分财产进行盘点和核对。局部清查涉及的范围小、内容少、时间短,参与的部门、人员少,但专业性强。一般在以下情况下进行:
(1) 库存现金,应由出纳人员在每日营业终了时自行清查一次。
(2) 银行存款,应每月至少同银行核对一次。
(3) 各种贵重物资,每月至少清查盘点一次。
(4) 各种债权债务每年至少核对一至二次。
(5) 流动性较大或易发生溢余或损耗的物资,如原材料、在产品、库存商品等存货,年度内要进行轮流盘点或重点抽查一次。

(二)按财产清查的时间,分为定期清查和不定期清查

1. 定期清查

定期清查是指按照预先计划安排的时间对财产进行的盘点和核对。定期清查一般在年末、季末、月末进行。

2. 不定期清查

不定期清查是指事前不规定清查日期,而是根据特殊需要临时进行的盘点和核对。

不论是定期清查还是不定期清查,都有可能是全面清查或局部清查。

(三)按照清查的执行系统,分为内部清查和外部清查

1. 内部清查

内部清查是指由本单位内部自行组织清查工作小组所进行的财产清查工作。大多数财产清查都是内部清查。

2. 外部清查

外部清查是指由上级主管部门、审计机关、司法部门、注册会计师根据国家有关规定或情况需要对本单位所进行的财产清查。一般来讲,进行外部清查时应有本单位相关人员参加。

三、财产清查的一般程序

财产清查既是会计核算的一种专门方法,又是财产物资管理的一项重要制度。企业必须有计划、有组织地进行财产清查。财产清查的一般程序如下:

(1)建立财产清查组织。清查组织应由单位领导和财务会计、业务、仓库等有关部门的人员组成,一般应由管理层研究制订财产清查计划,确定工作进度和方式方法。

(2)组织清查人员学习有关政策规定,掌握有关法律、法规和相关业务知识,以提高财产清查工作的质量。

(3)确定清查对象、范围,明确清查任务。

(4)制定清查方案,具体安排清查内容、时间、步骤、方法,以及必要的清查前准备。

(5)清查时本着先清查数量、核对有关账簿记录等,后认定质量的原则进行。

(6)填制盘存清单。清查人员要做好盘点记录,填制盘存清单,列明所查财产物资的实存数量和款项及债权债务的实有数额。

(7)根据盘存清单,填制实物、往来账项清查结果报告表。

第二节 财产清查的方法

由于货币资金、实物、往来款项的特点各有不同,在进行财产清查时,应采用与其特点和管理要求相适应的方法。

一、货币资金的清查方法

(一)库存现金的清查

库存现金的清查采用实地盘点法来确定库存现金的实存数,然后再与现金日记账的账面

余额核对，确定账存与实存是否相符。

在实际工作中，除了由出纳人员对现金进行经常性清查外，还应由清查小组对库存现金进行定期或不定期的清查。现金清查时，出纳人员必须在场，现金由出纳人员经手盘点，清查人员从旁监督。同时，清查人员还应认真审核现金收付凭证和有关账簿，检查财务处理是否合理合法，账簿记录有无错误，有无用不具法律效力的借条、收据充抵库存现金（即"白条抵充库存"）、超库存现金限额等情况，以确定账存与实存是否相符，等等。

盘点后，应根据库存现金盘点结果，编制库存现金盘点报告表，并由盘点人员和出纳人员签章。库存现金盘点报告表兼有盘存单和实存账存对比表的作用，是反映库存现金实有数和调整账簿记录的原始凭证。

（二）银行存款的清查

银行存款的清查是采用与开户银行核对账目的方法进行的，即将本单位银行存款日记账的账簿记录与开户银行转来的对账单逐笔进行核对，查明银行存款的实有数额。银行存款的清查一般在月末进行。

1. 银行存款日记账与银行对账单不一致的原因

将截至清查日所有银行存款的收付业务都登记入账后，对发生的错账、漏账应及时查清更正，再与银行的对账单逐笔核对。如果二者余额相符，通常说明没有错误；如果二者余额不相符，则可能是企业或银行一方或双方记账过程有错误或者存在未达账项。

所谓未达账项，是指企业和银行之间，由于记账时间不一致而发生的一方已经入账，而另一方尚未入账的事项。未达账项一般分为以下四种情况：

（1）企业已收，银行未收。即企业已收款记账，银行未收款未记账的款项。
（2）企业已付，银行未付。即企业已付款记账，银行未付款未记账的款项。
（3）银行已收，企业未收。即银行已收款记账，企业未收款未记账的款项。
（4）银行已付，企业未付。银行已付款记账，企业未付款未记账的款项。

2. 银行存款清查的步骤

银行存款的清查按以下四个步骤进行：

（1）将本单位银行存款日记账与银行对账单，以结算凭证的种类、号码和金额为依据，逐日逐笔核对。凡双方都有记录的，用铅笔在金额旁打上记号"√"。
（2）找出未达账项（即银行存款日记账和银行对账单中没有打"√"的款项）。
（3）将日记账和对账单的月末余额及找出的未达账项填入银行存款余额调节表，并计算出调整后的余额。
（4）将调整平衡的银行存款余额调节表，经主管会计签章后，呈报开户银行。

凡有几个银行户头以及开设有外币存款户头的单位，应分别按存款户头开设银行存款日记账。每月月底，应分别将各户头的银行存款日记账与各户头的银行对账单核对，并分别编制各户头的银行存款余额调节表。

3. 银行存款余额调节表的编制

为了检查企业与银行是否有记账错误，很显然应先去掉未达账项因素，调整了未达账项因素后，如果还不相等，肯定一方或双方存在错误。剔除未达账项因素，应编制银行存款余额调节表。银行存款余额调节表采用补记法编制，即以企业和开户的银行对账单双方账面余额为基础，各自分别加上对方已收款入账而己方尚未入账的数额，减去对方已付款入账而己

方尚未入账的数额。调整余额的计算公式如下:

企业银行存款日记账余额 + 银行已收企业未收款 − 银行已付企业未付款

= 银行对账单存款余额 + 企业已收银行未收款 − 企业已付银行未付款

【例 9−1】 某企业 2019 年 8 月 31 日银行存款日记账的余额为 70 500 元,银行对账单的余额为 127 500 元。经逐笔核对,发现以下未达账项:

①企业送存转账支票 60 000 元,并已登记银行存款增加,但银行尚未记账。

②企业开出转账支票 45 000 元,但持票单位尚未到银行办理转账,银行尚未记账。

③企业委托银行代收某公司购货款 75 000 元,银行已收妥并登记入账,但企业尚未收到收款通知,尚未记账。

④银行代企业支付电话费 3 000 元,银行已登记企业银行存款减少,但企业未收到银行付款通知,尚未记账。

根据上述资料编制银行存款余额调节表,如表 9−1 所示。

表 9−1　银行存款余额调节表　　　　　　　　元

项　目	金额	项　目	金额
银行存款日记账余额	70 500	银行对账单余额	127 500
加:银行已收、企业未收款	75 000	加:企业已收、银行未收款	60 000
减:银行已付、企业未付款	3 000	减:企业已付、银行未付款	45 000
调节后的存款余额	142 500	调节后的存款余额	142 500

银行存款双方余额调节相符后,对未达账项一般暂不作账务处理,对银行已入账而企业未入账的各项经济业务,不能以银行存款余额调节表作为原始凭证编制会计分录,而必须在收到银行转来的有关原始凭证后方可入账。银行存款余额调节表调节后,双方余额如果相等,一般说明记账没有错误;如果不相符,则一方或双方记账肯定有错。银行存款余额调节表调节后相符的余额,表明企业可动用的银行存款实有数。

二、实物的清查方法

(一)确定财产物资账面结存的方法

财产物资的盘存制度包括永续盘存制和实地盘存制两种。

1. 永续盘存制

永续盘存制又叫账面盘存制,平时对各项财产物资的增加、减少、收入、发出都要根据会计凭证在账簿里作相应的连续记载,并且要求随时结出账面余额。其账面余额的计算公式如下:

账面期末余额 = 账面期初余额 + 本期增加额 − 本期减少额

永续盘存制的优点是可以随时结出账面结存数,便于随时掌握财产物资的占用情况及其动态,有利于加强对财产物资的管理;缺点是账簿中记录的财产物资的增、减变动及结存情况都是根据有关会计凭证登记的,可能发生账实不符的情况。

采用永续盘存制需要对各项财产物资定期进行财产清查,以查明账实是否相符以及账实不符的原因。

2. 实地盘存制

平时只要求根据会计凭证在账簿中登记财产物资的增加数，不要求登记减少数，到月末，对各项财产物资进行盘点，根据实地盘点确定实存数，倒挤出本月财产物资的减少数。其计算公式如下：

$$本期减少数 = 账面期初余额 + 本期增加数 - 期末实际结存数$$

实地盘存制的优点是工作简单、工作量小。缺点是各项财产物资的减少数没有严密的手续，不便于实行会计监督，倒挤出的各项财产物资的减少数中成分复杂，除了正常的耗用外，可能还有毁损的和丢失的，所以非特殊原因，一般情况下不宜采用。

（二）确定财产物资实存数量的方法

确定财产物资实存数量的方法包括实地盘点法和技术推算法两种。

1. 实地盘点法

这是指在财产物资堆放现场进行逐一清点数量或用计量仪器确定实存数的一种方法。

2. 技术推算法

这是利用技术方法对财产物资的实存数进行推算的一种方法。适用于大量成堆，难以逐一清点的财产物资。

三、往来款项的清查方法

往来款项主要包括企业的应收账款、应付账款、预收账款、预付账款、其他应收款、其他应付款等款项。往来款项的清查一般采用发函询证的方法进行核对。即在检查本单位各项往来结算账目登记正确、完整的基础上，编制往来款项对账单，邮寄或送交对方单位进行核对。对账单按每一个经济往来单位编制（一式两联，其中一联作为回联单）。往来款项对账单一般格式和内容如表9-2所示。

对方单位经过核对，账目如果相符，在回联单上加盖公章退回，表示已核对无误；如有金额不符，对方单位应在对账单中注明情况，或另抄对账单退回本单位，企业应进一步查明原因，再进行核对。

往来款项清查以后，将清查结果编制成往来款项清查报告单，格式如表9-3所示，填列各项债权、债务的余额。对于有争执的款项以及无法收回的款项，应在报告单上详细列明情况，以便及时采取措施进行处理，避免或减少坏账损失。

表9-2 往来款项对账单

×××单位：
　　你单位20××年×月×日在我公司购入××××商品，货款×××元尚未支付，请核对后将回联单寄回。

×××清查单位：（盖章）
20××年×月×日

续表

沿此虚线裁开，将以下回联单寄回！
往来款项对账单（回联） ×××清查单位： 你单位寄来的"往来款项对账单"已收到，经核对相符无误。 <div align="right">×××单位：（盖章） 20××年×月×日</div>

表9-3　往来款项清查报告单

总账名称：　　　　　　　　　　　　　　　年　月　日

明细账		清查结果		核对不符原因			备注
名　称	账面余额	核对相符金额	核对不符金额	未达账项金额	有争议金额	其他	

清查人员签章：　　　　　　　　　　　　　　　　　　　记账人员签章

第三节　财产清查结果的处理

财产清查的结果，如果实存数大于账存数，即盘盈；实存数小于账存数，即盘亏；实存数等于账存数，账实相符。财产清查结果的处理一般指的是对账实不符——盘盈、盘亏情况的处理。对于账实相符中出现的财产物资变质、霉烂及毁损的情况，也是其处理的对象。

一、财产清查结果的处理要求

对于财产清查中发现的问题，如财产物资的盘盈、盘亏、毁损或其他各种损失，应核实情况，调查分析产生的原因，按照国家有关法律法规的规定，进行相应的处理。财产清查结果处理的具体要求如下：

（1）分析产生差异的原因和性质，提出处理建议。
（2）积极处理多余积压财产，清理往来款项。
（3）总结经验教训，建立和健全各项管理制度。
（4）及时调整账簿记录，保证账实相符。

二、财产清查结果的处理步骤和方法

对于财产清查结果的处理可分为审批之前的处理和审批之后的处理两种情况。

（一）审批之前的处理

根据财产清查结果报告表、盘点报告表等已经查实的数据资料，填制记账凭证，记入有关账簿，使账簿记录与实际盘存数相符，同时根据权限，将处理建议报股东大会或董事会，或经理（厂长）会议或类似机构批准。

（二）审批之后的处理

企业清查的各种财产的损溢，应于期末前查明原因，并根据企业的管理权限，经股东大会或董事会，或经理（厂长）会议或类似机构批准后，在期末结账前处理完毕。分以下不同情况处理：

1. 对于财产清查中各种材料、库存商品等流动资产的盘盈，按照该商品的市价，分情况处理

（1）属于自然升溢的部分，计入当期管理费用；

（2）属于多收或少付部分，应由企业分别退还或补付。

2. 对于财产清查中各种材料、库存商品等流动资产的盘亏或毁损，按照其相应的成本，以及不可抵扣增值税进项税额，分情况处理

（1）属于自然升溢的部分，计入当期管理费用；

（2）属于人为过失的部分，由过失人负责赔偿，计入其他应收款；

（3）属于应由保险公司赔偿的部分，计入其他应收款；

（4）属于一般经营损失的部分，计入当期管理费用；

（5）属于意外灾害性的损失，计入营业外支出。

三、财产清查结果的账务处理

（一）设置"待处理财产损溢"账户

为了反映和监督企业在财产清查过程中查明的各种财产物资的盘盈、盘亏、毁损及其处理情况，应设置"待处理财产损溢"账户（但固定资产盘盈和毁损分别通过"以前年度损益调整""固定资产清理"账户核算）。该账户属于双重性质的资产类账户，下设"待处理流动资产损溢"和"待处理非流动资产损溢"两个明细分类账户进行明细分类核算。

该账户的借方登记财产物资的盘亏数、毁损数和批准转销的财产物资盘盈数；贷方登记财产物资的盘盈数和批准转销的财产物资盘亏及毁损数。企业清查的各种财产的盘盈、盘亏和毁损应在期末结账前处理完毕，所以"待处理财产损溢"账户在期末结账后没有余额。

（二）库存现金清查结果的账务处理

1. 库存现金盘盈的账务处理

库存现金盘盈时，应及时办理库存现金的入账手续，调整库存现金账簿记录，即按盘盈的金额借记"库存现金"科目，贷记"待处理财产损溢——待处理流动资产损溢"科目。

对于盘盈的库存现金，应及时查明原因，按管理权限报经批准后，按盘盈的金额借记"待处理财产损溢——待处理流动资产损溢"科目，按需要支付或退还他人的金额贷记"其

他应付款"科目,按无法查明原因的金额贷记"营业外收入"科目。

【例9-2】 某企业在现金清查中发现库存现金盘盈85元。经查,现金溢余中有35元属于应支付给A公司的款项;其余50元无法查明原因。编制会计分录。

①审批之前,编制如下会计分录:

借:库存现金　　　　　　　　　　　　　　　　　　　　　　　85
　　贷:待处理财产损溢——待处理流动资产损溢　　　　　　　　　　85

②审批之后,编制如下会计分录:

借:待处理财产损溢——待处理流动资产损溢　　　　　　　　　85
　　贷:其他应付款——A公司　　　　　　　　　　　　　　　　　35
　　　　营业外收入　　　　　　　　　　　　　　　　　　　　　50

2. 库存现金盘亏的账务处理

库存现金盘亏时,应及时办理盘亏的确认手续,调整库存现金账簿记录,即按盘亏的金额借记"待处理财产损溢——待处理流动资产损溢"科目,贷记"库存现金"科目。

对于盘亏的库存现金,应及时查明原因,按管理权限报经批准后,按可收回的保险赔偿和过失人赔偿的金额借记"其他应收款"科目,按管理不善等原因造成净损失的金额借记"管理费用"科目,按自然灾害等原因造成净损失的金额借记"营业外支出"科目,按原计入的盘亏金额,贷记"待处理财产损溢——待处理流动资产损溢"科目。

【例9-3】 某企业在现金清查中发现库存现金较账面余额短缺1 500元。经核查,现金短缺1 500元中有1 000元属于出纳员吴某的责任,应由吴某赔偿;另有500元无法查明原因。编制会计分录。

①审批之前,编制如下会计分录:

借:待处理财产损溢——待处理流动资产损溢　　　　　　　1 500
　　贷:库存现金　　　　　　　　　　　　　　　　　　　　1 500

②审批之后,编制如下会计分录:

借:其他应收款——吴某　　　　　　　　　　　　　　　　1 000
　　管理费用　　　　　　　　　　　　　　　　　　　　　　500
　　贷:待处理财产损溢——待处理流动资产损溢　　　　　　1 500

(三) 存货清查结果的账务处理

1. 存货盘盈的账务处理

存货盘盈时,应及时办理存货入账手续,调整存货账簿的实存数。盘盈的存货应按其重置成本作为入账价值,借记"原材料""库存商品"等科目,贷记"待处理财产损溢——待处理流动资产损溢"科目。

对于盘盈的存货,应及时查明原因,按管理权限报经批准后,冲减管理费用,即按其入账价值,借记"待处理财产损溢——待处理流动资产损溢"科目,贷记"管理费用"科目。

【例9-4】 某企业年终盘点,发现由于天气潮湿,产品重量增加1公斤,产品成本每公斤300元,经查,属于自然升溢,报批准后作账务处理。编制会计分录。

①审批前,编制会计分录如下:

借:库存商品　　　　　　　　　　　　　　　　　　　　　　300
　　贷:待处理财产损溢——待处理流动资产损溢　　　　　　　　300

②审批后,编制会计分录如下:
借:待处理财产损溢——待处理流动资产损溢　　　　　　　　　300
　　贷:管理费用　　　　　　　　　　　　　　　　　　　　　　　300

2. 存货盘亏的账务处理

存货盘亏时,应按盘亏的金额借记"待处理财产损溢——待处理流动资产损溢"科目,贷记"原材料""库存商品"等科目。材料、产成品、商品采用计划成本(或售价)核算的,还应同时结转成本差异(或商品进销差价)。涉及增值税的,还应进行相应处理。

对于盘亏的存货,应及时查明原因,按管理权限报经批准后,按可收回的保险赔偿和过失人赔偿的金额借记"其他应收款"科目,按自然损耗及其他管理不善等原因造成净损失的金额借记"管理费用"科目,按自然灾害等原因造成净损失的金额借记"营业外支出"科目,按原计入的盘亏金额,贷记"待处理财产损溢——待处理流动资产损溢"科目。

【例9-5】 某企业为一般纳税人,2019年9月30日盘点存货,发现甲材料盘亏1 000克,价值1 000元,增值税160元。经查,盘亏的甲材料应由保管员小王赔偿500元,其余作管理不善处理。编制会计分录。

①审批之前,编制会计分录如下:
借:待处理财产损溢——待处理流动资产损溢　　　　　　　　1 160
　　贷:原材料　　　　　　　　　　　　　　　　　　　　　　　1 000
　　　　应交税费——应交增值税(进项税额转出)　　　　　　　　160
②审批之后,编制会计分录如下:
借:其他应收款——小王　　　　　　　　　　　　　　　　　　500
　　管理费用　　　　　　　　　　　　　　　　　　　　　　　　660
　　贷:待处理财产损溢——待处理流动资产损溢　　　　　　　　1 160

(四)固定资产清查结果的账务处理

1. 固定资产盘盈的账务处理

企业在财产清查过程中盘盈的固定资产,经查明确属企业所有,按管理权限报经批准后,应根据盘存凭证填制固定资产交接凭证,经有关人员签字后送交企业会计部门,填写固定资产卡片账,并作为前期差错处理,通过"以前年度损益调整"科目核算。盘盈的固定资产通常按其重置成本作为入账价值,借记"固定资产"科目,贷记"以前年度损益调整"科目。涉及增值税、所得税和盈余公积的,还应按相关规定处理。

【例9-6】 某企业在财产清查中发现盘盈设备一台,类似固定资产的市场价格为50 000元,该固定资产有6成新,扣除按新旧程度估计的价值损耗后的余额为30 000元。编制会计分录。

①审批之前,编制会计分录如下:
借:固定资产　　　　　　　　　　　　　　　　　　　　　　　30 000
　　贷:以前年度损益调整　　　　　　　　　　　　　　　　　　30 000
②审批之后,上述盘盈的固定资产作为前期差错处理,计提企业所得税,假设企业所得税税率为25%,不计提法定盈余公积,编制会计分录如下:
借:以前年度损益调整(30 000×25%)　　　　　　　　　　　7 500
　　贷:应交税费——应交所得税　　　　　　　　　　　　　　　7 500

最后将扣除所得税后的余额计入利润分配,编制会计分录如下:

借:以前年度损益调整　　　　　　　　　　　　　　　22 500
　　贷:利润分配——未分配利润　　　　　　　　　　　　　22 500

2. 固定资产盘亏的账务处理

固定资产盘亏时,应及时办理固定资产注销手续,按盘亏固定资产的账面价值,借记"待处理财产损溢——待处理非流动资产损溢"科目,按已计提折旧额,借记"累计折旧"科目,按其原价,贷记"固定资产"科目。涉及增值税和递延所得税的,还应按相关规定处理。

对于盘亏的固定资产,应及时查明原因,按管理权限报经批准后,按过失人及保险公司应赔偿额,借记"其他应收款"科目,按盘亏固定资产的原价扣除累计折旧和过失人及保险公司赔偿后的差额,借记"营业外支出"科目,按盘亏固定资产的账面价值,贷记"待处理财产损溢——待处理非流动资产损溢"科目。

【例9-7】　某企业在财产清查中发现盘亏机器一台,账面价值10 000元,已计提折旧2 000元。经查,上述盘亏的固定资产,应由保险公司赔偿5 000元,其余的作为意外损失处理。编制会计分录。

①审批之前,编制会计分录如下:

借:待处理财产损溢——待处理固定资产损溢　　　　　8 000
　　累计折旧　　　　　　　　　　　　　　　　　　　　2 000
　　贷:固定资产　　　　　　　　　　　　　　　　　　　　10 000

②审批之后,编制会计分录如下:

借:营业外支出　　　　　　　　　　　　　　　　　　3 000
　　其他应收款——保险公司　　　　　　　　　　　　　5 000
　　贷:待处理财产损溢——待处理固定资产损溢　　　　　　8 000

(五)结算往来款项盘存的账务处理

在财产清查过程中发现的长期未结算的往来款项,应及时清查。对于经查明确实无法支付的应付款项,可按规定程序报经批准后,转作营业外收入。

对于无法收回的应收款项,则作为坏账损失冲减坏账准备。坏账是指企业无法收回或收回的可能性极小的应收款项。由于发生坏账而产生的损失,称为坏账损失。

1. 坏账确认的条件

企业通常应将符合下列条件之一的应收款项确认为坏账:

(1) 债务人死亡,以其遗产清偿后仍然无法收回。

(2) 债务人破产,以其破产财产清偿后仍然无法收回。

(3) 债务人较长时间内未履行其偿债义务,并有足够的证据表明无法收回或者收回的可能性极小。

企业对有确凿证据表明确实无法收回的应收款项,经批准后作为坏账损失。对于已确认为坏账的应收款项,并不意味着企业放弃了追索权,一旦重新收回,应及时入账。

2. 当期应计提坏账准备金额的计算

企业计提坏账准备一般使用应收账款余额百分比法。计提坏账准备的公式如下:

当期应提取的坏账准备 = 当期按应收款项计算应提坏账准备金额 −
"坏账准备"账户的贷方余额

当期按应收款项计算应计提坏账准备金额大于"坏账准备"账户的贷方余额，应按其差额提取坏账准备；如果当期按应收款项计算应提坏账准备金额小于"坏账准备"账户的贷方余额，应按其差额冲减已计提的坏账准备；如果当期按应收款项计算应提坏账准备金额为零，应将"坏账准备"账户的余额全部冲回。

3. 计提坏账准备的账务处理

企业提取坏账准备时，借记"信用减值损失"科目，贷记"坏账准备"科目。本期应提取的坏账准备大于其账面余额的，应按其差额提取；应计提数小于账面余额的差错，借记"坏账准备"科目，贷记"信用减值损失"科目。

企业对于确实无法收回的应收款项，经批准作为坏账损失，冲销提取的坏账准备，借记"坏账准备"科目，贷记"应收账款""其他应收款"等科目。

已确认并转销的坏账损失，如果以后又收回，按实际收回的金额，借记"应收账款""其他应收款"等科目，贷记"坏账准备"科目；同时，借记"银行存款"科目，贷记"应收账款""其他应收款"等科目。"坏账准备"科目期末贷方余额，反映企业已提取的坏账准备。坏账准备账务处理如表 9−4 所示。

表 9−4 坏账准备账务处理表

应收款项减值	计提坏账准备	借：信用减值损失 贷：坏账准备
	冲减坏账准备	借：坏账准备 贷：信用减值损失
	实际发生坏账时	借：坏账准备 贷：应收账款（其他应收款）
	已确认并转销的 应收款项收回	借：应收账款（其他应收款） 贷：坏账准备 借：银行存款 贷：应收账款（其他应收款）

【例 9−8】 某企业 6 月 30 日确定一笔应付账款 5 000 元，因债权单位撤销，确实无法支付，按规定程序报经批准后，转作营业外收入。编制会计分录。

借：应付账款　　　　　　　　　　　　　　　　　　　　　　5 000
　　贷：营业外收入　　　　　　　　　　　　　　　　　　　　5 000

【例 9−9】 某企业采用应收账款余额百分比法计提坏账准备，根据 2017—2019 年企业发生的如下经济业务，编制会计分录。

(1) 2017 年首次计提坏账准备，年末应收账款余额 300 000 元，计提坏账准备比例 3%；计提坏账准备。

2017 年应计提的坏账准备金额 = 300 000 × 3% = 9 000（元）

借：信用减值损失——计提坏账准备　　　　　　　　　　　　9 000
　　贷：坏账准备　　　　　　　　　　　　　　　　　　　　　　9 000

（2）2018 年年末应收账款余额 200 000 元，计提坏账准备比例 4%；计提坏账准备。

2018 年年末坏账准备余额 = 200 000 × 4% = 8 000（元）

2018 年应计提的坏账准备金额 8 000 − 9 000 = −1 000（元）

借：坏账准备　　　　　　　　　　　　　　　　　　　　　　　1 000
　　贷：信用减值损失——计提坏账准备　　　　　　　　　　　　1 000

（3）2019 年 2 月，发生了坏账损失 5 000 元，经批准后作为坏账转销。

借：坏账准备　　　　　　　　　　　　　　　　　　　　　　　5 000
　　贷：应收账款　　　　　　　　　　　　　　　　　　　　　　5 000

（4）假设 2019 年 8 月，企业于 2019 年 2 月冲销的应收账款 5 000 元又收回了其中的 2 000 元，已存入银行。

借：应收账款　　　　　　　　　　　　　　　　　　　　　　　2 000
　　贷：坏账准备　　　　　　　　　　　　　　　　　　　　　　2 000

同时，

借：银行存款　　　　　　　　　　　　　　　　　　　　　　　2 000
　　贷：应收账款　　　　　　　　　　　　　　　　　　　　　　2 000

（5）2019 年年末应收账款余额 400 000 元，计提坏账准备比例 5%；计提坏账准备。

2019 年年末坏账准备余额 = 400 000 × 5% = 20 000（元）

2019 年应计提的坏账准备金额 = 20 000 − (8 000 − 5 000 + 2 000) = 15 000（元）

借：信用减值损失——计提坏账准备　　　　　　　　　　　　15 000
　　贷：坏账准备　　　　　　　　　　　　　　　　　　　　　　15 000

思考练习题

一、单项选择题

1. 财产清查是对（　　）进行盘点和核对，确定其实存数，并检查其账存数和实存数是否相符的一种专门方法。

　　A. 存货　　　　　　　　　　　　B. 固定资产
　　C. 货币资金　　　　　　　　　　D. 各项财产

2. 现金清查方法应采用（　　）。

　　A. 技术推算法　　　　　　　　　B. 实地盘点法
　　C. 突击清查法　　　　　　　　　D. 账面价值法

3. 散装的、大量成堆的化肥、饲料等物资，适合采用的财产清查方法是（　　）。

　　A. 实地盘点法　　　　　　　　　B. 技术推算法
　　C. 抽样盘存法　　　　　　　　　D. 函证核对法

4. 银行存款的清查应将银行存款（　　）。

　　A. 日记账与总账核对　　　　　　B. 日记账与银行对账单核对
　　C. 日记账与银行存款收、付凭证核对　　D. 总账与银行存款收、付凭证核对

5. 财产清查是通过实地盘点、查证核对来查明（　　）是否相符的一种方法。

A. 账证 B. 账账
C. 账实 D. 账表

6. 往来款项的清查方法是（　　）。
   A. 实地盘点法 B. 函询证法
   C. 抽查法 D. 技术推算法

7. 在永续盘存制下，平时（　　）。
   A. 对各项财产物资的增加数和减少数，都不在账簿中登记
   B. 只在账簿中登记财产物资的减少数，不登记财产物资的增加数
   C. 只在账簿中登记财产物资的增加数，不登记财产物资的减少数
   D. 对各项财产物资的增加数和减少数，都要根据会计凭证在账簿中登记

8. 在实地盘存制下，平时（　　）。
   A. 只在账簿中登记财产物资的减少数，不登记财产物资的增加数
   B. 只在账簿中登记财产物资的增加数，不登记财产物资的减少数
   C. 对各项财产物资的增加数和减少数，都要根据会计凭证登记入账
   D. 通过财产清查据以确定财产物资的增加数和减少数，并编制记账凭证入账

9. 实地盘存制运用的公式为（　　）。
   A. 期末结存数额 = 期初余额 + 本期增加数 − 本期减少数
   B. 本期累计结存数 = 本期增加数 − 本期减少数
   C. 本期减少数 = 期初结存余额 + 本期增加数 − 期末实地盘点数
   D. 本期增加数 = 期末结存余额 − 本期减少数 − 期初实地盘点数

10. 财产清查按清查的对象和范围可分为（　　）。
    A. 全面清查和局部清查 B. 定期清查和不定期清查
    C. 内部清查和外部清查 D. 货币资金清查和非货币资金清查

11. 定期清查和不定期清查是按照（　　）来划分的。
    A. 财产清查的范围 B. 财产清查的时间
    C. 财产清查的方法 D. 财产清查的性质

12. 银行存款余额调节表调节后的余额是（　　）。
    A. 银行对账单余额 B. 企业账面的存款余额
    C. 企业实际可动用的款项 D. 未达账项余额

13. 年终决算前进行的财产清查属于（　　）。
    A. 局部清查和定期清查 B. 全面清查和定期清查
    C. 全面清查和不定期清查 D. 局部清查和不定期清查

14. 财产清查中发现盘盈存货一批，价值200元，批准处理后应转入（　　）。
    A. 营业外收入 B. 其他业务收入
    C. 管理费用 D. 主营业务收入

15. 一般说来，单位撤销、合并或改变隶属关系时，要进行（　　）。
    A. 全面清查 B. 局部清查
    C. 实地盘点 D. 技术推算

16. 对于在财产清查中经查实无法支付的应付账款，在按规定的程序报经批准后，作会

计分录如下：（　　）。
- A. 借：应付账款
    贷：坏账准备
- B. 借：应付账款
    贷：营业外收入
- C. 借：应付账款
    贷：管理费用
- D. 借：应付账款
    贷：本年利润

17. 未达账项是指由于会计凭证传递引起的（　　）。
    - A. 双方登记金额不一致的账项
    - B. 一方重复记账的账项
    - C. 一方已经入账，而另一方尚未登记入账的账项
    - D. 双方均尚未入账的账项

18. 下列反映在待处理财产损溢科目借方的是（　　）。
    - A. 财产的盘亏数
    - B. 财产的盘盈数
    - C. 财产盘亏的转销数
    - D. 尚未处理的财产净溢余

19. 无法查明原因的现金盘盈应该计入（　　）。
    - A. 管理费用
    - B. 营业外收入
    - C. 销售费用
    - D. 其他业务收入

20. 企业在遭受自然灾害后，对其受损的财产物资进行的清查，属于（　　）。
    - A. 局部清查和定期清查
    - B. 全面清查和定期清查
    - C. 全面清查和不定期清查
    - D. 局部清查和不定期清查

二、多项选择题

1. 进行局部财产清查时，正确的做法是（　　）。
    - A. 现金每月清点一次
    - B. 银行存款每月至少同银行核对一次
    - C. 贵重物品每月盘点一次
    - D. 债权债务每年至少核对一两次

2. 下列有关企业进行库存现金盘点清查时的做法，正确的是（　　）。
    - A. 库存现金的清查方法采用实地盘点法
    - B. 在盘点库存现金时，出纳人员必须在场
    - C. 经领导批准，借条、收据可以抵充现金
    - D. 现金盘点报告表需由盘点人员和出纳人员共同签章方能生效

3. 财产清查的意义包括（　　）。
    - A. 有利于保证会计核算资料的真实可靠
    - B. 有利于挖掘财产物资的潜力，加速资金周转
    - C. 有利于保护财产物资的安全完整
    - D. 有利于维护财经纪律和结算制度

4. 应计入"待处理财产损溢"账户借方核算的是（　　）。
   A. 盘亏的财产物资数额　　　　　　B. 盘盈财产物资的转销数额
   C. 盘盈的财产物资数额　　　　　　D. 盘亏财产物资的转销数额

5. 下列（　　）情况会使企业银行存款日记账余额大于银行对账单余额。
   A. 企业已收，银行未收　　　　　　B. 企业已付，银行未付
   C. 银行已收，企业未收　　　　　　D. 银行已付，企业未付

6. （　　）根据规定对企业实体所进行的清查是外部清查。
   A. 上级主管部门　　　　　　　　　B. 审计机关
   C. 司法部门　　　　　　　　　　　D. 注册会计师

7. 实地盘点法一般适用于（　　）的清查。
   A. 各项实物财产物资　　　　　　　B. 库存现金
   C. 银行存款　　　　　　　　　　　D. 应收账款

8. "待处理财产损溢"科目贷方登记（　　）。
   A. 批准前待处理财产物资盘盈数
   B. 批准前待处理财产物资盘亏及毁损数
   C. 结转已批准处理财产物资的盘盈数
   D. 结转已批准处理财产物资的盘亏及毁损数

9. 局部清查是对一个单位的部分财产物资进行清查，对（　　）等财物，一般在年中应进行局部清查。
   A. 库存商品　　　　　　　　　　　B. 贵重物品
   C. 现金　　　　　　　　　　　　　D. 机器设备

10. 财产清查按清查范围可分为（　　）。
    A. 全面清查　　　　　　　　　　　B. 定期清查
    C. 局部清查　　　　　　　　　　　D. 不定期清查
    E. 实地盘点

11. 工业企业全面清查的对象一般包括（　　）。
    A. 现金、银行存款和其他货币资金
    B. 所有的固定资产
    C. 库存材料、库存商品和在途物资等存货
    D. 各项债权债务及有价证券等
    E. 委托加工或保管的材料、商品及物资

12. 不定期清查主要是在（　　）情况下进行。
    A. 更换财产、现金的保管人员时　　B. 发生自然灾害和意外损失时
    C. 进行临时性清产核资时　　　　　D. 年度终了时

13. 财产物资的盘存制度有（　　）。
    A. 永续盘存制　　　　　　　　　　B. 账外盘存制
    C. 实地盘存制　　　　　　　　　　D. 技术推算盘点

14. 对于永续盘存制，正确的表述有（　　）。
    A. 可随时结出账面结存数　　　　　B. 要求财产物资的进出都有严密的手续

C. 账面结存数的计算比较准确 D. 不必进行财产清查

15. 使各项财产的账面数额与实际数额发生差异的原因主要有（　　）。
   A. 在财产物资的保管过程中发生损耗
   B. 由于制度不严密而发生的错收、错付
   C. 由于计量检验不准确，造成多收多付或少收少付以及由于管理不善造成的毁损和短缺等
   D. 由于财产物资的变质毁损等

16. 下列情况适用于全面清查的有（　　）。
   A. 年终决算前　　　　　　　　　B. 单位撤销、合并或改变隶属关系前
   C. 全面清产核资、资产评估　　　D. 单位主要负责人调离工作前

17. 下列计入"管理费用"账户借方的是（　　）。
   A. 因火灾引起材料损失　　　　　B. 经营损失库存商品
   C. 机器设备毁损清理　　　　　　D. 材料的自然损耗

18. 下列属于财产清查一般程序的有（　　）。
   A. 组织清查人员学习有关政策规定　　B. 确定清查对象、范围，明确清查任务
   C. 制定清查方案　　　　　　　　　　D. 填制盘存单和财产清查报告表

19. 对于企业盘亏的固定资产，按规定程序批准后可作以下处理（　　）。
   A. 借记"管理费用"　　　　　　B. 借记"营业外支出"
   C. 借记"其他应收款"　　　　　D. 贷记"待处理财产损溢"

20. 对于企业盘盈的固定资产，审批前可作以下处理（　　）。
   A. 借记"固定资产"　　　　　　B. 贷记"以前年度损益调整"
   C. 借记"其他应收款"　　　　　D. 贷记"待处理财产损溢"

三、判断题

1. 企业对财产进行全面清查时，清查范围应包括存放在本单位内部的全部财产物资，不包括放在本单位之外的财产物资。（　　）
2. 年终决算之前，企业必须进行全面财产清查。（　　）
3. 定期清查，可以是全面清查，也可以是局部清查。（　　）
4. 不定期清查，可以是全面清查，也可以是局部清查。（　　）
5. 更换仓库保管人员时，应该进行的是不定期全面清查。（　　）
6. 银行存款余额调节表不但起对账的作用，而且是调节银行存款日记账账面余额的凭证。（　　）
7. 财产清查中的盘盈盘亏，在没有查清原因以前先不入账。（　　）
8. 存货的盘亏或毁损属于自然灾害造成的，其净损失计入管理费用。（　　）
9. 一般情况下，清查财产物资应采用实地盘存制。（　　）
10. 无法收回的债务作为营业外支出，无法支付的债务作为营业外收入。（　　）
11. 银行存款日记账与银行对账单余额不一致的原因主要是由记账错误和未达账项所造成的。（　　）
12. 非正常原因造成的存货盘亏损失经批准后应该计入营业外支出。（　　）
13. 对于财产清查结果的处理一般分两步，即审批前先调整账面的记录，审批后转入有

关账户。（ ）
14. "待处理财产损溢"账户是利润类账户。（ ）
15. 定期清查和不定期清查对象的范围均既可以是全面清查，也可以是局部清查。（ ）
16. 企业在银行的实有存款应是银行对账单上列明的余额。（ ）
17. 银行存款余额调节表调节后的余额，就是企业当时账面存款余额。（ ）
18. 自然灾害造成的毁损，扣除保险公司赔款和残值后，计入管理费用。（ ）
19. 永续盘存制要求平时只根据会计凭证在账簿中登记财产物资的增加数，不登记减少数。（ ）
20. 永续盘存制的不足之处在于账簿中记录的财产物资的增、减变动及结存情况都是根据有关会计凭证登记的，可能发生账实不符，因此，一般情况不宜采用这种方法。（ ）

四、业务题

1. 2019年6月末，华天公司银行存款日记账余额为42 000元，银行对账单的余额为56 000元，经双方核对查明，是由于下列未达账项所致：

（1）企业于6月29日收到购货单位转账支票一张，计35 000元，企业已作为存款的增加，银行尚未入账。

（2）企业于6月29日开出转账支票支付购买材料款40 900元，企业已作为存款的减少，收款单位尚未到银行办理转账。

（3）银行于6月30日收到某公司汇给企业的销货款60 000元，银行已作为企业存款的增加，企业尚未收到转账通知。

（4）银行于6月30日已扣供货单位的托收款51 900元，企业尚未收到付款通知，未入账。

请编制银行存款余额调节表，如表9-5所示。

表9-5　银行存款余额调节表

编制单位：华天公司　　　　　2019年6月30日　　　　　　　　　元

项　目	金额	项　目	金额
企业银行存款日记账余额	(1)	银行对账单余额	(5)
加：银行已收、企业未收的款项合计	(2)	加：企业已收、银行未收的款项合计	(6)
减：银行已付、企业未付的款项合计	(3)	减：企业已付、银行未付的款项合计	(7)
调节后余额	(4)	调节后余额	(8)

2. 某公司期末进行财产清查，发现如下问题：

（1）现金盘亏251元，原因待查。

（2）现金盘亏原因无法查明，报经有关部门批准后进行会计处理。

（3）库存商品盘盈4 940元，原因待查。

（4）经查明，库存商品盘盈是收发计量误差所造成的，报经有关部门批准后进行会计处理。

（5）无法支付的应付账款56 600元，报经有关部门批准后进行会计处理。

要求：根据上述资料，逐笔编制会计分录。

3. 甲公司期末进行财产清查，发现如下情况：

（1）现金盘盈 659 元，原因待查。

（2）现金盘盈原因无法查明，报经有关部门批准后进行会计处理。

（3）盘亏设备一台，原价 17 000 元，已计提折旧 14 000 元，原因待查。

（4）该设备盘亏由保险公司赔偿 1 000 元，其余损失由甲公司自己承担，报经有关部门批准后进行会计处理。

（5）盘盈设备一台，该设备市场价格为 48 200 元，估计的新旧程度为 9 成新，则作为前期会计差错计入"以前年度损益调整"账户的金额是多少？

要求：根据上述资料（1）~（4），逐笔编制会计分录，并计算资料（5）中的金额。

4. 某企业发生计提坏账准备及发生坏账的业务事项如下，编制会计分录。

（1）某企业 2018 年年末应收账款的余额为 200 000 元，计提坏账准备比例为 2%；计提坏账准备。

（2）2019 年年初发生了坏账损失 3 000 元，经批准后作为坏账转销。

（3）假设 2019 年年初冲销的应收账款 3 000 元又收回了其中的 1 000 元，已存入银行。

（4）2019 年年末应收账款 300 000 元，确定计提坏账准备比例为 3%，计提坏账准备。

第十章

财务会计报表

> **知识目标**
>
> 1. 了解财务报表的概念与分类
> 2. 熟悉财务报表编制的基本要求
> 3. 熟悉资产负债表的列示要求与编制方法
> 4. 熟悉利润表的列示要求与编制方法
> 5. 掌握资产负债表、利润表的作用

第一节 财务报表概述

一、财务报表的概念与分类

（一）财务报表的概念

财务报表（也叫财务报告）是对企业财务状况、经营成果和现金流量的结构性表述。财务报表至少应当包括下列组成部分：资产负债表、利润表、现金流量表、所有者权益变动表、附注，即"四表一注"。财务报表上述组成部分具有同等的重要程度。

（二）财务报表的分类

财务报表可以按编制期间及编制主体等不同进行分类。

1. **财务报表按编制期间不同，分为中期财务报表（简称"中期报表"）和年度财务报表（简称"年度报表"）**

中期报表包括月报、季报、半年报。半年度财务会计报告是指在每个会计年度的前6个月结束后对外提供的财务会计报告；季度财务会计报告是指季度终了对外提供的财务会计报告；月度财务会计报告是指月度终了对外提供的财务会计报告。

年度报表是指每一年度终了对外提供的财务报告。

2. **财务报表按编制主体不同，分为个别财务报表和合并财务报表**

个别财务报表是指企业以本公司为会计主体编制的单位财务报表。

合并财务报表是母公司以母公司个别财务报表和子公司个别财务报表为基础编制的财务报表。

二、财务报表编制的基本要求

(一) 以持续经营为基础编制

企业应当以持续经营为基础,根据实际发生的交易和事项,按照《企业会计准则——基本准则》和其他各项会计准则的规定进行确认和计量,在此基础上编制财务报表。如果以持续经营为基础编制财务报表不再合理,那么企业应当采用其他基础编制财务报表,并在附注中声明财务报表未以持续经营为基础编制的事实、披露未以持续经营为基础编制的原因和财务报表的编制基础。

(二) 按正确的会计基础编制

除现金流量表按照收付实现制原则编制外,企业应当按照权责发生制原则编制财务报表。

(三) 至少按年编制财务报表

企业至少应当按年编制财务报表。年度财务报表涵盖的期间短于一年的,应当披露年度财务报表的涵盖期间、短于一年的原因以及报表数据不具可比性的事实。

(四) 项目列报遵守重要性原则

1. 重要性的概念

重要性,是指在合理预期下,财务报表某项目的省略或错报会影响使用者据此作出经济决策的,该项目具有重要性。

2. 重要性判断原则

重要性应当根据企业所处的具体环境,从项目的性质和金额两方面予以判断,且对各项目重要性的判断标准一经确定,不得随意变更。

(1) 重要性的判断。

①判断项目性质的重要性,应当考虑该项目在性质上是否属于企业日常活动,是否显著影响企业的财务状况、经营成果和现金流量等因素;

②判断项目金额大小的重要性,应当考虑该项目金额占资产总额、负债总额、所有者权益总额、营业收入总额、营业成本总额、净利润、综合收益总额等直接相关项目金额的比重或所属报表单列项目金额的比重。

(2) 重要性项目的单独列报。

①性质或功能不同的项目,应当在财务报表中单独列报,但不具有重要性的项目除外。

②性质或功能类似的项目,其所属类别具有重要性的,应当按其类别在财务报表中单独列报。

③某些项目的重要性程度不足以在资产负债表、利润表、现金流量表或所有者权益变动表中单独列示,但对附注却具有重要性,则应当在附注中单独披露。

④《企业会计准则第30号——财务报表列报》规定在财务报表中单独列报的项目,应当单独列报。

⑤其他会计准则规定单独列报的项目，应当增加单独列报项目。

（五）保持各个会计期间财务报表项目列报的一致性

财务报表项目的列报应当在各个会计期间保持一致，除会计准则要求改变财务报表项目的列报或企业经营业务的性质发生重大变化后，变更财务报表项目的列报能够提供更可靠、更相关的会计信息外，不得随意变更。

（六）各项目之间的金额不得相互抵销

财务报表中的资产项目和负债项目的金额、收入项目和费用项目的金额、直接计入当期利润的利得项目和损失项目的金额不得相互抵销，但下列情况除外：
（1）其他会计准则另有规定的除外。
（2）一组类似交易形成的利得和损失应当以净额列示，但具有重要性的除外。
（3）资产或负债项目按扣除备抵项目后的净额列示，不属于抵销。
（4）非日常活动产生的利得和损失，以同一交易形成的收益扣减相关费用后的净额列示，更能反映交易实质的，不属于抵销。

（七）至少应当提供所有列报项目上一个可比会计期间的比较数据

当期财务报表的列报，至少应当提供所有列报项目上一个可比会计期间的比较数据，以及与理解当期财务报表相关的说明，但其他会计准则另有规定的除外。

财务报表的列报项目发生变更的，应当至少对可比期间的数据按照当期的列报要求进行调整，并在附注中披露调整的原因和性质，以及调整的各项目金额。对可比数据进行调整不切实可行的，应当在附注中披露不能调整的原因。

（八）应当在财务报表的显著位置披露编制企业的名称等重要信息

企业应当在财务报表的显著位置（如表首）至少披露下列各项：
（1）编制企业的名称。
（2）资产负债表日或财务报表涵盖的会计期间。
（3）人民币金额单位。
（4）财务报表是合并财务报表的，应当予以标明。

三、财务报表编制前的准备工作

在编制财务报表前，需要完成下列工作：
（1）严格审核会计账簿的记录和有关资料。
（2）进行全面财产清查、核实债务，并按规定程序报批，进行相应的会计处理。
（3）按规定的结账日进行结账，结出有关会计账簿的余额和发生额，并核对各会计账簿之间的余额。
（4）检查相关的会计核算是否按照国家统一的会计制度的规定进行。
（5）检查是否存在因会计差错、会计政策变更等原因需要调整前期或本期相关项目的情况等。

第二节 资产负债表

一、资产负债表的概念和作用

（一）资产负债表的概念

资产负债表是反映企业某一特定日期（如月末、季末、年末等）财务状况的财务报表。它是根据"资产＝负债＋所有者权益"这一会计等式，依照一定的分类标准和顺序，将企业在一定日期的全部资产、负债和所有者权益项目进行适当分类、汇总、排列后编制而成的。

资产负债表反映某一时点（如月末、季末、年末等）的资产、负债、所有者权益等财务状况，是静态报表。它是最基本的会计报表，正确编制资产负债表，具有十分重要的作用。

（二）资产负债表的作用

（1）可以提供某一日期资产的总额及其结构，表明企业拥有或控制的资源及其分布情况。

（2）可以提供某一日期的负债总额及其结构，表明企业未来需要用多少资产或劳务清偿债务以及清偿时间。

（3）可以反映所有者所拥有的权益，据以判断资本保值、增值的情况以及对负债的保障程度。

二、资产负债表的列示（或列报）要求

（一）资产负债表列报的总体要求

1. 分类别列报

资产负债表应当按照资产、负债和所有者权益三大类别分类列报。

2. 资产和负债按流动性列报

资产和负债应当按照流动性分别分为流动资产和非流动资产、流动负债和非流动负债列报。

3. 列报相关的合计、总计项目

资产负债表中的资产类至少应当列报流动资产和非流动资产的合计项目；负债类至少应当列报流动负债、非流动负债以及负债的合计项目；所有者权益类应当列报所有者权益的合计项目。

资产负债表应当分别列报资产总计项目和负债与所有者权益之和的总计项目，并且这二者的金额应当相等。

（二）资产的列报

资产负债表中的资产类至少应当单独列报反映下列信息的项目：

（1）货币资金；

（2）以公允价值计量且其变动计入当期损益的金融资产；

（3）应收款项；

（4）预付款项；

（5）存货；

（6）被划分为持有待售的非流动资产及被划分为持有待售的处置组中的资产；

（7）可供出售金融资产；

（8）持有至到期投资；

（9）长期股权投资；

（10）投资性房地产；

（11）固定资产；

（12）生物资产；

（13）无形资产；

（14）递延所得税资产。

（三）负债的列报

资产负债表中的负债类至少应当单独列报反映下列信息的项目：

（1）短期借款；

（2）以公允价值计量且其变动计入当期损益的金融负债；

（3）应付款项；

（4）预收款项；

（5）应付职工薪酬；

（6）应交税费；

（7）被划分为持有待售的处置组中的负债；

（8）长期借款；

（9）应付债券；

（10）长期应付款；

（11）预计负债；

（12）递延所得税负债。

（四）所有者权益的列报

资产负债表中的所有者权益类至少应当单独列报反映下列信息的项目：

（1）实收资本（或股本）；

（2）资本公积；

（3）盈余公积；

（4）未分配利润。

三、我国企业资产负债表的一般格式

资产负债表的格式主要有账户式和报告式两种。在我国，资产负债表采用账户式的格式，即左侧列报资产、右侧列报负债和所有者权益。资产负债表由表头和表体两部分组成。表头部分应列明报表名称、编制单位名称、资产负债表日和人民币金额单位；表体部分是反映资产、负债和所有者权益的内容。其中，表体部分是资产负债表的主体和核心，各项资产、负债和所有者权益按流动性排列，所有者权益项目按稳定性排列。我国企业资产负债表的格式如表10-1所示。

表10-1 资产负债表

会企01表

编制单位：　　　　　　　　　　　年　月　日　　　　　　　　　　　单位：元

资产	期末余额	年初余额	负债和所有者权益	期末余额	年初余额
流动资产：			流动负债：		
货币资金		（略）	短期借款		（略）
交易性金融资产			交易性金融负债		
应收票据及应收账款			应付票据及应付账款		
预付款项			预收款项		
其他应收款			合同负债		
存货			应付职工薪酬		
合同资产			应交税费		
持有待售资产			其他应付款		
一年内到期的非流动资产			持有待售负债		
其他流动资产			一年内到期的非流动负债		
流动资产合计			其他流动负债		
非流动资产：			流动负债合计		
债权投资			非流动负债：		
其他债权投资			长期借款		
长期应收款			应付债券		
长期股权投资			长期应付款		
其他权益工具投资			预计负债		
其他非金融资产			递延收益		
投资性房地产			递延所得税负债		
固定资产			其他非流动负债		
在建工程			非流动负债合计		
生产性生物资产			负债合计		
油气资产			所有者权益：		
无形资产			实收资本（股本）		
开发支出			其他权益工具		
商誉			其中：优先股		
长期待摊费用			永续债		

续表

资　产	期末余额	年初余额	负债和所有者权益	期末余额	年初余额
递延所得税资产			资本公积		
其他非流动资产			减：库存股		
非流动资产合计			其他综合收益		
			盈余公积		
			未分配利润		
			所有者权益合计		
资产总计			负债和所有者权益总计		

四、资产负债表编制的基本方法

资产负债表各个项目又分为"期末余额"和"年初余额"两栏，应分别填列（对称填制）。

（一）"期末余额"栏的填列方法

资产负债表"期末余额"栏内各项数字，一般应根据资产、负债和所有者权益类科目的期末（月末、季末、年末）余额填列，其各项目数据的来源，主要通过以下几种方式取得：

1. 根据总账科目的余额直接填列

根据总账科目的余额直接填列。如根据"交易性金融资产""短期借款""应付票据""应付职工薪酬"各总账科目的余额直接填列。

2. 根据明细账户的余额计算填列

根据明细账户的余额计算填列。如"应付票据及应付账款"项目，需要根据"应付票据"账户的期末余额，以及"应收账款"和"预付账款"两个账户所述的明细账户的期末贷方余额计算填列。

3. 根据总账科目余额和明细科目余额计算填列

根据总账科目和明细科目余额计算填列。如"长期借款"项目，根据"长期借款"总账科目期末余额，扣除"长期借款"科目所属明细科目中反映的、将于一年内到期的长期借款部分分析计算填列。

4. 根据有关科目余额减去其备抵科目余额后的净额填列

根据有关科目余额减去其备抵科目余额后的净额填列，如"存货"项目，根据"存货"科目的期末余额，减去"存货跌价准备"备抵科目余额后的净额填列；又如，"无形资产"项目，根据"无形资产"科目的期末余额，减去"无形资产减值准备"与"累计摊销"备抵科目余额后的净额填列。

5. 综合运用上述填列方法分析填列

根据有关科目余额减去其备抵项目的净额填列，如资产负债表中的"存货"项目，需要根据"原材料""库存商品""委托加工物资""周转材料""材料采购""在途物资""发出商品""材料成本差异"等总账科目期末余额的分析汇总数,再减去"存货跌价准备"账户余额后的净额填列。

(二)"年初余额"栏的填列方法

本表的"年初余额"栏通常根据上年末有关项目的期末余额填列,且与上年末资产负债表"期末余额"栏一致。如果企业上年度资产负债表规定的项目名称和内容与本年度不一致,应当对上年年末资产负债表相关项目的名称和数字按照本年度的规定进行调整,填入"年初余额"栏。

(三)资产负债表"期末余额"各项目的具体填列方法

1. 流动资产项目

(1)"货币资金"项目,反映企业会计报告期末库存现金、银行存款、其他货币资金的合计数。本项目应根据"库存现金""银行存款""其他货币资金"账户的期末借方余额合计数填列。

(2)"交易性金融资产"项目,反映企业持有的以公允价值计量且其变动计入当期损益的为交易目的而持有的债券投资、股票投资、基金投资等交易性金融资产。本项目应根据"交易性金融资产"账户的期末余额填列。

(3)"应收票据及应收账款"项目,反映资产负债表日以摊余成本计量的,企业因销售商品、提供服务等经营活动应收取的款项,以及收到的商业汇票,包括银行承兑汇票和商业承兑汇票。该项目应根据"应收票据"的借方期末余额,以及"应收账款"和"预收账款"账户所属的相关明细账户的期末借方余额合计,减去"应收票据"和"应付账款"计提的"坏账准备"账户贷方余额后的差额填列。

(4)"预付账款"项目,反映企业预收的款项,减去已计提的坏账准备后的净额。本项目根据"预付账款"和"应付账款"账户所属各明细账户的期末借方余额合计,减去"坏账准备"账户中有关预付账款计提的坏账准备期末余额后的金额填列。如果"预付账款"账户所属明细账户的期末为贷方余额,应在本表"应付账款"项目填列。

(5)"其他应收款"项目,反映企业除应收票据及应收账款、预付账款等经营活动以外的其他各种应收、暂付的款项。本项目应根据"应收利息""应收股利""其他应收款"账户的期末余额合计数,减去"坏账准备"账户中相关坏账准备期末余额后的金额填列。

(6)"存货"项目,反映企业期末在库、在途和在加工中的各项存货的可变现净值,包括各种原材料、库存商品、在产品、半成品、发出商品、周转材料和委托代销商品等。本项目应根据"在途物资(材料采购)""原材料""库存商品""周转材料""委托加工物资""委托代销商品""生产成本"和"劳务成本"等账户的期末余额合计,减去"受托代销商品款""存货跌价准备"账户期末余额后的金额填列。材料采用计划成本核算以及库存商品采用计划成本或售价核算的小企业,应按加或减材料成本差异、减商品进销差价后的金额填列。

(7)"一年内到期的非流动资产"项目,反映企业将于一年内到期的非流动资产项目金额。本项目应根据有关账户的期末余额分析填列。

(8)"其他流动资产"项目,反映企业除以上流动资产项目外的其他流动资产,本项目应根据有关账户的期末余额填列。如果其他流动资产价值较大,应在财务报表附注中披露其内容和金额。

2. 非流动资产项目

（1）"债权投资"项目，反映资产负债表日企业以摊余成本计量的长期债权投资的期末账面价值。该项目应根据"债权投资"账户的相关明细科目期末余额，减去"债权投资减值准备"账户中相关减值准备的期末余额后分析填列。自资产负债表日起一年内到期的长期债权投资的期末账面价值，在"一年内到期的非流动资产"项目反映。企业购入的以摊余成本计量的一年内到期的债权投资的期末账面价值，在"其他流动资产"项目反映。

（2）"其他债权投资"项目，反映资产负债表日企业分类为公允价值计量且变动计入其他综合收益的长期债权投资的期末账面价值。该项目应根据"其他债权投资"相关的明细账户期末余额分析填列。自资产负债表日起一年内到期的长期债权投资的期末账面价值，在"一年内到期非流动资产"项目反映。企业购入的以公允价值计量且变动计入其他综合收益的一年内到期的债权投资的期末账面价值，在"其他流动资产"项目反映。

（3）"长期应收款"项目，反映企业融资租赁产生的应收款项、采取递延方式具有融资性质的销售商品和提供劳务等产生的长期应收款项等。本项目根据"长期应收款"期末余额，减去一年内到期的部分、"未确认融资收益"账户期末余额、"坏账准备"账户中按长期应收款计提的坏账损失后的金额填列。

（4）"长期股权投资"项目，反映投资方对被投资单位实施控制、重大影响的权益性投资，以及对其合营企业的权益性投资。本项目应根据"长期股权投资"账户的期末余额，减去"长期股权投资减值准备"账户的期末余额的金额填列。

（5）"固定资产"项目，反映资产负债表日企业固定资产的期末账面价值和企业尚未清理完毕的固定资产清理净损益。该项目应根据"固定资产"账户的期末余额，减去"累计折旧"和"固定资产减值准备"账户的期末余额后的金额，以及"固定资产清理"账户的期末余额填列。

（6）"在建工程"项目，反映资产负债表日企业尚未达到预定可使用状态的在建工程的期末账面价值和企业为在建工程准备的各种物资的期末账面价值。该项目应根据"在建工程"账户期末余额，减去"在建工程减值准备"账户的期末余额后的金额，以及"工程物资"账户期末余额，减去"工程物资减值准备"账户的期末余额后的金额填列。

（7）"无形资产"项目，反映企业持有的各项无形资产的净值。本项目应根据"无形资产"账户期末借方余额，减去"累计摊销"和"无形资产减值准备"账户的期末贷方余额填列。

（8）"长期待摊费用"项目，反映小企业尚未摊销的摊销期限在一年以上（不含一年）的各项费用。本项目应根据"长期待摊费用"账户的期末余额减去将于一年内（含一年）摊销的数额后的金额填列。

（9）"递延所得税资产"项目，反映企业应可抵扣暂时性差异形成的递延所得税资产。本项目根据"递延所得税资产"账户期末余额填列。

（10）"其他非流动资产"项目，反映企业除以上资产以外的其他非流动资产。本项目应根据有关账户的期末余额填列。

3. 流动负债

（1）"短期借款"项目，反映企业借入尚未归还的一年期以下（含一年）的借款。本项目应根据"短期借款"账户的期末贷方余额填列。

(2)"交易性金融负债"项目,反映企业发行短期债券等所形成的交易性金融负债公允价值。本项目根据"交易性金融负债"账户期末余额填列。

(3)"应付票据及应付账款"项目,反映资产负债表日企业因购买材料、商品和接受服务等经营活动应支付的款项,以及开出、承兑的商业汇票,包括银行承兑汇票和商业承兑汇票。该项目应根据"应付票据"账户的期末余额,以及"应付账款"和"预付账款"账户所述的相关明细科目的期末贷方余额合计填列。

(4)"预收账款"项目,反映企业按合同规定预收的款项。本项目根据"预收账款"和"应收账款"账户所属各明细账户的期末贷方余额合计填列。

(5)"合同负债"项目,反映企业按照《企业会计准则第14号——收入》(2017年修订)的相关规定,根据本企业履行履约义务与客户付款之间的关系在资产负债表中列示合同负债。"合同负债"项目根据"合同负债"的相关明细账户期末余额分析填列。

(6)"应付职工薪酬"项目,反映企业应付未付的工资和社会保险费等职工薪酬。本项目应根据"应付职工薪酬"账户的期末贷方余额填列,如"应付职工薪酬"账户期末为借方余额,以"-"号填列。

(7)"应交税费"项目,反映企业期末未交、多交或未抵扣的各种税金。本项目应根据"应交税费"账户的期末贷方余额填列;如"应交税费"账户期末为借方余额,以"-"号填列。

(8)"其他应付款"项目,反映企业除应付票据、应付账款、预收账款、应付职工薪酬、应交税费等经营活动以外的其他各项应付、暂估的款项。本项目应根据"应付利息""应付股利""其他应付款"账户的期末余额合计填列。

(9)"一年内到期的非流动负债"项目,反映企业非流动负债中将于资产负债表日一年内到期部分的金额,如将于一年内偿还的长期借款。本项目应根据有关科目的期末余额分析填列。

(10)"其他流动负债"项目,反映企业除以上流动负债以外的其他流动负债。本项目应根据有关账户的期末余额填列。

4. 非流动负债项目

(1)"长期借款"项目,反映企业借入尚未归还的一年期以上(不含一年)的各期借款。本项目应根据"长期借款"账户的期末余额减去一年内到期部分的金额填列。

(2)"应付债券"项目,反映企业尚未偿还的长期债券摊余价值。本项目根据"应付债券"账户期末贷方余额减去一年内到期部分的金额填列。

(3)"长期应付款"项目,反映企业除长期借款、应付债券以外的各种长期应付款。本项目应根据"长期应付款"账户的期末余额,减去"未确认融资费用"账户期末余额和一年内到期部分的长期应付款后填列。

(4)"预计负债"项目,反映企业计提的各种预计负债。本项目根据"预计负债"账户期末贷方余额填列。

(5)"递延所得税负债"项目,反映企业根据应纳税暂时性差异确认的递延所得税负债。本项目根据"递延所得税负债"账户期末贷方余额填列。

(6)"其他非流动负债"项目,反映企业除以上非流动负债以外的其他非流动负债。本项目应根据有关账户的期末余额,减去将于一年内(含一年)到期偿还数后的余额分析填列。非流动负债各项目将于一年内（含一年）到期的非流动负债，应在"一年内到期的非流动负债"项目反映。

5. 所有者权益项目

（1）"实收资本（股本）"项目，反映企业各投资者实际投入的资本总额。本项目应根据"股本（实收资本）"账户的期末贷方余额填列。

（2）"资本公积"项目，反映企业资本公积的期末余额。本项目应根据"资本公积"账户的期末贷方余额填列。

（3）"其他综合收益"项目，反映企业其他综合收益的期末余额，本项目应根据"其他综合收益"账户的期末余额填列。

（4）"库存股"目，反映企业收购转让或注销的本公司股份金额。本项目应根据"库存股"账户期末借方余额填列。

（5）"盈余公积"项目，反映企业盈余公积的期末余额。本项目应根据"盈余公积"账户的期末贷方余额填列。

（6）"未分配利润"项目，反映企业尚未分配的利润。本项目应根据"本年利润"账户和"利润分配"账户的期末余额计算填列，如为未弥补的亏损，在本项目内以"－"号填列。

（四）资产负债表编制举例

【例 10－2】 厦门华仁工业公司，2019 年 12 月各类账户的期末余额如表 10－2 所示，根据该资料，编制的资产负债表如表 10－3 所示。

表 10－2　账户期末余额

2019 年 12 月 31 日

会计科目	期末余额	
	借方	贷方
库存现金	6 500	
银行存款	1 600 000	
其他货币资金	50 000	
交易性金融资产	30 000	
应收票据	1 500 000	
应收账款		
——甲公司	1 350 000	
——乙公司		50 000
坏账准备		10 000
其他应收款	2 000	
在途物资	160 000	
原材料	500 000	
库存商品	800 000	

续表

会计科目	期末余额	
	借方	贷方
生产成本	670 000	
固定资产	12 000 000	
累计折旧		580 000
在建工程	400 000	
工程物资	40 000	
固定资产清理	3 000	
无形资产	90 000	
累计摊销		3 800
长期待摊费用	60 000	
短期借款		1 500 000
应付票据		1 000 000
应付账款		
——A 公司		958 000
——B 公司	15 000	
应付职工薪酬		32 000
应交税费		16 000
应付利息		8 000
其他应付款		1 600
一年内到期的非流动负债		
长期借款（其中一年内到期100 000.00）		500 000
实收资本		13 000 000
资本公积		200 000
盈余公积		15 000
本年利润		
利润分配——未分配利润		1 402 100
	19 276 500	19 276 500

表 10-3 资产负债表

会企 01 表

编制单位：厦门华仁工业公司　　　2019 年 12 月 31 日　　　　　　　　　单位：元

资　　产	期末余额	年初余额	负债和所有者权益	期末余额	年初余额
流动资产：			流动负债：		
货币资金	1 656 500	（略）	短期借款	1 500 000	（略）
交易性金融资产	30 000		交易性金融负债		
应收票据及应收账款	2 840 000		应付票据及应付账款	1 958 000	
预付款项	15 000		预收款项	50 000	
其他应收款	2 000		合同负债		
存货	2 130 000		应付职工薪酬	32 000	
合同资产			应交税费	16 000	
持有待售资产			其他应付款	9 600	
一年内到期的非流动资产			持有待售负债		
其他流动资产			一年内到期的非流动负债	10 000	
流动资产合计	6 673 500		其他流动负债		
非流动资产：			流动负债合计	3 575 600	
债权投资			非流动负债：		
其他债权投资			长期借款	490 000	
长期应收款			应付债券		
长期股权投资			长期应付款		
其他权益工具投资			预计负债		
其他非金融资产			递延收益		
投资性房地产			递延所得税负债		
固定资产	11 423 000		其他非流动负债		
在建工程	440 000		非流动负债合计	490 000	
生产性生物资产			负债合计	4 065 600	
油气资产			所有者权益：		
无形资产	86 200		实收资本（股本）	13 000 000	
开发支出			其他权益工具		
商誉			其中：优先股		
长期待摊费用	60 000		永续债		
递延所得税资产			资本公积	200 000	
其他非流动资产			减：库存股		

续表

资　产	期末余额	年初余额	负债和所有者权益	期末余额	年初余额
非流动资产合计	12 009 200		其他综合收益		
			盈余公积	15 000	
			未分配利润	1 402 100	
			所有者权益合计	14 617 100	
资产总计	18 682 700		负债和所有者权益总计	18 682 700	

第三节　利　润　表

一、利润表的概念和作用

（一）利润表的概念

利润表是反映企业在一定会计期间的经营成果的财务报表。通过利润表可以从总体上了解企业收入、成本和费用及净利润（或亏损）的实现及构成情况，利润表是动态报表。

（二）利润表的作用

（1）反映一定会计期间收入的实现情况。

（2）反映一定会计期间的费用耗费情况。

（3）反映企业经济活动成果的实现情况，据以判断资本保值增值等情况。

（4）通过利润表提供的不同时期的比较数字（本月数、本年累计数、上年数），还可以分析企业的获利能力及利润的未来发展趋势。

二、利润表的格式及编制步骤

（一）利润表的格式

利润表的格式主要有多步式利润表和单步式利润表两种。我国企业的利润表采用多步式。

（二）利润表的编制步骤

利润表的编制步骤分为计算营业利润（亏损）、计算利润总额（亏损总额）和计算净利润（净亏损）三个步骤。最后列示每股收益信息（基本每股收益和稀释每股收益）。

三、利润表编制的基本方法

（一）"本期金额"栏的填列方法

"本期金额"栏，除"基本每股收益"和"稀释每股收益"项目外，根据"主营业务收入""主营业务成本""税金及附加""销售费用""管理费用""研发费用""财务费用""资产减值损失""信用减值损失""公允价值变动损益""投资收益""营业外收入""营业外支出""所得税费用"等科目的发生额分析填列。其中,"营业利润""利润总额""净利润"等项目根据该表中相关项目计算填列。最后列示每股收益信息(基本每股收益和稀释每股收益)。

(二)"上期金额"栏的填列方法

"上期金额"栏应根据上年该期利润表"本期金额"栏内所列数字填列。如果上年该期利润表规定的各个项目的名称和内容同本期不一致,应对上年该期利润表各项目的名称和数字按本期的规定进行调整,填入利润表"上期金额"栏内。

(三)利润表编制举例

利润表主要包括营业利润、利润总额、净利润、每股收益四个方面的内容。其各项目的详细内容及填列方法如表10-4所示。

表10-4 利润表

编制单位:×××　　　　　　×××年×月　　　　　　会企02表
　　　　　　　　　　　　　　　　　　　　　　　　　　单位:元

项 目	项目内容	项目金额来源科目
一、营业收入	包括主营业务收入和其他业务收入	"主营业务收入" "其他业务收入"
减:营业成本	包括主营业务成本和其他业务成本	"主营业务成本" "其他业务成本"
税金及附加	反映企业经营业务应负担的消费税、城市建设维护税、资源税、土地增值税及房产税、车船税、城镇土地使用税、印花税和教育费附加等发生额	"税金及附加"
销售费用	销售商品过程中发生的包装费、广告费等以及为销售本企业商品而专设的销售机构费用	"销售费用"
管理费用	反映企业为组织和管理生产经营发生的管理费用	"管理费用"
研发费用	反映企业进行研究与开发过程中的费用化支出	"管理费用"下的"研发费用"明细
财务费用	反映企业筹集生产经营所需资金等而发生的筹资费用,包括手续费和利息支出	"财务费用"
资产减值损失	计提各项资产减值准备所形成的损失	"资产减值损失"
信用减值损失	反映企业计提的各项金融工具减值准备所形成的预期信用损失	"信用损失"
加:其他收益	反映其他收益的政府补助	"其他收益"

续表

项 目	项目内容	项目金额来源科目
投资收益（损失以"-"号填列） 其中：对联营企业和合营企业的投资收益	反映企业以各种方式对外投资所取得的收益（损失）	"投资收益"
加：公允价值变动收益（损失以"-"号填列）	交易性金融资产等公允价值变动形成的变动额等	"公允价值变动损益"
资产处置收益	资产处置收益（损失）反映企业出售划分为持有待售的非流动资产（金融工具、长期股权投资和投资性房地产除外）或处置组（子公司和业务除外）时确认的处置利得或损失，以及处置未划分为持有待售的固定资产、在建工程、生产性生物资产及无形资产的处置利得或损失，还包括债务重组中因处置非流动资产产生的利得或损失和非货币性资产交换中换出非流动资产产生的利得和损失	"资产处置损益"损失以"-"号填列
二、营业利润（亏损以"-"号填列）	营业利润=营业收入-营业成本-税金及附加-销售费用-管理费用-研发费用-财务费用-资产减值损失-信用减值损失±公允价值变动损益±投资收益+其他收益±资产处置损益	
加：营业外收入	与其日常活动无直接关系的各项利得，主要包括盘盈利得、捐赠利得、确实无法支付而按规定程序经批准后转作营业外收入的应付款项	"营业外收入"
减：营业外支出	与其日常活动无直接关系的各项损失，主要包括非流动资产损毁报废损失、盘亏损失、公益性捐赠支出、非常损失	"营业外支出"
三、利润总额（亏损总额以"-"号填列）	利润总额=营业利润+营业外收入-营业外支出	
减：所得税费用		"所得税费用"
四、净利润（净亏损以"-"号填列）	净利润=利润总额-所得税费用	
五、每股收益	普通股或潜在普通股已公开交易的企业，以及正处于公开发行普通股或潜在普通股过程中的企业，还应当在利润表中列示每股收益信息	
（一）基本每股收益		
（二）稀释每股收益		

【例 10-1】 厦门华仁工业公司 2019 年 12 月各损益类账户的发生额如表 10-5 所示，该公司适用的所得税税率为 25%，假设所得税费用为 46 850 元。编制 2019 年 12 月的利润表，如表 10-6 所示。

表 10–5 各损益类账户的发生额

总 账	发生额	
	借方	贷方
主营业务收入		18 000 000
其他业务收入		600 000
主营业务成本	12 000 000	
其他业务成本	450 000	
税金及附加	12 000	
销售费用	1 440 000	
管理费用	900 000	
财务费用	72 000	
营业外收入		4 000
营业外支出	6 000	

表 10–6 利润表

会企02表

编制单位：厦门华仁工业公司　　　　2019 年 12 月　　　　　　　　单位：元

项 目	本期金额	上期金额
一、营业收入	18 600 000	（略）
减：营业成本	12 450 000	
税金及附加	12 000	
销售费用	1 440 000	
管理费用	900 000	
研发费用		
财务费用	72 000	
资产减值损失		
信用减值损失		
加：其他收益		
投资收益（损失以"－"号填列） 其中：对联营企业和合营企业的投资收益		
加：公允价值变动收益（损失以"－"号填列）		
资产处置收益		
二、营业利润（亏损以"－"号填列）	3 726 000	
加：营业外收入	4 000	
减：营业外支出	6 000	

续表

项　目	本期金额	上期金额
三、利润总额（亏损总额以"-"号填列）	3 724 000	
减：所得税费用	931 000	
四、净利润（净亏损以"-"号填列）	2 793 000	
五、每股收益		
（一）基本每股收益		
（二）稀释每股收益		

思考练习题

一、单项选择题

1. 下列财务报表组成部分中，可以不在企业中期财务报告中反映的是（　　）。
   A. 资产负债表　　　　　　　　　　B. 利润表
   C. 所有者权益变动表　　　　　　　D. 附注

2. 下列财务报表中，属于静态报表的是（　　）。
   A. 资产负债表　　　　　　　　　　B. 利润表
   C. 现金流量表　　　　　　　　　　D. 所有者权益变动表

3. 下列描述资产负债表正确的是（　　）。
   A. 反映企业某一时期的经营成果　　B. 反映企业某一时期的财务状况
   C. 反映企业某一特定日期的经营成果　D. 反映企业某一特定日期的财务状况

4. 资产负债表中，根据有关总账期末余额直接填列的项目是（　　）。
   A. 短期借款　　　　　　　　　　　B. 应收账款
   C. 货币资金　　　　　　　　　　　D. 存货

5. 在编制资产负债表时，"货币资金"项目的填制依据不包括（　　）。
   A. 库存现金　　　　　　　　　　　B. 银行存款
   C. 基金　　　　　　　　　　　　　D. 其他货币资金

6. 资产负债表中的"未分配利润"项目，应根据（　　）填列。
   A. "本年利润"账户余额
   B. "利润分配"账户余额
   C. "资本公积"账户余额
   D. "本年利润"和"利润分配"账户余额计算填列

7. 填制资产负债表"存货"项目的主要依据不包括（　　）。
   A. 原材料　　　　　　　　　　　　B. 生产成本
   C. 工程物资　　　　　　　　　　　D. 存货跌价准备

8. 利润表中，与计算"营业利润"有关的项目是（　　）。
   A. 所得税费用　　　　　　　　　　B. 投资收益
   C. 营业外收入　　　　　　　　　　D. 营业外支出

9. 企业对外报送的报表不包括（　　）。
   A. 资产负债表　　　　　　　　B. 利润表
   C. 现金流量表　　　　　　　　D. 成本表
10. "货币资金"项目的填制依据不包括（　　）。
    A. 库存现金　　　　　　　　　B. 银行存款
    C. 其他货币资金　　　　　　　D. 有价证券
11. 在填制"应收票据及应收账款"项目时与之无关的项目是（　　）。
    A. 应收账款　　　　　　　　　B. 预收账款
    C. 预付账款　　　　　　　　　D. 坏账准备
12. 在下列各项财务报表中，属于反映企业财务状况的对外报表是（　　）。
    A. 资产负债表　　　　　　　　B. 利润表
    C. 现金流量表　　　　　　　　D. 所有者权益变动表
13. 财务报表项目中的数字其直接来源是（　　）。
    A. 原始凭证　　　　　　　　　B. 记账凭证
    C. 日记账　　　　　　　　　　D. 账簿记录
14. 某企业应收账款明细账余额为：甲工厂借方余额为 1 000 元，乙工厂贷方余额为 500 元，丙工厂借方余额为 1 520 元，根据以上数据计算的反映在资产负债表上的应收票据及应收账款项目的数额为（　　）元。
    A. 3 020　　　　　　　　　　B. 2 020
    C. 500　　　　　　　　　　　D. 2 520
15. 资产负债表的项目，按（　　）的类别，采用左右相平衡对照的结构。
    A. 资产、负债和所有者权益
    B. 收入、费用和利润
    C. 资产、负债、所有者权益、收入、费用、利润
    D. 资金来源、资金运用
16. 资产负债表中的报表项目（　　）。
    A. 都是直接根据账户余额填列
    B. 都是直接根据发生额填列
    C. 根据上述 A、B 两项填列
    D. 大多数项目可以直接根据账户余额填列，少数项目要根据有关账户余额分析计算后才能填列
17. 资产负债表中，"应收票据及应收账款"项目应根据（　　）填列。
    A. "应收账款"总分类账户期末余额扣除坏账准备
    B. "应收账款"总分类账户所属各明细类账户的期末余额扣除坏账准备
    C. "应收账款"和"预收账款"总分类账户所属各明细分类账的期末借方余额合计扣除坏账准备
    D. "应收账款"和"预收账款"总分类账所属各明细分类账的期末贷方余额合计扣除坏账准备
18. "长期待摊费用"科目中将于一年内到期的部分，应将其计入资产负债表中的

（　　）项目。
　　A. 一年内到期的长期待摊费用　　　　B. 长期待摊费用
　　C. 一年内到期的非流动资产　　　　　D. 一年内到期的非流动负债

19. 企业"原材料"科目期末借方余额 5 000 元,"库存商品"科目期末借方余额 6 000 元,"工程物资"科目期末借方余额 10 000 元,"存货跌价准备"科目期末贷方余额 1 600 元,则资产负债表"存货"项目应填列（　　）元。
　　A. 11 000　　　　　　　　　　　　　B. 9 400
　　C. 19 400　　　　　　　　　　　　　D. 21 000

20. 某企业"应付账款"科目月末贷方余额 12 000 元,其中"应付甲公司账款"明细科目贷方余额 15 000 元,"应付乙公司账款"明细科目贷方余额 8 000 元,"应付丙公司账款"明细科目借方余额 8 000 元,"应付丁公司账款"明细科目借方余额 3 000 元,则该企业月末资产负债表中"应付票据及应付账款"项目的金额为（　　）元。
　　A. 12 000　　　　　　　　　　　　　B. 23 000
　　C. 30 000　　　　　　　　　　　　　D. -11 000

二、多项选择题

1. 企业财务报表的内容包括（　　）。
　　A. 附注　　　　　　　　　　　　　　B. 现金流量表
　　C. 资产负债表　　　　　　　　　　　D. 利润表

2. 下列属于资产负债表"流动资产"项目中的是（　　）。
　　A. 应收票据及应收账款　　　　　　　B. 预收账款
　　C. 应付票据及应付账款　　　　　　　D. 预付账款

3. 资产负债表中可以根据有关明细账的期末余额计算填列的项目是（　　）。
　　A. 应收票据及应收账款　　　　　　　B. 短期借款
　　C. 应付票据及应付账款　　　　　　　D. 存货

4. 下列项目中,可以根据其总账科目余额直接在资产负债表中填列的是（　　）。
　　A. 应收票据　　　　　　　　　　　　B. 货币资金
　　C. 应付账款　　　　　　　　　　　　D. 短期借款

5. 利润表的特点是（　　）。
　　A. 根据损益账户的本期发生额编制　　B. 根据相关账户的期末余额编制
　　C. 属于静态报表　　　　　　　　　　D. 属于动态报表

6. 与利润表中计算"营业利润"有关的项目是（　　）。
　　A. 营业外收入　　　　　　　　　　　B. 投资收益
　　C. 所得税费用　　　　　　　　　　　D. 管理费用

7. 资产负债表的结构通常包括（　　）。
　　A. 表头　　　　　　　　　　　　　　B. 表身
　　C. 表页　　　　　　　　　　　　　　D. 表尾

8. 填制资产负债表"存货"项目的主要依据有（　　）。
　　A. 原材料　　　　　　　　　　　　　B. 生产成本
　　C. 在途物资　　　　　　　　　　　　D. 存货跌价准备

9. 财务报告的使用者有（　　）。
   A. 投资者
   B. 债权人
   C. 社会公众
   D. 上级主管部门和财税部门
   E. 企业内部管理人员

10. 财务报表按编制基础分为（　　）。
    A. 个别财务报表
    B. 合并财务报表
    C. 外部报表
    D. 内部报表

11. 反映企业经营成果及现金流量的报表有（　　）。
    A. 资产负债表
    B. 利润表
    C. 现金流量表
    D. 成本费用明细表

12. 企业对外报送的财务报表包括（　　）。
    A. 资产负债表
    B. 利润表
    C. 现金流量表
    D. 所有者权益变动表

13. 资产负债表可以提供的信息有（　　）。
    A. 流动资产实有情况
    B. 非流动资产实有情况
    C. 流动负债的信息
    D. 长期负债的信息
    E. 所有者权益的信息

14. 下列相关科目余额，不在资产负债表上单独列示的是（　　）。
    A. 累计折旧
    B. 坏账准备
    C. 工程物资
    D. 存货跌价准备

15. 下列各资产负债表项目中可根据其总分类账户期末余额计算填列的有（　　）。
    A. 应收账款
    B. 货币资金
    C. 短期借款
    D. 存货

16. 资产负债表中的"应付账款"项目应根据（　　）科目所属明细科目的贷方余额之和填列。
    A. 应付账款
    B. 应收账款
    C. 预付账款
    D. 预收账款

17. 下列各资产负债表项目中可直接根据有关总分类账户余额填列的有（　　）。
    A. 应交税费
    B. 累计折旧
    C. 应付账款
    D. 短期借款

18. 资产负债表左方的流动资产项目包括（　　）。
    A. 应收账款和预付账款
    B. 存货
    C. 货币资金
    D. 交易性金融资产
    E. 其他应付款

19. 利润表是根据"收入－费用＝利润"设计而成的，主要反映（　　）内容。
    A. 营业收入
    B. 营业利润
    C. 利润（或亏损）总额
    D. 净利润（或亏损）

20. 资产负债表的数据来源，可以通过下列方式取得（　　）。
    A. 根据几个总账账户期末余额合计数填列

B. 根据明细账户的期末余额填列

C. 根据上年合计数和本年合计数填列

D. 根据总账账户的期末余额填列

E. 根据总账和明细账的期末余额分析计算填列

三、判断题

1. 资产负债表中确认的资产都是企业拥有的。（ ）
2. 资产负债表和现金流量表属于静态财务报表，利润表属于动态财务报表。（ ）
3. 利润表的"营业利润"项目根据"营业收入"减去"营业成本"填列。（ ）
4. 资产负债表中，"长期待摊费用"项目应根据该科目的期末余额进行填列。（ ）
5. 利润表是反映企业在一定期间的经营成果的报表。（ ）
6. 企业利润总额＝营业利润＋投资收益＋营业外收入－营业外支出。（ ）
7. 资产负债左右两栏的项目，都是根据有关总账或明细账的期末余额直接填列的。（ ）
8. 资产负债表中，资产的排列顺序是根据重要性的原则确定的。（ ）
9. 在编制年度财务报表时，利润表的"本月数"栏目改为"上年数"，填列上年全年累计实际发生额。（ ）
10. 资产负债表中"未分配利润"项目是根据"利润分配"科目的年末贷方余额直接填列的。（ ）

四、业务题

1. 甲公司 2019 年 4 月有关损益类账户资料如表 10-7 所示。

表 10-7　损益类账户资料　　　　　　　　　　　万元

账户名称	本期发生额		账户名称	本期发生额	
	借方	贷方		借方	贷方
主营业务收入	3	83	主营业务成本	25	2
其他业务收入		12	其他业务成本	4	
营业外收入		1	销售费用	5	
投资收益	12	9	税金及附加	3	

要求：

根据上述资料计算下列项目应填列的金额。

（1）营业收入（　　）万元；

（2）营业成本（　　）万元；

（3）销售费用（　　）万元；

（4）营业利润（　　）万元；

（5）利润总额（　　）万元。

2. 华仁公司 2019 年 8 月 31 日有关账户的余额如表 10-8 所示。

表 10-8 有关账户的余额　　　　　　　　　　　　　　　　　　　　元

账　户	借方余额	贷方余额
生产成本	330 000	
其他应收款	140 000	
原材料	170 000	
应付利息	10 000	
库存商品	210 000	
本年利润		100 000
利润分配	200 000	
应收账款	60 000	
其中：A 工厂	82 000	
B 工厂		22 000
应付账款		40 000
其中：X 公司	16 000	
Y 公司		56 000

要求：

根据上述资料计算该公司月末资产负债表中下列项目应填列的金额。

（1）其他应收款（　　）；

（2）存货（　　）；

（3）未分配利润（　　）；

（4）应收账款（　　）；

（5）预付账款（　　）；

（6）预收账款（　　）；

（7）应付账款（　　）。

3. 华天公司 2019 年 10 月的余额试算平衡表如表 10-9 所示。

表 10-9　余额试算平衡表

2019 年 10 月 31 日　　　　　　　　　　　　　　　　　　　　元

会计科目	期末余额	
	借方	贷方
库存现金	380	
银行存款	65 000	
其他货币资金	1 220	
应收账款	36 400	
坏账准备		500
原材料	27 400	

续表

会计科目	期末余额	
	借方	贷方
库存商品	39 600	
固定资产	324 500	
累计折旧		14 500
固定资产清理		5 000
长期待摊费用	39 300	
应付账款		31 400
预收账款		4 200
长期借款		118 000
实收资本		300 000
盈余公积		1 500
利润分配		8 700
本年利润		50 000
合计	535 700	535 700

补充资料：

（1）长期待摊费用中含将于半年内摊销的金额3 000元。

（2）长期借款期末余额中将于一年内到期归还的长期借款数为50 000元。

（3）应收账款有关明细账期末余额情况为：

应收账款——A公司　贷方余额　5 000

应收账款——B公司　借方余额　41 400

（4）应付账款有关明细账期末余额情况为：

应付账款——C公司　贷方余额　39 500

应付账款——D公司　借方余额　8 100

（5）预收账款有关明细账期末余额情况为：

预收账款——E公司　贷方余额　7 200

　　　——F公司　借方余额　3 000

要求：

请根据上述资料，计算华天公司2019年10月31日资产负债表中下列报表项目的期末数。如表10-10所示。

表 10-10 期末数   元

项　目	金　额	项　目	金　额
（1）货币资金		（9）应付票据及应付账款	
（2）应收票据及应收账款		（10）预收款项	
（3）预付款项		（11）流动负债合计	
（4）存货		（12）长期借款	
（5）流动资产合计		（13）负债合计	
（6）固定资产		（14）所有者权益合计	
（7）非流动资产合计		（15）负债及所有者权益合计	
（8）资产合计			

4. 甲公司所得税税率为 25%，该公司 2019 年收入和费用的有关资料如表 10-11 所示。

表 10-11 甲公司 2019 年收入和费用的有关资料   元

账户名称	借方发生额	贷方发生额
主营业务收入		650 000
其他业务收入		85 000
营业外收入		3 500
投资收益		11 800
主营业务成本	370 000	
其他业务成本	41 000	
税金及附加	7 800	
销售费用	12 000	
管理费用	23 000	
财务费用	3 500	
资产减值损失	4 500	
营业外支出	8 000	

要求：

计算甲公司 2019 年度利润表中有关项目的金额，如表 10-12 所示。

表 10-12 甲公司 2019 年度利润表中有关项目的金额   元

项　目	金　额
（1）营业收入	
（2）营业成本	
（3）营业利润	
（4）利润总额	
（5）所得税费用	
（6）净利润	

思考练习题参考答案

第一章 思考练习题参考答案

一、单项选择题参考答案

题号	1	2	3	4	5	6	7	8	9	10
答案	C	D	D	D	B	D	B	C	B	D
题号	11	12	13	14	15	16	17	18	19	20
答案	C	B	A	C	B	D	A	A	A	B

二、多项选择题参考答案

题号	1	2	3	4	5	6	7	8	9	10
答案	AD	ABCD	ABC	ABD	ABCD	ABCD	ABCD	ABCD	ABC	ABD
题号	11	12	13	14	15					
答案	ABCD	CD	BCD	ABC	AC					

三、判断题参考答案

题号	1	2	3	4	5	6	7	8	9	10
答案	×	×	×	√	√	×	√	×	√	×
题号	11	12	13	14	15					
答案	√	√	×	×	×					

第二章 思考练习题参考答案

一、单项选择题参考答案

题号	1	2	3	4	5	6	7	8	9	10
答案	A	B	A	D	D	D	D	C	A	D

题号	11	12	13	14	15	16	17	18	19	20
答案	D	B	A	B	A	D	B	B	A	C

二、多项选择题参考答案

题号	1	2	3	4	5	6	7	8	9	10
答案	ABC	ACD	ABCD	BC	ABD	ABC	ABD	ABC	ABCD	ABC
题号	11	12	13	14	15	16	17	18	19	20
答案	BCD	AB	ABC	ABD	ACD	BCD	AB	ABD	CD	BD

三、判断题参考答案

题号	1	2	3	4	5	6	7	8	9	10
答案	√	×	×	×	√	√	×	×	×	√
题号	11	12	13	14	15	16	17	18	19	20
答案	×	√	√	×	×	√	√	√	√	×

第三章 思考练习题参考答案

一、单项选择题参考答案

题号	1	2	3	4	5	6	7	8	9	10
答案	A	A	C	C	B	D	D	C	A	D
题号	11	12	13	14	15	16	17	18	19	20
答案	A	C	A	A	D	B	B	D	D	B

二、多项选择题参考答案

题号	1	2	3	4	5	6	7	8	9	10
答案	BCD	CD	ABD	ABC	AB	ABC	ABC	ACD	ABCD	AB
题号	11	12	13	14	15	16	17	18	19	20
答案	AC	ABCD	BCD	AD	ABCD	AB	BC	BD	CD	AB

三、判断题参考答案

题号	1	2	3	4	5	6	7	8	9	10
答案	×	√	√	×	×	×	×	×	√	×
题号	11	12	13	14	15	16	17	18	19	20
答案	×	√	√	√	√	√	√	×	√	×

第四章 思考练习题参考答案

一、单项选择题参考答案

题号	1	2	3	4	5	6	7	8	9	10
答案	C	A	D	A	D	C	A	B	D	B
题号	11	12	13	14	15	16	17	18	19	20
答案	D	B	D	A	B	A	D	D	A	B
题号	21	22	23	24	25	26	27	28	29	30
答案	B	A	D	B	A	B	D	C	C	B
题号	31	32	33	34	35	36	37	38	39	40
答案	B	C	C	A	D	C				

二、多项选择题参考答案

题号	1	2	3	4	5	6	7	8	9	10
答案	ABC	ABC	ABC	BC	AD	ACD	BCD	ABC	ABC	ABC
题号	11	12	13	14	15	16	17	18	19	20
答案	AB	ABC	ABC	ABCD	AD	BCD	ABCD	BC	ABD	AB

三、判断题参考答案

题号	1	2	3	4	5	6	7	8	9	10
答案	×	√	×	√	×	√	×	×	×	√
题号	11	12	13	14	15	16	17	18	19	20
答案	×	√	√	×	√	×	×	√	×	×

四、业务题参考答案

1. 答案：
(1) 300 000　(2) 300 500　(3) 7 500　(4) 5 000　(5) 46 000

2. 答案：
(1) 50 000　(2) 405 000　(3) 506 000　(4) 300 000　(5) 149 000

第五章　思考练习题参考答案

第一部分　资金筹集业务

一、单项选择题参考答案

题号	1	2	3	4	5	6	7	8	9	10
答案	B	B	A	C	B	A	B	B	B	A
题号	11	12	13	14	15					
答案	A	D	C	A	C					

二、多项选择题参考答案

题号	1	2	3	4	5	6	7	8
答案	ABD	CD	AB	CD	AB	CD	AB	AC

三、判断题参考答案

题号	1	2	3	4	5	6	7	8	9	10
答案	×	×	×	√	×	√	√	×	√	×

四、业务题参考答案

1. 编制会计分录如下：

(1) 借：银行存款　　　　　　　　　　　　　　　　3 000 000
　　　　贷：实收资本——甲　　　　　　　　　　　　1 500 000
　　　　　　　　　　——乙　　　　　　　　　　　　　900 000
　　　　　　　　　　——丙　　　　　　　　　　　　　600 000

(2) 借：原材料　　　　　　　　　　　　　　　　　　200 000
　　　　应交税费——应交增值税（进项税额）　　　　 26 000
　　　　贷：实收资本——丙公司　　　　　　　　　　　226 000

(3) 借：固定资产　　　　　　　　　　　　　　　　　300 000
　　　　无形资产　　　　　　　　　　　　　　　　　100 000
　　　　贷：实收资本——乙公司　　　　　　　　　　　4 00 000

(4) 借：资本公积　　　　　　　　　　　　　　　　　100 000
　　　　贷：实收资本　　　　　　　　　　　　　　　　100 000

(5) 借：实收资本　　　　　　　　　　　　　　　　　400 000
　　　　贷：银行存款　　　　　　　　　　　　　　　　400 000

2. 编制会计分录如下：

(1) 借款时：

借：银行存款	120 000	
贷：短期借款		120 000

(2) 7月末预提借款利息：

120 000×9%÷12＝900（元）

借：财务费用	900	
贷：应付利息		900

8月末、9月末预提借款利息的会计分录同7月份。

(3) 10月末还本付息时：

借：短期借款	120 000	
财务费用	900	
应付利息	2 700	
贷：银行存款		123 600

3. 编制会计分录如下：

(1) 借款时：

借：银行存款	600 000	
贷：长期借款——本金		600 000

(2) 2017年年末计提利息的会计分录如下：

借：在建工程	48 000	
贷：长期借款——应付利息		48 000

2018年年末计提利息的会计分录同上。

2019年年末计提利息的会计分录如下：

借：财务费用	48 000	
贷：长期借款——应付利息		48 000

2020年年末计提利息的会计分录同上。

(3) 偿还长期借款本息时：

借：长期借款——本金	600 000	
——应付利息	192 000	
贷：银行存款		792 000

第二部分　固定资产业务

一、单项选择题参考答案

题号	1	2	3	4	5
答案	C	A	A	B	A

二、多项选择题参考答案

题号	1	2	3
答案	BCD	ABCD	ABD

三、判断题参考答案

题号	1	2*	3	4	5					
答案	×	√	×	×	×					

四、业务题参考答案

1. 编制会计分录如下：

借：固定资产 21 200
　　应交税费——应交增值税 3 200
　　贷：银行存款 24 400

2. 编制会计分录如下：

（1）购入时：

该设备的入账价值 = 20 000 + 3 200 + 600 = 23 800（元）

借：在建工程 23 800
　　贷：银行存款 23 800

（2）安装时，领用材料：

借：在建工程 1 160
　　贷：原材料 1 000
　　　　应交税费——应交增值税（进项税额转出） 160

（3）支付安装费用800元：

借：在建工程 800
　　贷：银行存款 800

（4）安装完毕，投入使用：

借：固定资产 25 760
　　贷：在建工程 25 760

3. 编制会计分录如下：

年折旧率 =（1 - 5%）÷ 5 × 100% = 19%

年折旧额 = 20 000 × 19% = 3 800（元）

借：制造费用 3 800
　　贷：累计折旧 3 800

4. 编制会计分录如下：

借：制造费用 40 000
　　管理费用 15 000
　　销售费用 5 000
　　贷：累计折旧 60 000

5. 编制会计分录如下：

（1）将报废卡车转销：

借：固定资产清理 100 000
　　累计折旧 50 000

    贷：固定资产 150 000
 （2）收到过失人赔款：
  借：银行存款 30 000
    贷：固定资产清理 30 000
 （3）计算出保险公司应赔偿的损失：
  借：其他应收款 40 000
    贷：固定资产清理 40 000
 （4）收到残料的变价收入：
  借：银行存款 5 000
    贷：固定资产清理 5 000
 （5）结转固定资产清理净损溢：
  借：营业外支出——非常损失 25 000
    贷：固定资产清理 25 000

第三部分 材料采购业务

一、单项选择题参考答案

题号	1	2	3	4	5	6				
答案	D	C	B	B	A	D				

二、多项选择题参考答案

题号	1	2	3	4	5					
答案	AB	ABC	AB	ABC	ABCD					

三、判断题参考答案

题号	1	2	3	4						
答案	×	×	×	×						

四、业务题参考答案

1. 编制会计分录如下：

 （1）借：原材料 30 000
    应交税费——应交增值税（进项税额） 4 800
    贷：应付账款——甲公司 34 800
 （2）借：原材料 100 000
    应交税费——应交增值税（进项税额） 16 000
    贷：银行存款 116 000
 （3）借：应付账款——甲公司 34 800
    贷：银行存款 34 800

（4）甲材料分摊 = 900 ÷ (800 + 700) × 800 = 480（元）

乙材料分摊 = 900 ÷ (800 + 700) × 700 = 420（元）

借：原材料——甲材料　　　　　　　　　　　　　　　　　　　10 080

　　　　——乙材料　　　　　　　　　　　　　　　　　　　　7 420

　　应交税费——应交增值税（进项税额）　　　　　　　　　　2 656

　　贷：银行存款　　　　　　　　　　　　　　　　　　　　　　　900

　　　　应付账款——华兴公司　　　　　　　　　　　　　　　　19 256

（5）借：在途物资——A 材料　　　　　　　　　　　　　　　　5 000

　　　应交税费——应交增值税（进项税额）　　　　　　　　　　800

　　　贷：银行存款　　　　　　　　　　　　　　　　　　　　　5 800

（6）借：原材料——A 材料　　　　　　　　　　　　　　　　　5 000

　　　贷：在途物资——A 材料　　　　　　　　　　　　　　　　5 000

2. 编制会计分录如下：

（1）购入时：

借：材料采购　　　　　　　　　　　　　　　　　　　　　　30 000

　　应交税费——应交增值税（进项税）　　　　　　　　　　　4 800

　　贷：银行存款　　　　　　　　　　　　　　　　　　　　　34 800

（2）入库时：

借：原材料　　　　　　　　　　　　　　　　　　　　　　　31 000

　　贷：材料采购　　　　　　　　　　　　　　　　　　　　　30 000

　　　　材料成本差异　　　　　　　　　　　　　　　　　　　1 000

第四部分　生产业务

一、单项选择题参考答案

题号	1	2	3	4	5	6	7	8	9	10
答案	A	B	A	B	D	C	C	C	D	A

二、多项选择题参考答案

题号	1	2	3	4	5
答案	ABC	ABD	ABCD	ABC	ABCD

三、业务题参考答案

1. 编制会计分录如下：

（1）借：生产成本——甲产品　　　　　　　　　　　　　　　　6 000

　　　　　　　　——乙产品　　　　　　　　　　　　　　　　4 000

　　　　制造费用　　　　　　　　　　　　　　　　　　　　　2 000

　　　　管理费用　　　　　　　　　　　　　　　　　　　　　3 000

	贷：银行存款	15 000
（2）借：	生产成本——甲产品	99 850
	——乙产品	70 950
	制造费用	9 200
	管理费用	9 000
	贷：原材料——A 材料	67 500
	——B 材料	44 800
	——C 材料	76 700
（3）借：	制造费用	12 000
	管理费用	3 000
	贷：银行存款	15 000
（4）借：	库存现金	73 000
	贷：银行存款	73 000
（5）借：	应付职工薪酬——工资	73 000
	贷：库存现金	73 000
（6）借：	生产成本——甲产品	15 000
	——乙产品	25 000
	制造费用	8 000
	管理费用	25 000
	贷：应付职工薪酬——工资	73 000
（7）借：	制造费用	400
	管理费用	600
	贷：银行存款	1 000
（8）借：	制造费用	8 000
	管理费用	2 500
	贷：累计折旧	10 500

（9）制造费用总额 = 2 000 + 9 200 + 12 000 + 8 000 + 400 + 8 000 = 39 600（元）

甲产品分摊 = 39 600 ÷ (15 000 + 25 000) × 15 000 = 14 850（元）

乙产品分摊 = 39 600 ÷ (15 000 + 25 000) × 25 000 = 24 750（元）

借：	生产成本——甲产品	14 850
	——乙产品	24 750
	贷：制造费用	39 600

（10）甲产品成本 = 6 000 + 99 850 + 15 000 + 14 850 = 135 700（元）

借：	库存商品	135 700
	贷：生产成本——甲产品	135 700

2. 编制会计分录如下：

（1）计提非货币性福利：

借：	管理费用	81 900
	贷：应付职工薪酬——非货币性福利	81 900

(2) 发放非货币性福利：
借：应付职工薪酬——非货币性福利　　　　　　　　　　　　　93 100
　　贷：主营业务收入　　　　　　　　　　　　　　　　　　　70 000
　　　　应交税费——应交增值税（销项税额）　　　　　　　　11 200
(3) 同时结转相关成本：
借：主营业务成本　　　　　　　　　　　　　　　　　　　　　50 000
　　贷：库存商品　　　　　　　　　　　　　　　　　　　　　50 000

第五部分　销售业务

一、单项选择题参考答案

题号	1	2	3	4	5	6	7	8	9	10
答案	C	C	A	D	A	D	D	C	D	B

二、多项选择题参考答案

题号	1	2	3	4	5
答案	ABC	ABCD	CD	CD	ABCD

三、判断题参考答案

题号	1	2	3	4	5
答案	×	√	×	×	√

四、业务题参考答案

1. 编制会计分录如下：

借：银行存款　　　　　　　　　　　　　　　　　　　　　　　116 000
　　贷：主营业务收入　　　　　　　　　　　　　　　　　　　100 000
　　　　应交税费——应交增值税（销项税额）　　　　　　　　16 000
借：主营业务成本　　　　　　　　　　　　　　　　　　　　　70 000
　　贷：库存商品　　　　　　　　　　　　　　　　　　　　　70 000

2. 编制会计分录如下：

借：应收账款　　　　　　　　　　　　　　　　　　　　　　　35 600
　　贷：主营业务收入　　　　　　　　　　　　　　　　　　　30 000
　　　　应交税费——应交增值税（销项税额）　　　　　　　　4 800
　　　　银行存款　　　　　　　　　　　　　　　　　　　　　800

3. 编制会计分录如下：

借：应收账款　　　　　　　　　　　　　　　　　　　　　　　34 800
　　贷：主营业务收入　　　　　　　　　　　　　　　　　　　30 000
　　　　应交税费——应交增值税（销项税额）　　　　　　　　4 800

借：银行存款　　　　　　　　　　　　　　　　　　　　　　　　34 452
　　财务费用　　　　　　　　　　　　　　　　　　　　　　　　　　348
　　贷：应收账款　　　　　　　　　　　　　　　　　　　　　　　　　34 800

4. 编制会计分录如下：

（1）预收乙企业的货款：

借：银行存款　　　　　　　　　　　　　　　　　　　　　　　120 000
　　贷：预收账款——乙企业　　　　　　　　　　　　　　　　　　120 000

（2）向乙企业销售 A、B 产品：

借：预收账款——乙企业　　　　　　　　　　　　　　　　　　105 580
　　贷：主营业务收入——A 产品　　　　　　　　　　　　　　　　40 000
　　　　　　　　　　——B 产品　　　　　　　　　　　　　　　　48 000
　　　　应交税费——应交增值税（销项税额）　　　　　　　　　　14 080
　　　　银行存款　　　　　　　　　　　　　　　　　　　　　　　 2 500

（3）甲企业退还多余款：

借：预收账款　　　　　　　　　　　　　　　　　　　　　　　 15 420
　　贷：银行存款　　　　　　　　　　　　　　　　　　　　　　　 15 420

（4）月末结转销售成本：

借：主营业务成本　　　　　　　　　　　　　　　　　　　　　 68 000
　　贷：库存商品——A 产品　　　　　　　　　　　　　　　　　　32 000
　　　　　　　　——B 产品　　　　　　　　　　　　　　　　　　36 000

第六部分　期间费用

一、单项选择题参考答案

题号	1	2	3							
答案	D	B	C							

二、多项选择题参考答案

题号	1	2	3	4	5					
答案	ACD	ABC	ABCD	ACD	ABD					

三、业务题参考答案

1. 编制会计分录如下：

借：管理费用　　　　　　　　　　　　　　　　　　　　　　　 13 200
　　贷：银行存款　　　　　　　　　　　　　　　　　　　　　　　 13 200

2. 编制会计分录如下：

借：其他应收款　　　　　　　　　　　　　　　　　　　　　　　2 000
　　贷：库存现金　　　　　　　　　　　　　　　　　　　　　　　　2 000

3. 编制会计分录如下：

借：管理费用 2 200
　　贷：其他应收款 2 000
　　　　库存现金 2 00

4. 编制会计分录如下：

借：销售费用 57 000
　　贷：应付职工薪酬 50 000
　　　　累计折旧 6 000
　　　　银行存款 1 000

5. 编制会计分录如下：

借：财务费用 3 100
　　贷：银行存款 3 100

6. 编制会计分录如下：

借：银行存款 500
　　贷：财务费用 500

第七部分　利润形成与分配业务

一、单项选择题参考答案

题号	1	2	3	4	5	6	7	8	9	10
答案	B	D	D	B	B	C	A	A	A	A
题号	11	12	13	14	15					
答案	D	A	C	C	C					

二、多项选择题参考答案

题号	1	2	3	4	5	6	7	8	9	10
答案	ABD	ABCD	BCD	ACD	AB	AC	BCD	ACD	ABCD	BCD
题号	11	12	13	14	15					
答案	ABD	AC	BCD	ABD	AB					

三、判断题参考答案

题号	1	2	3	4	5	6	7	8	9	10
答案	√	√	×	√	×	√	×	×	×	×

四、业务题参考答案

1. 答案：

（1）甲公司本年度应纳税所得额 = 1 000 000 × 25% = 250 000（元）

（2）确认应交所得税费用的会计分录如下：

借：所得税费用 250 000
  贷：应交税费——应交所得税 250 000

（3）实际缴纳所得税费用的会计分录如下：

借：应交税费——应交所得税 250 000
  贷：银行存款 250 000

（4）年末结转所得税费用的会计分录如下：

借：本年利润 250 000
  贷：所得税费用 250 000

2. 答案：

（1）营业利润 = 800 000 − 600 000 − 10 000 − 500 − 40 000 − 3 500 − 3 000 = 143 000（元）

（2）利润总额 = 143 000 + 20 000 − 10 000 = 153 000（元）

（3）所得税费用 = 153 000 × 25% = 38 250（元）

（4）净利润 = 153 000 − 38 250 = 114 750（元）

3. 编制会计分录如下：

（1）借：本年利润 2 000 000
   贷：利润分配——未分配利润 2 000 000

（2）借：利润分配——提取法定盈余公积 200 000
      ——提取任意盈余公积 100 000
   贷：盈余公积——法定盈余公积 200 000
      ——任意盈余公积 100 000

（3）借：利润分配——应付现金股利或利润 400 000
   贷：应付利润 400 000

（4）借：利润分配——未分配利润 700 000
   贷：利润分配——提取法定盈余公积 200 000
      ——提取任意盈余公积 100 000
      ——应付利润 400 000

第六章　思考练习题参考答案

一、单项选择题参考答案

题号	1	2	3	4	5	6	7	8	9	10
答案	C	C	C	B	D	D	D	B	C	B
题号	11	12	13	14	15	16	17	18	19	20
答案	C	D	B	A	C	D	D	B	C	B
题号	21	22	23	24	25	26	27	28	29	30
答案	D	A	C	C	C	B	C	B	B	B
题号	31	32	33	34	35	36	37	38	39	40
答案	D	D	A	B						

二、多项选择题参考答案

题号	1	2	3	4	5	6	7	8	9	10
答案	AC	AB	ABC	ACD	AD	ACD	BCD	AB	ABCD	ABCD
题号	11	12	13	14	15	16	17	18	19	20
答案	CD	ABD	BC	ABE	BE	ACE	CD	ABCE	ABCD	ABCD
题号	21	22	23	24	25	26	27	28	29	30
答案	ACE	AC	CD	BCD	CD	ABC	ABD	ABCD	AD	

三、判断题参考答案

题号	1	2	3	4	5	6	7	8	9	10
答案	√	√	×	√	√	√	×	×	×	×
题号	11	12	13	14	15	16	17	18	19	20
答案	×	√	×	×	×	√	×	×	×	×
题号	21	22	23	24	25	26	27	28	29	30
答案	×	√	×	×	×	×	×			

第七章 思考练习题参考答案

一、单项选择题参考答案

题号	1	2	3	4	5	6	7	8	9	10
答案	C	A	B	A	D	C	B	D	D	D
题号	11	12	13	14	15	16	17	18	19	20
答案	D	B	A	A	C	D	A	B	B	C

二、多项选择题参考答案

题号	1	2	3	4	5	6	7	8	9	10
答案	ACD	ABC	ABCD	ABC	ACD	BCD	AB	CD	ABCD	BCD
题号	11	12	13	14	15	16	17	18	19	20
答案	ABD	ABCD	ABCD	ABD	ABCD	ABC	ABC	ACD	BC	ABC
题号	21	22	23	24	25					
答案	BCD	ABD	ABCD	BC	ABCD					

三、判断题参考答案

题号	1	2	3	4	5	6	7	8	9	10
答案	√	×	√	×	√	√	×	×	×	×
题号	11	12	13	14	15	16	17	18	19	20
答案	×	√	×	×	×	√	×	×	√	√

第八章 思考练习题参考答案

一、单项选择题参考答案

题号	1	2	3	4	5	6	7	8	9	10
答案	A	B	B	C	A	B	D	D	D	D
题号	11	12	13	14	15	16	17	18	19	20
答案	C	A	D	C	B	C	C	B	A	A

二、多项选择题参考答案

题号	1	2	3	4	5	6	7	8	9	10
答案	ABD	ABD	ABC	ABC	AB	AD	BC	ABC	ABD	ABC
题号	11	12	13	14	15	16	17	18	19	20
答案	AB	ABD	BC	AC	BCD	CD	AC	ABD	ABCD	ABC

三、判断题参考答案

题号	1	2	3	4	5	6	7	8	9	10
答案	×	√	×	√	×	√	√	√	×	×
题号	11	12	13	14	15	16	17	18	19	20
答案	√	√	×	×	×	×	√	×	×	√

第九章 思考练习题参考答案

一、单项选择题参考答案

题号	1	2	3	4	5	6	7	8	9	10
答案	D	B	B	B	C	B	D	B	C	A
题号	11	12	13	14	15	16	17	18	19	20
答案	B	C	B	C	A	B	C	A	B	D

二、多项选择题参考答案

题号	1	2	3	4	5	6	7	8	9	10
答案	BCD	ABD	ABCD	AB	AD	ABCD	AB	AD	ABC	AC
题号	11	12	13	14	15	16	17	18	19	20
答案	ABCDE	ABC	AC	ABC	ABCD	ABCD	BC	ABCD	BCD	AB

三、判断题参考答案

题号	1	2	3	4	5	6	7	8	9	10
答案	×	√	√	√	×	×	×	×	×	×
题号	11	12	13	14	15	16	17	18	19	20
答案	√	√	√	×	√	×	×	×	×	×

四、业务题参考答案

1. 编制银行存款余额调节表如表 9-5 所示。

表 9-5 银行存款余额调节表

2019 年 6 月 30 日　　　　　　　　　　　　　　　　元

项　目	金　额	项　目	金　额
银行存款日记账余额	42 000	银行对账单余额	56 000
加：银行已收而企业未收的款项	60 000	加：企业已收而银行未收的款项	35 000
减：银行已付而企业未付的款项	51 900	减：企业已付而银行未付的款项	40 900
调整后的余额	50 100	调整后的余额	50 100

2. 编制会计分录如下：

(1) 借：待处理财产损溢　　　　　　　　　251
　　　贷：库存现金　　　　　　　　　　　　　　251

(2) 借：管理费用　　　　　　　　　　　　251
　　　贷：待处理财产损溢　　　　　　　　　　　251

(3) 借：库存商品　　　　　　　　　　　4 940
　　　贷：待处理财产损溢　　　　　　　　　　4 940

(4) 借：待处理财产损溢　　　　　　　　4 940
　　　贷：管理费用　　　　　　　　　　　　　4 940

(5) 借：应付账款　　　　　　　　　　 56 600
　　　贷：营业外收入　　　　　　　　　　　 56 600

3. (1) ~ (4) 编制会计分录如下：

(1) 借：库存现金　　　　　　　　　　　　659
　　　贷：待处理财产损溢　　　　　　　　　　　659

(2) 借：待处理财产损溢　　　　　　　　　659

　　　　　贷：营业外收入　　　　　　　　　　　　　　　　　　　　　　　659
　　（3）借：待处理财产损溢　　　　　　　　　　　　　　　　　　　　3 000
　　　　　　累计折旧　　　　　　　　　　　　　　　　　　　　　　　14 000
　　　　　贷：固定资产　　　　　　　　　　　　　　　　　　　　　　17 000
　　（4）借：其他应收款　　　　　　　　　　　　　　　　　　　　　　1 000
　　　　　　营业外支出　　　　　　　　　　　　　　　　　　　　　　 2 000
　　　　　贷：待处理财产损溢　　　　　　　　　　　　　　　　　　　 3 000
　（5）账面金额为 43 380 元
4. 编制会计分录如下：
　（1）借：信用减值损失——计提坏账准备　　　　　　　　　　　　　4 000
　　　　　贷：坏账准备　　　　　　　　　　　　　　　　　　　　　　4 000
　（2）借：坏账准备　　　　　　　　　　　　　　　　　　　　　　　 3 000
　　　　　贷：应收账款　　　　　　　　　　　　　　　　　　　　　　3 000
　（3）借：应收账款　　　　　　　　　　　　　　　　　　　　　　　 1 000
　　　　　贷：坏账准备　　　　　　　　　　　　　　　　　　　　　　1 000
　　　　借：银行存款　　　　　　　　　　　　　　　　　　　　　　　1 000
　　　　　贷：应收账款　　　　　　　　　　　　　　　　　　　　　　1 000
　（4）2019 年应计提的坏账准备金 = 300 000 × 3% - (4 000 - 3 000 + 1 000) = 7 000（元）
　　　借：信用减值损失——计提坏账准备　　　　　　　　　　　　　　7 000
　　　　贷：坏账准备　　　　　　　　　　　　　　　　　　　　　　　7 000

第十章　思考练习题参考答案

一、单项选择题参考答案

题号	1	2	3	4	5	6	7	8	9	10
答案	C	A	D	A	C	D	C	B	D	D
题号	11	12	13	14	15	16	17	18	19	20
答案	C	A	D	D	A	D	C	C	B	B

二、多项选择题参考答案

题号	1	2	3	4	5	6	7	8	9	10
答案	ABCD	AD	AC	AD	AD	BD	ABD	ABD	ABCDE	AB
题号	11	12	13	14	15	16	17	18	19	20
答案	BC	ABCD	ABCDE	ABD	BD	AC	AD	ABD	ABCD	ABDE

三、判断题参考答案

题号	1	2	3	4	5	6	7	8	9	10
答案	×	×	×	×	√	×	×	×	√	×

四、业务题参考答案

1. 答案：

（1）营业收入 92 万元；

（2）营业成本 27 万元；

（3）销售费用 5 万元；

（4）营业利润 54 万元；

（5）利润总额 55 万元。

2. 答案：

（1）其他应收款 = 140 000（元）

（2）存货 = 330 000 + 170 000 + 210 000 = 710 000（元）

（3）未分配利润 = 100 000 − 200 000 = −100 000（元）

（4）应收账款 = 82 000（元）

（5）预付账款 = 16 000（元）

（6）预收账款 = 22 000（元）

（7）应付账款 = 56 000（元）

3. 答案：

表 10−10　期末数　　　　　　　　　　　　　　　　　元

项　目	金　额	数字来源
（1）货币资金	66 600	380 + 65 000 + 1 220
（2）应收票据及应收账款	43 900	41 400 + 3 000 − 500
（3）预付款项	8 100	8 100
（4）存货	67 000	27 400 + 39 600
（5）流动资产合计	188 600	66 600 + 43 900 + 8 100 + 67 000 + 3 000
（6）固定资产	310 000	324 500 − 14 500
（7）非流动资产合计	341 300	341 300
（8）资产合计	529 900	188 600 + 341 300
（9）应付票据及应付账款	39 500	39 500
（10）预收款项	12 200	7 200 + 5 000
（11）流动负债合计	101 700	39 500 + 12 200 + 50 000
（12）长期借款	68 000	118 000 − 50 000
（13）负债合计	169 700	101 700 + 68 000

续表

项　目	金　额	数字来源
（14）所有者权益合计	360 200	300 000 + 1 500 + 8 700 + 50 000
（15）负债及所有者权益合计	529 900	169 700 + 360 200

4. 答案

表 10-12　甲公司 2014 年度利润表有关项目的金额　　　　　　　　元

项　目	金　额
（1）营业收入	735 000
（2）营业成本	411 000
（3）营业利润	285 000
（4）利润总额	280 500
（5）所得税费用	70 125
（6）净利润	210 375

参 考 文 献

[1] 中华人民共和国财政部．企业会计准则——应用指南［M］．北京：经济科学出版社，2006．

[2] 会计从业资格考试辅导教材编写组．2014年福建省会计从业资格考试教材——会计基础［M］．北京：中国财政经济出版社，2014．

[3]《会计从业资格考试辅导教材》编委会．会计从业资格统一考试教材·会计基础［M］．北京：企业管理出版社，2016．

[4] 会计从业资格考试教材编委会．2016年全国通用·移动互联网会计从业考试教材·会计基础［M］．北京：中国财政经济出版社，2016．

[5] 中华人民共和国现行会计法律法规汇编2019年版编委会．中华人民共和国现行会计法律法规汇编［M］．上海：立信会计出版社，2019．

[6] 企业会计准则编审委员会．企业会计准则案例讲解［M］．上海：立信会计出版社，2019．

参 考 文 献

[1] 江平. 乙烯工业循环水——结垢、大肠杆菌——粘泥处理:以防为主,处理为辅[J]. 石油化工腐蚀与防护, 2005.

[2] 王敏, 张兰河, 高敏, 等. 溶解氧对缺氧/好氧/缺氧生物脱氮效率的影响——兼论生化反应动力学与生化反应化学计量学的关系[J]. 北京工业大学学报, 2014.

[3] 徐志斌. 太原市市政污水处理厂生物除臭工艺方案研究[D]. 合肥工业大学环境工程学院: 合肥工业大学, 2016.

[4] 李昆. 电渗析技术在印染废水零排放中的应用研究[D]. 北京工业大学环境与能源工程学院: 北京工业大学, 2016.

[5] 尚海涛. 渗滤液膜滤浓缩液处理技术研究:以济南市某垃圾焚烧厂为例[D]. 山东大学环境科学与工程学院: 山东大学, 2019.

[6] 严煦世, 范瑾初. 给水工程[M]. 第 4 版. 北京: 中国建筑工业出版社, 2010.